समय से संवाद

[आलोचना]

समय से संवाद

नामवर सिंह

सम्पादक
आशीष त्रिपाठी

राजकमल प्रकाशन

ISBN : 978-93-94902-30-5

मूल्य : ₹695

पहला संस्करण : 2022

प्रकाशक : राजकमल प्रकाशन प्रा.लि.
1-बी, नेताजी सुभाष मार्ग, दरियागंज
नई दिल्ली-110 002
द्वारा प्रकाशित

शाखाएँ : अशोक राजपथ, साइंस कॉलेज के सामने, पटना-800 006
पहली मंजिल, दरबारी बिल्डिंग, महात्मा गांधी मार्ग, प्रयागराज-211 001
36 ए, शेक्सपियर सरणी, कोलकाता-700 017

वेबसाइट : www.rajkamalprakashan.com
ई-मेल : info@rajkamalprakashan.com

मुद्रक : बी.के. ऑफसेट
नवीन शाहदरा, दिल्ली-110 032

SAMAY SE SAMVAD
Criticism by Namvar Singh
Edited by Ashish Tripathi

समय से संवाद

क्रम

प्रगतिशील बौद्धिकता की संघर्षशीलता

प्रो. नामवर सिंह हिन्दी का चेहरा थे। उनमें हिन्दी समाज, साहित्य-परम्परा और सर्जना की संवेदना रूपायित होती थी। वे न सीमित अर्थों में साहित्यकार थे और न आलोचक। वे हिन्दी में मानवतावादी, लोकतांत्रिक और समाजवादी विचारों की व्यापक स्वीकृति के लिए सतत संघर्षशील प्रगतिशील आन्दोलन के अग्रणी विचारक थे। उन्होंने हिन्दी की साहित्यिक सर्जना को समुचित विचार और दृष्टि के साथ शिक्षितजनों के बीच स्वीकृति दिलाने का महत्त्वपूर्ण कार्य किया। साथ ही, स्वातंत्र्योत्तर भारतीय समाज और राजनीति की जनपक्षधर शक्तियों को अपनी वैचारिकता, आलोचकीय प्रतिभा और लोकसंवेदी तर्कप्रवण वक्तृता से निरन्तर मजबूत किया। वे देश में समतावादी समाज का सपना सँजोये रखनेवाली सामाजिक शक्तियों के पक्ष में और सामन्तवादी-पुनरुत्थानवादी शक्तियों और पूँजीवादी फासीवादी शक्तियों से निरन्तर मुठभेड़ करने वाले वैचारिक योद्धा थे। उन्होंने जहाँ एक ओर धर्म, लोक, परम्परा और संस्कृति के मानवीय मूल्यों पर जोर देनेवाले सर्जकों और विचारकों की विरासत की सटीक व्याख्या की वहीं इनको उपकरण बनाकर सामाजिक भेदों को स्वीकृत करानेवाले बौद्धिक प्रयत्नों के खिलाफ हमलावर तेवर अपनाए। उन्होंने परम्परा और आधुनिकता के मूल्यांकन की प्रगतिशील परम्परा को आगे बढ़ाया।

नामवर जी मूलतः साहित्यिक समाज का हिस्सा थे, पर उनकी सबसे बड़ी खूबी यह थी कि वे उसमें कैद नहीं रहे। उन्होंने साहित्येतर समाज में अपनी स्वीकार्यता निर्मित की। साहित्येतर अनुशासनों के संवेदनशील शिक्षितों और बौद्धिकों के बीच वे सहज ही अपनी छाप छोड़ सके तो इसके पीछे उनकी सामाजिक प्रतिबद्धता, जनपक्षधरता और अकुंठ प्रतिभा है। साहित्य को सीमित साहित्यिक व्याख्या से बाहर निकालकर उसे सामाजिक सम्बद्धता के वृहद् परिप्रेक्ष्य में देखने की प्रवृत्ति, जो प्रगतिशील साहित्य-धारा की प्रमुख पहचान है, को उन्होंने व्यापक रूप से फैलाने में प्रायः एक बुद्धिजीवी कार्यकर्ता की तरह कार्य किया। इस क्रम में उन्होंने ठेठ स्थानीय स्थितियों से लेकर वैश्विक परिदृश्य की अपनी भ्रमहीन समझ का परिचय दिया। समाजशास्त्र, राजनीतिशास्त्र, दर्शन, इतिहास, अर्थशास्त्र जैसे अनेक अनुशासनों की नवीनतम हलचलों की जानकारी और उन्हें जनता के दीर्घकालिक

हितों के परिप्रेक्ष्य में कसने का विवेक उन्हें भारतीय लोक और मार्क्सवाद की सच्ची समझ से प्राप्त हुआ। उनकी गहरी जड़ें साहित्य की धरती में थीं। परन्तु, 'ज्ञानियों' और 'पोथी पंडितों' की तरह वे सूचनाओं के उच्चारणकर्ता-लेखक मात्र नहीं थे। वे ज्ञान को आतंक की तरह नहीं, संवेदना के सहभागी की तरह प्रस्तुत करते थे। बौद्धिक प्रतिभा की कौंध उनके लेखन में हर जगह व्याप्त है, परन्तु यह ध्यान में रखना आवश्यक है कि परिदृश्य में प्रभावी हस्तक्षेप करनेवाली और हिन्दी आलोचना में क्लासिक का दर्जा प्राप्त कर चुकी अनेक महत्त्वपूर्ण किताबों के बावजूद वृहद् हिन्दी समाज में उनकी ख्याति प्राय: उनके व्याख्यानों के कारण रही है।

व्यक्तियों, विचारकों और लेखकों पर बात करते हुए हम अक्सर उन्हें एक स्थिर इकाई मान लेते हैं, जबकि उन्हें क्रमशः विकसनशील माना जाना चाहिए। उन्हें एक इकाई मान लेने से उनके आन्तरिक परिवर्तनों पर हमारा ध्यान नहीं जा पाता है। उदाहरण के तौर पर तुलसी और निराला को ले सकते हैं। यदि हम यह मान लें कि तुलसीदास जीवन-भर एक ही तुलसीदास रहे हैं तो 'रामचरितमानस' लिखनेवाले तुलसीदास और 'विनय पत्रिका', 'कवितावली', 'गीतावली' और 'हनुमान बाहुक' लिखनेवाले तुलसीदास में कोई अन्तर नहीं रह जाएगा। हमें मानना चाहिए कि 'रामचरितमानस' के लेखक तुलसीदास के विचार भिन्न थे और उन विचारों में से बहुत सारे विचारों को 'विनय पत्रिका', 'कवितावली', 'गीतावली' तक आते-आते या तो उन्होंने पूरी तरह छोड़ दिया या उनका फोकस बदल गया था। अपनी बाद की कविता में उन्होंने जीवन-जगत को देखने का एक नया नजरिया विकसित किया। निराला भी अपनी जीवन-यात्रा और अपनी रचना-यात्रा में एक ही निराला नहीं रहे। अपनी पहली कविता 'जुही की कली' से लेकर अन्तिम कविता 'पत्रोत्कंठित जीवन का विष बुझा हुआ है' तक निराला अनेक चरणों में अलग-अलग दिखाई देते हैं। उनके जीवन-जगत को देखने के नजरिए और विचारों में निरन्तर परिवर्तन होता गया है। तुलसीदास और निराला की तरह नामवर सिंह भी एक नामवर सिंह नहीं हैं, उनकी पूरी आलोचना-यात्रा को तीन युगों में बाँटा जा सकता है।

पहले दौर में, 1952 से 1975 तक, नामवर जी का फोकस पूँजीवाद की प्रच्छन्न वैचारिकी से उत्पन्न प्रगतिशीलता विरोधी साहित्य चिन्तन पर है। विशेषत: कलावाद। वे इससे गहरी मुठभेड़ करते हैं। दूसरे दौर में,1973 से 1992 तक, उनके विचारों के केन्द्र में दूसरी परम्परा अर्थात लोकधर्मी साहित्य है, जिसके प्रतिनिधि हैं नागार्जुन और हरिशंकर परसाई जैसे कवि-लेखक। तीसरे दौर में, 1992 से 2019 तक, नामवर जी का फोकस ज्यादा वैचारिक है। राजनैतिक। नामवर जी शीतयुद्ध के जमाने के हैंगओवर से बाहर निकलते हैं। वह प्रगतिशीलता के 'नई कविता'—'नई कहानी' और 'लोकधर्मिता'—'दूसरी परम्परा' वाले प्रादर्शों से आगे बढ़कर नये ज़माने के

सवालों से टकराते हैं। इस दौर में नामवर जी दो सामाजिक-राजनैतिक प्रवृत्तियों का लगातार बहुत ही ताकतवर ढंग से एक विचारक कार्यकर्ता की तरह मुकाबला करते हैं। ये दो पहलू हैं—पुनरुत्थानवादी-कट्टरपंथी-सम्प्रदायवादी फासीवाद तथा नवउपनिवेशवादी-नवसाम्राज्यवादी पूँजीवाद। नवपूँजीवाद जिसे सामान्यत: भूमंडलीकरण कहा जाता है। निबन्धों, साक्षात्कारों और व्याख्यानों के माध्यम से नामवर जी ताकत के साथ फासीवाद पर हमला करते हैं और उसके लिए वैचारिक समर्थन जुटाने के क्रम में वे शीतयुद्ध के जमाने के बुर्जुआ लोकतांत्रिक विचारकों के साथ खड़े होते हैं।

अब तक नामवर सिंह को शीतयुद्ध की वैचारिक सरणियों की परिधि में ही पढ़ा गया है। हिन्दी में लोकप्रिय विरोधी-युग्मों रामचन्द्र शुक्ल—हजारी प्रसाद द्विवेदी, अज्ञेय-मुक्तिबोध, प्रगतिशील-परिमल, समाजवाद-कलावाद की छाया में पढ़े जाते हुए स्वयं नामवर जी भी अनेक विरोधी युग्मों का हिस्सा हो गए : रामविलास शर्मा-नामवर सिंह, नामवर सिंह-विजयदेव नारायण साही, नामवर सिंह-अशोक वाजपेयी, प्रगतिशील नामवर सिंह-अम्बेडकरवादी दलित विचारक। ये विरोधी युग्म नामवर जी को समझने में मदद करते हैं, इससे इनकार नहीं किया जा सकता, परन्तु इनसे नामवर सिंह को समग्रता में पढ़ा जाना सम्भव नहीं होता। ये सभी अलग-अलग अन्तत: एक 'खंडित पाठ' की रचना ही करते हैं।

विचार-यात्रा के दूसरे दौर में नामवर जी आलोचना की सीमित दुनिया से बाहर निकलकर विपरीत परिस्थितियों में एक शिक्षक और एक विचारक के तौर पर, एक कार्यकर्ता की तरह हिन्दी क्षेत्र में घूमते हैं। वे कस्बों-नगरों में जाते हैं। साहित्यिक और गैर-साहित्यिक विषयों पर शिक्षित लोगों से बातचीत करते हैं। पढ़े-लिखे लोगों से बात करना कितना जरूरी है यह इस बात से समझा जा सकता है कि हिन्दी क्षेत्र का ताकतवर दक्षिणपंथी, घनघोर सम्प्रदायवादी और फासीवादी चेहरा, जिसे हम आज देख रहे हैं, इस क्षेत्र की गवईं अनपढ़ जनता से नहीं, बल्कि कुपढ़ शिक्षितों से आकार लेता है। हिन्दी क्षेत्र में फासीवाद इसलिए ताकतवर हो सका है, क्योंकि शिक्षित लोग सुपढ़ होने के बजाय कुपढ़ हुए हैं। उन्होंने परम्परा, संस्कृति, धर्म, आधुनिकता, ज्ञान-विज्ञान—सबकी अतार्किक और अतिरेकी सम्प्रदायवादी-फासीवादी व्याख्याओं पर भरोसा किया है। शिक्षित लोगों के पास जाना और उनसे बात करना जरूरी है। उनके बीच जाकर धर्मनिरपेक्ष, लोकतांत्रिक, प्रगतिशील और जनवादी विचारों को पहुँचाना जरूरी है। उनके दिमागों में छाए हुए वैचारिक जालों को साफ करना जरूरी है। इस बात की जरूरत को प्रगतिशील आंदोलन और नामवर जी बहुत गम्भीरता से समझते थे।

इस जरूरत को गहराई से समझने के कारण अपने हजारों व्याख्यानों के

माध्यम से नामवर सिंह जी ने प्रगतिशील नवजागरण को आगे बढ़ाया। उन्होंने साहित्यिक कृतियों, साहित्यकारों और साहित्यिक प्रवृत्तियों के विश्लेषण द्वारा जहाँ समाज के अन्धकार के खिलाफ रोशनी के दीये जलाए, वहीं सचेतन विधि से समाज को नई दुनिया में समतावादी सपनों के साथ प्रवेश दिलाने की कोशिश की। जाति, धर्म, पूँजी, लिंग के अनेक अवरोधों को उपकरण की तरह इस्तेमाल करनेवाली सामाजिक-राजनीतिक ताकतों के खिलाफ वैचारिक संघर्ष चलानेवाले बुद्धिजीवियों में वे अग्रणी रहे हैं। जनविरोधी अर्थनीति, राजनीति और समाजनीति की समझ पैदा करने में उनके इन व्याख्यानों की भूमिका महत्त्वपूर्ण रही है। खगेन्द्र ठाकुर ने ठीक ही कहा है : 'नामवर सिंह ने देश-भर में विशेषकर हिन्दी क्षेत्र में घूम-घूमकर क्रान्तिकारी विचारों के बीज बोये हैं।...नामवर जी ने जिस तरह से जिन विचारों के बीज बोये हैं, वे इतिहास से सम्बन्ध रखते हुए भी भारतीय विचार-परम्परा का अंग होते हुए भी इसलिए महत्त्वपूर्ण हैं कि वे वर्तमान में वैचारिक लड़ाई में शामिल हैं। उनका व्याख्यान कराना वास्तव में लड़ाई का मोर्चा खोलना है।' प्रसिद्ध मार्क्सवादी आलोचक डा. रामविलास शर्मा ने प्रेमचन्द को जनता का शिक्षक कहा था। कहना न होगा कि नामवर सिंह समकालीन समाज में शिक्षित जनता के शिक्षक थे।

1991-92 के बाद की वैश्विक और भारतीय परिस्थितियों के परिप्रेक्ष्य में, यानी नामवर सिंह के तीसरे दौर में, ये बौद्धिक प्रयत्न महत्त्वपूर्ण हो उठते हैं, जब हम अपेक्षाकृत पिछड़े हुए और गोबरपट्टी कहे जानेवाले हिन्दी क्षेत्र के सन्दर्भ में उन्हें देखते हैं। यह दिखाई देता है कि भारत का सबसे मजबूत आधारों वाला साम्प्रदायिक आन्दोलन अपने भयावह रूप में यहीं उभरा, कि यहाँ नवजागरण की प्रक्रिया ठीक से सम्पन्न नहीं हो सकी और सामन्तवाद की सामाजिक-सांस्कृतिक संरचनाएँ और उनकी मूल्य-प्रणाली आज भी बेहद प्रभावी ढंग से मौजूद हैं, कि अन्ततः सुधारवादी स्वरों के विविध आन्दोलन उसके द्वारा सोख लिये गए हैं, कि भारतीय लोकतंत्र की विकृतियाँ अपने प्रभावी स्वरूप में यहाँ मौजूद हैं। नामवर सिंह जी के सक्रिय अवदान का महत्त्व तब और बढ़ जाता है जब हम यह देखते हैं कि हिन्दी क्षेत्र में बुद्धिजीवियों के सरोकार विस्तृत होने के बावजूद वे कोई व्यापक प्रभाव नहीं छोड़ पा रहे हैं और बौद्धिक प्रतिभा के मामले में दरिद्र माने जाते हैं। अंग्रेजी बुद्धिजीवियों के सम्मुख उनकी पूछ प्रायः नहीं है। प्रसिद्ध पत्रकार और सामाजिक-राजनीतिक प्रश्नों पर राष्ट्रीय सहारा के प्रसिद्ध परिशिष्ट 'हस्तक्षेप' के संयोजक अरुण पांडेय कहते हैं—"दर्जनों विषयों पर हम और हमारी टीम के साथियों ने नामवर जी से बात की। हर बार लगा कि कम से कम हिन्दी में एक आदमी है जो साहित्येतर दुनिया पर पैनी नजर रखे हुए है और विचारों की जकड़न से ऊपर उठकर एक नई विभाजक रेखा खींचने की क्षमता रखता है। खुशी तब होती थी जब अंग्रेजीवालों से

हम बात करते थे और अक्सर यह निष्कर्ष निकालने को मजबूर होते थे कि हिन्दी का नामवर अंग्रेजीवालों पर भारी है।"

इस प्रक्रिया में नामवर सिंह एक संवादी के रूप में उभर कर आये। उनके 'संवादी' की बुनियादें एक ओर भारतीय समाज, लोकतंत्र और प्रगतिशील आन्दोलन में हैं तो दूसरी ओर उनके निज व्यक्तित्व में। नामवर सिंह के व्याख्यान उनके संवादी-व्यक्ति की सबसे सटीक अभिव्यक्ति करते हैं। कहना न होगा कि नामवर सिंह आधुनिक हिन्दी के सबसे बड़े संवादी हैं। जिस अर्थ में महात्मा गांधी आधुनिक भारत के। वाद विवाद संवाद को अनिवार्य मानते हुए संवाद के प्रत्येक रूप के लिए प्रस्तुत। संवादी आलोचक। आलोचना में 'सहयोगी प्रयास' के पक्षधर। साहित्य-समाज में छिड़ी चर्चाओं में अपनी मान्यताओं और तर्कों के साथ उपस्थित होकर उसमें अपने ढंग से हस्तक्षेप करना उन्हें जरूरी लगता रहा है। रुचिकर भी। इसमें वे रमते रहे हैं।

1991-92 के बाद नामवर जी का फोकस पुनः बदलता है। सोवियत संघ में मार्क्सवादी सत्ता के पतन के बाद दुनिया एक-ध्रुवीय हुई। पूँजीवादी शिविर ने अभी तक उसके प्रभाव से दूर रहे गुटनिरपेक्ष विकासशील देशों को विश्व बैंक जैसी संस्थाओं के दबावों के माध्यम से अपने नियंत्रण में लिया। भारत जैसे समाजवादोन्मुख गुटनिरपेक्ष राष्ट्र इसके प्रत्यक्ष उदाहरण हैं। भूमंडलीकरण-निजीकरण-उदारीकरण को अपनाकर भारत सरकार ने जनता के पूँजीवादी शोषण के रास्ते में आ रही आखिरी बाधाओं को भी हटा लिया। समाजवाद के पतन ने फासीवादी शक्तियों को ताकतवर बनाया। भारत की आन्तरिक परिस्थितियों में ये शक्तियाँ धर्मनिरपेक्ष विरासत को ध्वस्त करने में जुट गईं। नये युग के पूँजीवाद ने नवराष्ट्रवाद को जन्म दिया। इस राष्ट्रवाद का चरित्र पुराने समय के, उपनिवेशवाद-साम्राज्यवाद के दौर में विकसित राष्ट्रवाद से भिन्न, लगभग विरोधी है। नवराष्ट्रवाद नवपूँजीवाद-नवउपनिवेशवाद-नवसाम्राज्यवाद का सहयोगी है। उसका चरित्र अनेक बार फासीवादी राष्ट्रवाद से मिलता है। भारत में नवउपनिवेशवाद-नवराष्ट्रवाद-नवफासीवाद के गठबन्धन का सबसे प्रभावशाली रूप बाबरी मस्जिद ध्वंस की पूरी प्रक्रिया में देखा जा सकता है। बाबरी मस्जिद ध्वंस स्वतंत्रता आन्दोलन से उभरी लोकतांत्रिकता और धर्मनिरपेक्षता का ध्वंस था। इसे स्वतंत्रता आन्दोलन की चेतना, गांधीवाद, अम्बेडकरवाद, नेहरूयुगीन समाजवाद और लोहियावाद के विध्वंस की तरह भी देखा जा सकता है। 1987-93 के मध्य घटी घटनाएँ बताती हैं कि किस तरह भूमंडलीकरण उन्मुख धर्मनिरपेक्षवाद ने अन्ततः मुखर सम्प्रदायवाद को जन्म दिया। इस सम्प्रदायवाद का वाहक वही मध्यवर्ग था जो कम्प्यूटरीकरण आदि माध्यमों से भूमंडलीकरण की सेवा के लिए दक्ष हो रहा था। यह मध्यवर्ग ऊपर से विचारधाराहीन दीख पड़ता था, परन्तु भीतर से घनघोर प्रतिक्रियावादी, धर्म-तंत्रवादी और धर्मनिरपेक्षता-लोकतांत्रिकता-समाजवाद का मुखर विरोधी था। इसने भूमंडलीकरणयुगीन पूँजीवाद से सभी तरह के फायदे उठाए और

उसका कारिंदा बना रहा। यह अकारण नहीं है कि जिस सत्ता ने नेहरूवादी अर्थ-तंत्र को तिलांजलि देकर भूमंडलीकरण को स्वीकारा, उसी ने बाबरी मस्जिद विध्वंस की प्रक्रिया को होने दिया। भारत के सभी घरानों के लोकतांत्रिक और धर्मनिरपेक्ष लोगों ने इन घटनाओं का सशक्त विरोध किया। नामवर सिंह इनमें प्रमुख हैं।

1988-1992 के दौरान आए इन परिवर्तनों से नामवर सिंह एक आलोचक-विचारक के रूप में चिन्तित-विचलित थे। भारतीय समाज और लोकतंत्र में आ रहे परिवर्तनों की मुख्यत: दो दिशाएँ थीं। भारतीय प्रभु वर्ग एक तरह की लोकतांत्रिक प्रति-क्रान्ति की तैयारी कर रहा था। वह लोकतंत्र का अपने हित में अधिकतम उपयोग कर चुका था, और उसे समाज के वंचित वर्गों तक जाते देख रहा था। वर्ण-जाति-धर्म के भेदवादी ढाँचे से उसके मन में दलितों-पिछड़ों, स्त्रियों और गैर-हिन्दुओं के प्रति एक घृणा मौजूद थी। वह पूरी ताकत लगाकर लोकतंत्र को इन वंचित वर्गों के हाथ में जाने से रोकना चाहता था। शाहबानो प्रकरण और बाबरी मस्जिद-राम जन्मभूमि विवाद ने अचानक जैसे इस प्रति-क्रान्ति के लिए एक हथियार उपलब्ध करा दिया। साम्प्रदायिक उन्माद और धार्मिक कट्टरतावाद—ऐसे ही कारगर हथियार थे। हिन्दी समाज साम्प्रदायिक ध्रुवीकरण, उन्माद और हिंसा की गिरफ्त में था। जनता के वास्तविक प्रश्न पीछे डाल दिए गए थे। आर्थिक निराशा तेज थी और 'राजनीति' अपना विश्वास खो रही थी। जनता में एक तरह की अराजकता घर कर रही थी, जिसका रणनीतिक उपयोग साम्प्रदायिक संगठन अपने हित में कर रहे थे। जनता का साम्प्रदायिक बँटवारा एक तरह से वास्तविक लोकतांत्रिक प्रक्रियाओं और लक्ष्यों को स्थगित करने के लिए काफी थे। जनता को साम्प्रदायिक बँटवारे की ओर धकेलकर साम्प्रदायिक हिंसा और दंगों की आग में झोंका जा रहा था। साम्प्रदायिक संगठनों की कार्य-प्रणाली और कार्य-व्यवहार में फासीवादी-नाजीवादी रणनीतियों की प्रभावी झलक थी। साम्प्रदायिकता को 'धर्म', 'संस्कृति' और 'राष्ट्रीयता' के मोहक और आकर्षक आवरण से छुपाया जा रहा था, फिर भी देश के बुद्धिजीवी-विचारक-लेखक-संस्कृतिकर्मी और जनता का एक बड़ा वर्ग इसकी सच्चाई को गहराई से समझ रहा था। चूँकि इस प्रति-लोकतांत्रिक कार्यवाही का केन्द्र हिन्दी-उर्दू क्षेत्र था, इसलिए इस इलाके के बुद्धिजीवियों पर अचानक एक नई जिम्मेदारी आ गई थी। कहना न होगा कि इस क्षेत्र के जन-पक्षधर और लोकतंत्र-समर्थक बुद्धिजीवियों-विचारकों ने अपनी वैचारिक भिन्नताओं को दरकिनार कर इस प्रश्न पर प्रभावशाली एकता का प्रदर्शन किया। सभी तरह के मार्क्सवादी, विभिन्न खेमों के समाजवादी, गांधीवादी, नेहरूवादी, अम्बेडकरवादी और स्वतंत्र विचारों वाले लोकतंत्रवादी और संविधानवादी प्रभावी ढंग से सम्प्रदायवाद और फासीवाद की वैचारिकता का प्रत्याख्यान कर रहे थे। अनेक इतिहासकारों, अर्थशास्त्रियों, समाजवैज्ञानिकों और राजनीतिवैज्ञानिकों ने जो अब तक मूलत: अंग्रेजी

में ही पढ़ते-लिखते-बोलते थे, इस नई चुनौती का मुकाबला करने के लिए हिन्दी में बोलना-लिखना प्रारम्भ किया। एजाज अहमद, रोमिला थापर, पी.सी. जोशी, श्यामाचरण दुबे, रामशरण शर्मा, इरफान हबीब, हरबंश मुखिया, प्रभात पटनायक, अरुण कुमार, मृदुला मुखर्जी, आनन्द कुमार आदि ने इन प्रश्नों पर हिन्दी समाज को जागरूक करने की जिम्मेदारी स्वीकार की। स्वाभाविक है कि भारतीय बुद्धिजीवी लोकतांत्रिक प्रति-क्रान्ति की इस सम्प्रदायवादी-फासीवादी करवट से गहरे तक चिन्तित थे। हिन्दी क्षेत्र के बुद्धिजीवियों ने चुनौती को अपेक्षित गम्भीरता से लिया। समाज की सामाजिक संरचना और विकसित होते सामाजिक लोकतंत्र को बचाये रखने के लिए उन्होंने जनता के बीच जाने और लोगों से संवाद करने का रास्ता अपनाया। कहना न होगा कि साम्प्रदायिक विचारधारा द्वारा फैलाए जा रहे तर्कों-कुतर्कों को काटने के लिए ऐसे विचारकों की जरूरत थी जो धर्म, परम्परा, संस्कृति, साहित्य और इतिहास की निर्भ्रांत समझ रखते हों। हिन्दी के आलोचक नामवर सिंह इस वैचारिक संघर्ष के शीर्ष- ताओं में एक थे। वे 1989-90 से 2012-13 तक लगातार अपने व्याख्यानों और साक्षात्कारों के माध्यम से इस संघर्ष में सहभागी रहे। उनकी पुस्तकों 'जमाने से दो दो हाथ', 'सम्मुख', 'संग सत्संग' और 'बात बात पर बात' के व्याख्यान और साक्षात्कार इस बात की साखी पेश करते हैं। साम्प्रदायिकता और फासीवाद जहाँ एक ओर लोकतांत्रिक क्रान्ति को रोकने की कोशिश कर रहे थे, वहीं भूमंडलीकरण-उदारीकरण-निजीकरण को अंगीकार करने से भारतीय राष्ट्र-राज्य के चरित्र में भी 'लोकतांत्रिकता' की जगह कम हुई। 'लोककल्याणकारी राज्य' ने अपने को 'लोककल्याण' के कार्यों से अलग करने का निश्चय किया। समाजवाद के ढाँचे से सीखकर 'राज्य' ने सामाजिक स्वतंत्रता, समानता और न्याय की जो गारंटियाँ जनता को दी थीं, उनसे पीछे हटने की तैयारियाँ की जाने लगीं। यह एक तरह से नवउपनिवेशवादी प्रभुओं को सादर आमंत्रण था। विकास और आर्थिक समृद्धि के नाम पर किये जा रहे इन परिवर्तनों से राष्ट्र जनता के प्रति अपने कर्तव्यों से खुद को बरी कर अकुंठ और अपराधबोध से मुक्त हो जाना चाहता था।

नामवर सिंह सीमित अर्थों में आलोचक कभी न थे, परन्तु इस दौर में उन्होंने तथाकथित 'शुद्ध आलोचना' को लगभग नकार दिया। वे एक विचारक के रूप में उभरे। साहित्य की सीमित दुनिया की आन्तरिक राजनीति तक उलझे रहने को उन्होंने टुच्चापन करार दिया। 29 मार्च 1998 को, श्री अटल बिहारी वाजपेयी के प्रधानमंत्री के रूप में शपथ लेने के ठीक बाद, प्रगतिशील आलोचक प्रो. कमला प्रसाद के सम्मान के अवसर पर रीवा, मध्यप्रदेश में 'शताब्दी का अवसान: भारतीय लोकतंत्र, और हिन्दी आलोचना' विषय पर बोलते हुए उन्होंने फासीवाद के खतरे के बारे में चेताते हुए साफ कहा—"यह इतना बड़ा खतरा है कि हम लोग किन चीज़ों पर किन किताबों में उलझे हैं। पन्त बड़े हैं कि निराला बड़े हैं। अरुण कमल

अच्छा लिखते हैं कि अशोक वाजपेयी अच्छा लिखते हैं। ये सारी टुच्ची घटिया चीज़ों पर बहस करना चाहते हैं कि आलोचक वही काम करे। दुनिया में बड़े आलोचकों ने सभ्यता, संस्कृति और देश के संकट का सामना किया है। साहित्य से, इतिहास से, रचनाओं से। एक आलोचक के नाते मैं समझता हूँ कि आज इस शताब्दी के अवसान पर भारत जिस बिन्दु पर खड़ा है वह भारत के लिए नहीं, दुनिया के लिए बहुत बड़ा खतरा है, ये मेरी चिन्ता है।" (जमाने से दो दो हाथ, पृ. 36)

तीसरे दौर के नये नामवर पर अलग से विचार करना बहुत जरूरी है। इस दौर में उनकी केन्द्रीय चिन्ता है फासीवाद। भारत में फासीवादी सामाजिक-राजनैतिक संगठनों के विरुद्ध विचार व्यक्त करते नामवर के भीतर कबीर और प्रेमचन्द जैसी आग दिखाई देती है। इस बात के प्रमाण के तौर पर उनका एक निबन्ध 'फासीवाद का नया सौन्दर्यशास्त्र' ज़रूर देखा जाना चाहिए। यह निबन्ध 'आलोचना' पत्रिका के फासीवाद पर केन्द्रित अंक में सम्पादकीय के रूप में 'पुनर्नवता' शीर्षक से लिखा गया था। बाद में इसे पुस्तक 'जमाने से दो-दो हाथ' में 'फासीवाद का नया सौन्दर्यशास्त्र' शीर्षक से संकलित किया गया है। यह बात भी बहुत ही महत्त्वपूर्ण है कि एक सम्पादक के रूप में नामवर जी ने नई 'आलोचना' का पहला अंक फासीवाद पर केन्द्रित किया। इस निबन्ध की शुरुआत में वे 90 के दशक की घटनाओं का एक परिचय देते हैं। इसमें व्यक्त विचारों की आग लोकतंत्र और धर्मनिरपेक्षता से गहन प्रतिबद्धता से उपजी है। इस परिचय से उनकी चिन्ताओं का ख़ाका साफ हो जाता है :

> बीती हुई घटनाओं दुर्घटनाओं को याद करें तो यह एक युग ही नहीं, बल्कि कई युगों का युग है। सहस्राब्दि का यह अन्तिम दशक दरअसल एक युगान्तर है। दशक का आरम्भ ही अनेक विध्वंस लीलाओं से हुआ। सबसे पहले सोवियत समाजवाद का विध्वंस, फिर अपने ही घर में पाँच सौ साल पुरानी तथाकथित बाबरी मस्जिद का विध्वंस और उसी के साथ सेकुलर संस्कृति की समूची परम्परा की कारसेवा। आकस्मिक नहीं कि उसी समय नेहरूयुगीन विकास की राष्ट्रीय परियोजना भी त्याज्य हो गई और भारतीय अर्थतंत्र साम्राज्यवादी भूमंडलीकरण के चक्र में जा फँसा। साथ-साथ राजनीति भी बदली और हिन्दू फासीवाद की जो ताकतें अभी तक हाशिये पर थीं, सत्ता के केन्द्र पर काबिज हो गईं। फिर तो अर्थतंत्र, राजतंत्र और समाजतंत्र के ढाँचे में ऐसी तोड़फोड़ शुरू हुई कि देश की सीधी-सादी क्षेत्रीय एकता को बचा रखना भी मुश्किल मालूम होता है। गरज़ यह कि पूरा दशक एक ऐसे संकट का दौर है, जो देश के समकालीन इतिहास में अभूतपूर्व है। साथ ही सर्वग्रासी और बहुत गहरा।

यह पैराग्राफ बहुत परिचयात्मक लग सकता है, परन्तु इसकी भाषा से नामवर जी के रेस्पोंस की गहराई का पता चलता है। 'विध्वंस लीला', 'कारसेवा', 'ढाँचा' आदि शब्दों का प्रयोग बहुत ही अर्थपूर्ण है। 'विध्वंस लीला' पद में 'विध्वंस' के साथ 'लीला' के प्रयोग पर ध्यान जाता है। 'लीला' और 'विध्वंस' स्वाभाविक नहीं सायास क्रिया को दर्शाते हैं। 'सोवियत समाजवाद' और 'बाबरी मस्जिद' का गिरना स्वाभाविक नहीं है, सायास है। और यह एक लीला है। 'लीला' 'यथार्थवाद' का समानान्तर रंगमंच रूप है। जहाँ 'यथार्थवाद' में दर्शक को यह भरोसा होता है कि पात्र नहीं जानते कि उनके साथ क्या होनेवाला है, वहीं 'लीला' में 'लीलाधर' को भूत-भविष्य सब का पता होता है। दर्शक भी जानते हैं कि 'लीलाधर' को मालूम है कि उनका सुख, दुख, अतीत, भविष्य कुछ भी वास्तविक नहीं है। लीला में लीलाधर का जो रूप दिखता है वह दिखाये जाने के लिए ही धारण किया जाता है, जबकि वास्तविक रूप या चरित्र तो कुछ और ही होता है। 'कार सेवा' 'बाबरी मस्जिद' के लिए नहीं अपितु 'सेकुलर संस्कृति की समूची परम्परा' के लिए की गई। 'ढाँचे में तोड़फोड़' के सन्दर्भ में भी 'बाबरी मस्जिद' नहीं है, 'अर्थतंत्र', 'राजतंत्र' और समाजतंत्र' है। आक्रोश और व्यंग्य का ऐसा अर्थपूर्ण प्रयोग 'बकलम खुद' का लेखक ही कर सकता है। परन्तु भूलकर भी इसे लालित्य नहीं कहा जा सकता। यह 'जीवन-संग्राम' का गद्य है।

फासीवाद की बात करते हुए नामवर जी अमूर्त नहीं रहते। वे उसे 'धर्म', 'संघपरिवार', 'हिन्दुत्व' और 'हिन्दू राज' तक ले जाकर ठोस और मूर्त करते हैं। इस तरह वे 'जीवन-संग्राम' को भी मूर्त करते हैं :

> कहना न होगा कि वर्तमान संकट के केन्द्र में यह तथाकथित 'धर्म' ही है जिसका सही नाम है संघ-परिवार का 'हिन्दुत्व'। एकमात्र लक्ष्य है हिन्दू राज अथवा हिन्दू पाद पादशाही की स्थापना। इस दिशा में किए गए सारे प्रयास ही वर्तमान संकट की जड़ हैं।

वर्तमान फासीवाद पहले की ही तरह अपनी असफलताओं से ध्यान हटाने और अपने अन्तर्विरोधों को ढँकने का समकालीन पूँजीवाद का एक हथियार है। इसलिए इसका गहरा सम्बन्ध भूमंडलीकरण से है। एक अर्थ में यह विपरीत दिशा में दो मुख रखनेवाला दानव है। एक मुख है भूमंडलीकरण तो दूसरा मुख है फासीवाद। नामवर जी इस यथार्थ को सरल शब्दों में 'सांस्कृतिक छल' कहते हुए कुछ यूँ रखते हैं :

> आज का हिन्दू फासीवाद एक प्रकार का सांस्कृतिक छल है। बाजार के कारोबार में भूमंडलीकरण, लेकिन संस्कृति के मामले में स्वदेशी का आग्रह। क्या विश्व बाजार के साथ कोई संस्कृति संलग्न नहीं है? यह

> कैसे सम्भव है कि अर्थतंत्र और राज्यतंत्र के क्षेत्र में तो भूमंडलीकरण की प्रक्रिया चले और संस्कृति हिन्दू दायरे में सिकुड़कर सुरक्षित रहे! साफ है कि आज विश्व बाजार का है, हिन्दू संस्कृति सिर्फ वाणी का विलास है। व्यावहारिकता का तकाजा भी यही है। अगर इण्टरनेट बेवसाइट से अपनी तिजोरी भरती जाती है तो हिन्दू संस्कृति का गुन गाते रहने में गाँठ का क्या जाता है? अगर कुछ जाता है तो इस हिन्दुत्व के पीछे पागल होकर भीड़ बनते जनसमूह का, जो खाली पेट के बावजूद हर समय हिन्दू संस्कृति के लिए मरने-मारने को उतारू है।

हिटलर के जमाने के अनुभवों से दुनिया-भर के मार्क्सवादी बुद्धिजीवी जानते हैं कि 'संस्कृति' फासीवादी प्रतिक्रान्ति का प्रमुख हथियार होता है। भारत में इस अनुभव की पुनरावृत्ति हुई है। शिक्षा और संस्कृति के क्षेत्र में हो रही कार्यवाहियों पर नामवर जी बहुत ही गम्भीरता से विचार करते हैं :

> शिक्षा और संस्कृति के क्षेत्र में हिन्दुत्ववादी सरकार कुछ ज्यादा ही सक्रिय है और इस मामले में शुरू से ही चौकस है कि ये सरकारी विभाग भरसक संघ-परिवार के पक्के लोगों के ही हाथ में रहे। पिछले तीन वर्षों में शिक्षा-संस्कृति की संस्थाओं को पूरी तरह 'शुद्ध' करके जिस तरह भगवामय बनाया गया है उसकी एक-न-एक खबर रोज ही आती रहती है। स्पष्ट है कि संस्कृति का क्षेत्र उन लोगों के लिए 'धर्मक्षेत्र' है और जो धर्मक्षेत्र है वह बिना कहे ही अपने आप 'कुरुक्षेत्र' होने के लिए अभिशप्त है। परिणाम—'धर्मक्षेत्रे कुरुक्षेत्रे समवेता युयुत्सवा:।'
>
> हिन्दुत्ववादियों की सबसे बड़ी देन यही है कि उन्होंने संस्कृति की रंगभूमि को रणांगण में बदल दिया है- ऐसा विलक्षण रणांगण जिसमें संस्कृति युद्ध का आँगन भी है और युद्ध का अस्त्र-शस्त्र भी।

नामवर जी की भाषा में गहरा आक्रोश मौजूद है। 'शुद्ध', 'धर्मक्षेत्र, 'कुरुक्षेत्र'— शब्दों का प्रयोग अर्थपूर्ण है। ये शब्द भारतीय सामाजिक संरचना के विशिष्ट वर्ग की भाषा से लिये गए हैं। इनके प्रयोग से भारतीय फासीवाद के आधार के रूप में काम कर रही पुरातन विचारधारा की ओर साभिप्राय इशारा किया गया है। कहना न होगा कि 'हिन्दुत्ववाद' मूलतः औपनिवेशिक युग में निर्मित एक राजनीतिक विचारधारा है, जिसका आधार भेदवादी ब्राह्मणवाद है। नामवर जी फासीवादी संस्कृति को, कुमार अंबुज की कविता 'क्रूरता' का उद्धरण देते हुए, 'क्रूरता की संस्कृति' निरूपित करते हैं। यह संस्कृति ब्राह्मणवादी संस्कृति की तरह ही अनुष्ठान-मूलक है। 'आत्मा' से 'हीन' समुदाय अनुष्ठानों पर ही जोर देता है। यह स्वाभाविक ही है। अनुष्ठानों के साथ ही इसमें एक प्रकार की नाट्यधर्मिता है, जहाँ लाडड

मुद्राओं पर ज़ोर है। यह याद रखना ज़रूरी है कि एक मान्यता के अनुसार भारत के शास्त्रीय नाट्य का प्रारम्भ अनुष्ठानों के अंग के रूप में ही हुआ था। नामवर जी का गहन सांस्कृतिक बोध यहाँ समकालीन यथार्थ की जटिलता को प्रभावी ढंग से व्यक्त करने में सहचर बना है :

> क्रूरता की इस संस्कृति का एक अमोघ अस्त्र है भव्य प्रदर्शन। समय समय पर यहाँ-वहाँ होनेवाले साम्प्रदायिक दंगे इसी भव्य प्रदर्शन के नमूने हैं। बाबरी मस्जिद का विध्वंस इस दौर का सबसे भव्य प्रदर्शन था। सम्भवत: पहला। कारगिल युद्ध का भव्य प्रदर्शन ताजा मिसाल है जिसमें शहीदों की शवयात्रा भी शोक से अधिक प्रदर्शन की वस्तु बन गई। दरअसल यह सब फासीवाद का नया सौन्दर्यशास्त्र है। शानदार सैनिक परेड, शाखामृग स्वयंसेवकों की अनुशासित रैली, लहराते भगवा झंडों का विशाल समुद्र सदृश जुलूस आदि की आतंकवादी छवियाँ इसी सौन्दर्यशास्त्र के सर्जनात्मक रूप हैं। कहना न होगा कि इन सबकी चरम परिणति युद्ध है और पोकरण में परमाणु बम विस्फोट तो निश्चय ही शक्ति-प्रदर्शन की पराकाष्ठा है। उस जोखिम-भरे स्थल पर शक्ति-पीठ स्थापित करने की परिकल्पना उसी प्रदर्शन-प्रिय मानसिकता की अभिव्यक्ति है! उसे बचकानापन कहकर टाल देना कहीं बड़ा बचकानापन है। कहना न होगा कि युद्धोन्माद इस फासीवादी संस्कृति का स्थायी भाव है जिसके विभाव, अनुभाव, हाव, संचारी भाव आदि इतने हैं कि भरत मुनि के नाट्यशास्त्र में भी खोजे न मिलेंगे। इन सबके लिए एक नये नाट्यशास्त्र की आवश्यकता है।

इन वाक्यों को पढ़ते हुए तत्काल के भारतीय अनुभव आँखों के सामने प्रत्यक्ष होते जाते हैं। बीसवीं सदी का इतिहास राष्ट्राध्यक्षों द्वारा नियोजित 'युद्धों' और उनमें पिसती जनता के दुखों का भी इतिहास है। पूँजीवाद अपने विविध युगों में युद्धों की निरन्तर रचना करता रहा है। उपनिवेशवाद, साम्राज्यवाद और फासीवाद के दौरान हुए युद्धों का हिसाब लगाया जाय, तो कहा जा सकता है कि पूँजीवाद ने किसी भी युग की तुलना में ज्यादा भयानक और प्रकृतिविरोधी युद्धों की शृंखला खड़ी की है। बीसवीं सदी में अमेरिका के नेतृत्व में पूँजीवादी शिविर ने एक पूरी 'युद्ध संस्कृति' की रचना की है। 'युद्ध', 'युद्धोन्माद', 'युद्ध-भय', 'युद्ध-आशंका'—सभी का उपयोग पूँजीवादी शासक अपने हित में करते रहे हैं। कहना न होगा कि निकटतम अतीत में घटी घटनाएँ पुरानी घटनाओं की पुनरावृत्ति-सी मालूम होती हैं। 'पुनरावृत्ति' तो यूँ भी संस्कृति का लक्षण है।

कोई पूछ सकता है कि युद्धोन्माद से फासीवाद का क्या फायदा?

> वही है जो हिटलर ने प्रथम विश्वयुद्ध से उठाया—विशेषत: अपने देश की पराजय से! वही फायदा जो पड़ोसी पाकिस्तान के फौजी, गैर-फौजी हुक्मरानों ने पिछले दो-तीन युद्धों से उठाया है! यहाँ हार भी फायदेमन्द है और जीत भी। युद्ध के आतंक से डरी हुई जनता अपनी किसी परेशानी के हल के लिए मुँह खोलने का साहस तक न करेगी, किसी भी प्रकार का विरोध देशद्रोह कहलाएगा। देशभक्ति की ऐसी हवा चलेगी कि अल्पसंख्यक अपने आप काबू में रहेंगे। यह और बात है कि इटली और जर्मनी के फासीवाद की तरह हर फासीवाद अन्ततः युद्ध की आग में ही भस्म होता है—साथ-साथ सारे देश को अधमरा छोड़ जाता है सो अलग। विडम्बना है कि अपनी नियति जानते हुए भी आज फासीवाद हर समय 'युद्धं देहि' की मुद्रा में तना खड़ा रहता है।

पूँजीवाद के भयावह रूपों उपनिवेशवाद, साम्राज्यवाद और फासीवाद से संघर्ष दुनिया की मार्क्सवादी विरासत का प्रमुख अंग है। नामवर जी संघर्ष की इस विरासत से न सिर्फ परिचित हैं, वे भारतीय सन्दर्भों में इसमें शामिल हैं। उनकी इतिहास-चेतना बताती है कि यह समस्या तात्कालिक नहीं है, इस संकट के बीज भारतीय अतीत में हैं। आज का फासीवाद स्वतंत्रता आन्दोलन के दौरान उभरे सम्प्रदायवाद का विकास है। यह तब जनता की एकता को तोड़ने के लिए उभरा था। इसके माध्यम से भारतीय समाज का कुलीन प्रतिक्रियावादी सामन्तवादी वर्ग औपनिवेशिक प्रभुओं का सक्रिय सहयोगी बनकर औपनिवेशिक एजेंडे को आगे बढ़ा रहा था :

> इस संकट के इतिहास पर एक नजर डालें तो इसका सूत्रपात आजादी की लड़ाई के दौरान ही हो गया था। बीस के दशक में हमारा राष्ट्रीय मुक्ति संघर्ष जब शिखर पर था तो हिन्दुत्ववादी गिरोह उस संघर्ष से अलग 'हिन्दू पाद पादशाही' की स्थापना की तैयारी कर रहा था और अंग्रेजी राज से असहयोग के स्थान पर उसके साथ सहयोग कर रहा था। यह वही समय है, जब इटली में मुसोलिनी ने फासिस्ट पार्टी बनाई और जर्मनी में हिटलर ने नात्सीवाद का झंडा उठाया। अभिलेखागारों के दस्तावेजों से अब तो यह बात जगजाहिर हो गई है कि हिन्दुत्ववादी संघ परिवार मुसोलिनी और हिटलर की पार्टियों से सीधे सम्पर्क में था और फासिस्ट साँचे के मुताबिक ही अपने संगठन को ढालने में संलग्न था। यह तो देशव्यापी राष्ट्रीय मुक्ति आन्दोलन की ताकत थी कि ये भारतीय फासिस्ट उस समय हाशिए पर पड़े रहे।

राष्ट्रीय स्वतंत्रता आन्दोलन ने पारम्परिक सामासिकता और हिन्दू-मुस्लिम सहभाव को आधुनिक धर्मनिरपेक्षतावाद से जोड़ने की कोशिश की। इसके समानांतर हिन्दू और मुस्लिम सम्प्रदायवाद ने द्विराष्ट्रवाद को ताक़त दी। परिणाम था—धर्म के आधार पर भारत विभाजन। विभाजन के बाद भारत में हिन्दू साम्प्रदायिक ताक़त न प्राप्त कर सके और भारत एक धर्मनिरपेक्ष लोकतंत्र बना। पूरी दुनिया में यह एक विशिष्ट लोकतांत्रिक प्रयोग था। विविध धर्मों वाले समाज में बहुसंख्यक समुदाय ही धर्मनिरपेक्षता का सबसे बड़ा पैरोकार था। स्वाभाविक था कि ऐसे में इसे सफल होना ही था। 1990 के बाद की परिस्थितियों में अनेक विचारक यह मानते थे कि सम्प्रदायवाद से लड़ने के लिए स्वतंत्रता आन्दोलन के दौर की तरह फिर एक बार राष्ट्रवाद कारगर हो सकता है। नामवर जी 'ज़माने से दो दो हाथ' में संकलित 'साम्प्रदायिकता,राष्ट्रवाद और धर्मनिरपेक्षता' शीर्षक अपने भाषण में इस पर सवालिया निशान लगाते हैं :

- हमारे इतिहास में राष्ट्रवाद और सम्प्रदायवाद दोनों एक ही साथ पैदा हुए हैं। कहीं ये दोनों एक ही सिक्के के दो पहलू तो नहीं हैं, इसकी भी जाँच की जानी चाहिए।
- हमारे देश में सम्प्रदायवाद और राष्ट्रवाद दोनों का जन्म एक साथ हुआ है...हम ब्रिटिश उपनिवेशवाद को साम्राज्यवाद की सन्तान मानते थे और इसके जवाब में राष्ट्रवाद को रखते थे।...इसकी जाँच की जानी चाहिए कि 1947 से पहले सम्प्रदायवाद से लड़ने का जितना कारगर विकल्प राष्ट्रवाद था, क्या 1947 के बाद भी वह उतनी ताकतवर विचारधारा है या हो सकती है?

अमर्त्य सेन जैसे अर्थशास्त्री-बुद्धिजीवी यह विचार रखते रहे हैं कि राष्ट्रीय आन्दोलन की विरासत साम्प्रदायिकता से लड़ने के काम आ सकती है। परन्तु नामवर जी के मन में इसको लेकर संशय है। वे स्पष्ट रूप से कहते हैं :

> 1947 में राष्ट्रवाद साम्प्रदायिकता के विरुद्ध भले ही एक कारगर हथियार माना जाता रहा हो, लेकिन वह असफल साबित हुआ और हम लोग उस राष्ट्रीय एकता के आधार पर साम्प्रदायिक एकता और सद्भाव कायम नहीं कर सके, सम्प्रदायवाद दूर नहीं किया जा सका। बावजूद इसके कि उस दौर के जितने भी राष्ट्रवादी नेता थे, उनकी नीयत पर शक नहीं किया जा सकता।

राष्ट्रीय आन्दोलन की सम्पूर्ण विरासत को 'राष्ट्रवाद' के विमर्श में संकुचित कर देने के कारण नामवर जी ऐसा कह रहे थे। यह भी दिखाई देता है कि नामवर

जी समकालीन भारत में बहुप्रचारित फासीवादोन्मुख राष्ट्रवाद और स्वतंत्रता आन्दोलन के दौरान उपजे समावेशी राष्ट्रवाद को एक मान रहे थे। दोनों के अन्तर को ध्यान में रखना ज़रूरी है। स्वतंत्रता आन्दोलन जन-आन्दोलन था। उसमें भारत के विविध समुदाय किसी न किसी रूप में शामिल हुए। सबको साथ लेकर चलने और अन्तर्विरोधों को दरकिनार करने की प्रवृत्ति के कारण इस युग की 'राष्ट्र' की संकल्पना बहुलतावादी, उदार, समावेशी, सामासिक, जनतांत्रिक और धर्मनिरपेक्ष थी। इसके विपरीत आज का फासीवादमुखी राष्ट्रवाद अधिनायकवादी, सम्प्रदाय-केन्द्री, असहिष्णु और वर्चस्ववादी है। धार्मिक बहिष्करण पर भरोसा करनेवाला यह राष्ट्रवाद 'भिन्न' और 'अन्य' के प्रति घृणा और हिंसा पैदा करता है। औपनिवेशिक युग के प्रभु राष्ट्रों के 'राष्ट्रवाद' के साम्राज्यवादी और वर्चस्ववादी चरित्र के कारण अनेक बार राष्ट्रवाद के प्रति दुनिया के बौद्धिकों का नज़रिया नकारात्मक रहा है। इस सम्बन्ध में यह ध्यान रखना ज़रूरी है कि उपनिवेशवाद के शोषण में पिसते, लगभग तबाह हो गए राष्ट्रों के भीतर जन-आन्दोलनों से उभरे राष्ट्रवाद वस्तुतः 'राष्ट्रवाद' की एक भिन्न धारणा देते हैं। दोनों को एक कर देना एक भूल होगी। समकालीन भारत के भीतर फासीवादी शक्तियों के राष्ट्रवाद और आजादी की लड़ाई से उभरे 'राष्ट्रवाद' के भिन्न प्रारूपों में अन्तर करके ही इस सम्बन्ध में विचार हो सकता है। परन्तु नामवर जी की वैचारिकी में सम्प्रदायवाद से संघर्ष करने में राष्ट्रवाद की भूमिका को लेकर एक नकारात्मक निश्चयात्मकता है :

- अगर सम्प्रदायवाद एक मिथ्या चेतना है तो मैं कहूँगा कि राष्ट्रवाद उसमें कम मिथ्या चेतना नहीं है। मिथ्या चेतना के रूप में दोनों विचारधाराएँ (आइडियालोजी) हैं, क्योंकि दोनों जुड़वाँ हैं, एक ही सिक्के के दो पहलू हैं, इसलिए सम्प्रदायवाद के विरुद्ध दूसरी मिथ्या विचारधारा को रखना है, कीचड़ को कीचड़ से धोना है।
- राष्ट्रवाद का प्रयोग शासक दल अपने को मजबूत करने के लिए कर रहा है, अब इसके इम्पीरिकल प्रमाण मौजूद हैं। अनेक जगहों पर जहाँ सम्प्रदायवाद नहीं था, एक खास तरह के राष्ट्रवादी दल ने या शासक दल के राष्ट्रवाद ने वहाँ सम्प्रदायवाद पैदा किया है।
- सम्प्रदायवाद से लड़ने के लिए राष्ट्रवाद नाकाफी है। यानी राष्ट्रवाद 'सेकुलरिज्म' का इस्तेमाल उसी तरह कर रहा है, जैसे सम्प्रदायवाद धर्म का रहा है।

इस दौर में साम्प्रदायिक उभार ने भारतीय कुलीन और मध्यवर्ग की कलई खोल दी है। इस वर्ग के अनेक बुद्धिजीवी अभी तक 'आधुनिकता' की खोल में छिपे रहकर अपना कारोबार चला रहे थे। साम्प्रदायिकता के साथ उभरी धर्म-तंत्र

बद्धता ने उन्हें एक अवसर दिया कि वे 'परम्परा के नाम पर इससे सम्बद्ध हो सकें'। 'धर्म', 'संस्कृति' और 'परम्परा' का नामजाप करते हुए वे आसानी से नई सामाजिक राजनीति का हिस्सा बन गए। इससे पिछली 'आधुनिकता' भी बच गई और वह गरिमा के साथ 'परम्परा' से सम्बन्धित भी हो गई। नामवर जी इस छद्म को सहज ही पहचान लेते हैं। वे देखते हैं कि एक ओर फासीवादी क्रूरता धीरे-धीरे समाज का अंग बनती जा रही है, दूसरी ओर अपने आपको सुसभ्य और सुसंस्कृत कहनेवाले ऐसे 'आधुनिक' लोगों की नजर से यह ओझल है। नामवर जी इस विडम्बना पर व्यंग्य करते हैं :

> विडम्बना यह है कि इस अदृश्य क्रूरता की संस्कृति से सबसे ज्यादा बेखबर वही हैं जो अपने आपको सबसे ज्यादा सुसंस्कृत और सभ्य समझते हैं। दरअसल ऐसे भद्र लोगों की संस्कृति की धारणा भी अति विशिष्ट है। अर्थतंत्र, राजतंत्र, सामाजिक संस्थानों आदि से सर्वथा स्वायत्त यह ऐसा 'पवित्र वन' है जिसकी सिर्फ पूजा की जा सकती है। ईश्वर की तरह संस्कृति भी इन लोगों के लिए पूजा की वस्तु है—मन्दिर के देवता की तरह उपास्य। ऐसे सुसंस्कृत लोगों तक यदि क्रूरता की संस्कृति के शिकार साधारण जनों की पुकार न पहुँचे तो क्या आश्चर्य! क्रूरता की संस्कृति को इस विशिष्ट संस्कृति से भला क्या शिकायत हो सकती है? शान्तिपूर्ण सह-अस्तित्व की ऐसी अनूठी मिसाल और क्या हो सकती है?

ये आधुनिक विचारक अमेरिकी प्रभाव में शीतयुद्ध के ज़माने की रणनीतियों पर जीवन-भर चलते रहे हैं। मार्क्सवाद-विरोध के अति छोर पर विराजित ये बुद्धिजीवी अब आधुनिकता की प्रगतिशील विरासत को भी दाँव पर लगाने के लिए प्रस्तुत हैं :

> विचारधारा मात्र से इन्हें परहेज है मगर वे हमेशा संघ-परिवार की 'छद्म धर्मनिरपेक्षता' और 'समान सिविल कोड' वाली शब्दावली में विमर्श करते हैं। पश्चिमी संस्कारों में आकंठ डूबे रहने के बावजूद हर समय हिन्दू धर्म की श्रेष्ठता के गीत गाते रहते हैं—गोया उनसे ज्यादा हिन्दू कोई और है ही नहीं। इनका सबसे अधिक रोष 'सेकुलर' लोगों पर है क्योंकि वे सभी कम्युनिस्ट अथवा वामपन्थी प्रतीत होते हैं। इस तरह संघ-परिवार के शत्रु इन गम्भीर विचारकों के भी शत्रु हैं और यही वह सम्बन्ध-सूत्र है जो उन्हें संघ-परिवार के साथ खड़े होने के लिए विवश करता है। विमर्श करेंगे संस्कृति पर लेकिन केन्द्र में होगा धर्म और वह भी अपना अपूर्व हिन्दू धर्म!

मार्क्सवाद-विरोध इन आधुनिकों का अन्ध-बिन्दु है। ऐसे में यह हश्र विडम्बनापूर्ण होते हुए भी, एक तरह से, स्वाभाविक ही है।

नामवर जी हमें निरर्थक आशावाद में पड़ने से बचाते हैं। वे देख रहे थे कि लोकतंत्र की विभिन्न इकाइयाँ धीरे-धीरे हिन्दुत्ववादी फासीवाद के प्रभाव में आ रही हैं। दो दशक पहले कही गई उनकी बातें, जैसे अक्षरश: सही साबित हुई हैं। न्यायपालिका और सेना में बढ़ते फासीवादों तत्त्वों को हम आज ज्यादा साफ-साफ देख पा रहे हैं। नामवर जी ने इनकी ओर प्रभावी ढंग से इशारा किया था। वे स्पष्ट देख पा रहे थे कि राजनीतिक फासीवादी संगठन दिन-रात खासतौर पर मध्यवर्गीय लोगों को साम्प्रदायिक बनाने पर तुले हुए हैं :

> इस हिन्दू-फासीवाद की ताकत को कम करके आँकना ठीक न होगा। पुलिस, प्रशासन, न्यायपालिका आदि राजतंत्र के विविध अंगों के अलावा इस बीच सेना के अन्दर भी इस चेतना ने सेंध लगा ली है। इन सबके अलावा स्वयं संघ-परिवार की अपनी विशाल वाहिनी अपनी जगह है जैसे विश्व हिन्दू परिषद्, बजरंग दल, हिन्दू जागरण मंच आदि दर्जनों छापामार टुकड़ियाँ। अक्सर शिव सेना भी मौके पर साथ खड़ी हो जाती है। एक ओर अनेकानेक स्वयंसेवी संस्थाओं का जाल है तो मध्यवर्ग के अन्दर मन-ही-मन सहानुभूति रखनेवालों की तादाद दिन दूनी, रात चौगुनी बढ़ती जा रही है। पैसों की कमी का तो सवाल ही क्या! पूँजी वाले थैली का मुँह खोले खड़े हैं। किन्तु इन सबके ऊपर है विश्व की सबसे बड़ी शक्ति अमेरिका का वरदहस्त! कहने के लिए अन्त में 'देखि दिव्य छवि लोचन हारे' जैसे ही शब्द जबान पर आते हैं।

नामवर जी की अनुभव पगी आँखें यह देखने में समर्थ थीं कि साम्प्रदायिकता की समस्या को देखने के भारतीय मार्क्सवादियों के तरीके में कुछ असंगतियाँ हैं। मार्क्सवादी यह मानकर चलते हैं कि धर्म साम्प्रदायिक बनाता है। गांधी के देश में यह बात स्वीकार करना सम्भव नहीं है। नामवर जी उचित ही कहते हैं :

- धर्म और मजहब की सामाजिक भूमिका के बारे में फिर से विचार करना होगा। एक जमाने में प्रगतिशील लोगों की यह धारणा थी कि धर्म एक सामन्ती चीज है। साम्प्रदायिकता पंडों, पुरोहितों, शेखों, मुल्लाओं की चीज है। सच्चाई तो यह है कि इस दौर में, मैं अपने सामने देखता हूँ कि जो लोग जितने ही आधुनिक हैं, वे उतने ही साम्प्रदायिक होते दिखाई दे रहे हैं।
- हम वामपंथी लोग यह सोचते थे कि धर्म माने सम्प्रदायवाद, जबकि पाया यह जाता है कि गहरा धार्मिक आदमी उतना साम्प्रदायिक नहीं होता, बिल्कुल नहीं

होता। साम्प्रदायिक वे होते हैं, जिनमें धार्मिक आस्था नहीं होती। 'शाखा' में जानेवाले लोग उन्मादी होते हैं, उनमें धार्मिक आस्था नहीं होती। भजन-पूजन में लगे रहनेवाले लोगों, पाँचों वक्त की नमाज़ पढ़नेवाले लोगों को प्राय: मैंने दंगों में एक-दूसरे की मदद करते देखा है। खून-खराबा करनेवाले ज्यादातर लोगों का कोई मजहब, कोई धर्म नहीं होता। मार्क्स कहते हैं कि धर्म सताए हुए आदमी की आह है, हृदयहीन समाज का हृदय है, वह असन्तोष की अभिव्यक्ति है और जो असन्तोष के विरुद्ध है, उसकी भी अभिव्यक्ति है। धर्म के आधार पर कबीर ने, जायसी ने, सूर ने, रहीम-रसखान ने मनुष्य की मुक्ति के लिए संघर्ष किया है। बहुत से लोगों ने धर्म के आधार पर अपनी आज़ादी की लड़ाई लड़ी है। इसलिए धर्म की भूमिका हमेशा प्रतिक्रियावादी ही नहीं होती। अत: एक विशेष सामाजिक-ऐतिहासिक सन्दर्भ में धर्म क्या रूप लेता है—यह देखना चाहिए, और साथ ही यह भी कि धर्म की सामाजिक भूमिका को कौन किस तरह इस्तेमाल कर रहा है। इसको पहचाने बिना धर्म का नकार भी अन्ध वैज्ञानिकतावाद होगा।

सामान्यत: ऐसा कहा जाता है कि नामवर सिंह ने सम्प्रदायवाद-फासीवाद का जितना मुखर विरोध किया, उतना भूमंडलीकरणयुगीन पूँजीवाद, नवउपनिवेशवाद और नवसाम्राज्यवाद का नहीं किया। बटखरा लेकर तौलनेवालों ने जरूर तौल की होगी, परन्तु इसे अनदेखा नहीं किया जा सकता कि नामवर सिंह ने भूमंडलीकरण के आर्थिक-सामाजिक-सांस्कृतिक पहलुओं की लगातार आलोचना की। कहीं कठोर, कहीं नर्म। धर्मेन्द्र त्रिपाठी के साथ बातचीत में वे भूमंडलीकरण के साथ आ रही अमेरिकी दादागिरी से हमें सचेत करते हैं। यह बातचीत 27 जनवरी, 1997 को प्रकाशित हुई थी। वे स्पष्ट रूप से कहते हैं :

संसार के अन्य देशों की तरह भारत भी अपना पिछड़ापन दूर करने के लिए बहुराष्ट्रीय कम्पनियों को आमंत्रित कर रहा है। मेरी अपनी समझ है कि बहुराष्ट्रीय कम्पनियों के अबाध प्रवेश पर कुछ न कुछ राज्य का अंकुश होना चाहिए और उनका निवेश किन क्षेत्रों में हो, यह हमारे देश की सरकार तय करे। इसलिए हमारी अपनी जो प्राथमिकताएँ हैं—स्वास्थ्य, पर्यावरण, गरीबी, रोजमर्रा की बुनियादी जरूरतें, उनके अनुसार भूमंडलीकरण हो।

दूसरे, भूमंडलीकरण के साथ जुड़ी हुई जो अमरीकी दादागिरी है, उसका विरोध होना चाहिए। जब हमने अंग्रेजी गुलामी नहीं स्वीकार की तो आज के दौर में हम अमरीकी दादागिरी तो नहीं स्वीकार करेंगे, लेकिन भूमंडलीकरण 'विश्व बैंक' और 'अन्तरराष्ट्रीय मुद्राकोष' के

> नाम पर लगभग अमरीकी दादागिरी बनता जा रहा है। हमारी जनता इसे कभी स्वीकार नहीं करेगी। हम पाकिस्तान नहीं हैं।
>
> तीसरी बात जो इस सिलसिले में कहनी है, वह यह कि अमरीका की उपभोग-संस्कृति को हम अपने देश में नहीं आने देंगे। हमारे यहाँ का सम्पन्न वर्ग, जो स्वयं अपनी परम्पराओं से एक अरसे से कटा हुआ है, वह भारतीय संस्कृति के मूल्य और महत्त्व को जानता ही नहीं और उसकी जो सड़ी-गली चीजें हैं, उनको संस्कृति के नाम पर देश-विदेश में भुनाता रहता है। हमारी संस्कृति की जो श्रेष्ठ परम्पराएँ हैं, उनको मिटाकर यदि हम बाजारू माल की तरह बाजार में बिकने लगे तो मैं समझता हूँ, यह प्रवृत्ति अत्यन्त घातक है।

भूमंडलीकरण की अमेरिका-केन्द्री नीतियों की मुखर और स्पष्ट पहचान के कारण ही नामवर जी ने वी.एस. नायपॉल को नोबल सम्मान मिलने पर उनके विचारों और रणनीति का मुखर विरोध किया। वीरेन्द्र सेंगर के साथ बातचीत करते हुए उन्होंने नायपॉल को दक्षिणपंथी-फासीवादी शक्तियों द्वारा मिल रहे समर्थन के कारण भी स्पष्ट किये। उनका स्पष्ट मानना है कि उन्हें नोबल सम्मान अमेरिका की ग्लोबल दादागिरी का समर्थन और इस्लाम का विरोध करने के कारण मिला है। इस साक्षात्कार के कुछ वाक्यों पर इस सन्दर्भ में विशेष रूप से विचार करना चाहिए :

> 11 सितम्बर को अमरीका में हुए आतंकी हादसे के बाद जो घटनाक्रम चल रहा है, वह महत्त्वपूर्ण है। अमरीका अफगानिस्तान, तालिबान और ओसामा बिन लादेन के खिलाफ युद्ध लड़ रहा है। ऐसे में नायपॉल को पुरस्कार दिये जाने का एक खास सन्दर्भ हो सकता है।
>
> दरअसल, उन्होंने दो किताबें लिखी हैं इसलाम के विरोध में। पहली किताब तो यात्रा-वृत्तांत है। ईरान, पाकिस्तान, मलेशिया और इंडोनेशिया जैसे इसलामी देशों की यात्रा करके उन्होंने 'अमंग दि बिलीवर्स' लिखी। इसके बाद उन्होंने दूसरी किताब लिखी: 'बियान्ड बिलीव'। इन किताबों में लगभग वही स्थापनाएँ हैं जो कि 1990 के आसपास के 'फारेन अफेयर्स जर्नल' में अमरीका के सैम्युअल पी. हटिंग्टन के प्रकाशित लेख में हैं। हटिंग्टन ने 'सभ्यताओं का संघर्ष' नाम से वह लेख लिखा था जो बाद में किताब के रूप में भी आया। दरअसल, आज अमरीका जो कर रहा है, वह उसका एक घोषणा-पत्र जैसा था। इसमें सैम्युअल ने कहा था कि सोवियत संघ के बिखरने के बाद दुनिया में विचारधाराओं का संघर्ष खत्म

हो गया है। इसलिए अब दुनिया में बड़ी सभ्यताओं के बीच संघर्ष होगा। पश्चिमी देशों को उन्होंने ईसाई सभ्यता माना और एशिया की तीन बड़ी सभ्यताओं में उन्होंने इसलाम को ऐसी सभ्यता के रूप में चिन्हित किया जिसका ईसाइयत से टकराव तय है। इसलाम को उन्होंने पश्चिम का सबसे खतरनाक दुश्मन करार दिया। हटिंग्टन की इस अवधारणा के बाद इराक से अमरीका का टकराव और बढ़ा। अब अफगानिस्तान से नया सिलसिला शुरू हुआ है। नायपॉल भी इसी पृष्ठभूमि से जुड़े हैं।

जब 1992 में अयोध्या में बाबरी मस्जिद गिराई गई थी तो इसे उन्होंने हिन्दू वर्ग का प्रतीक माना था। बाद के यात्रा-वृत्तान्तों में इसलाम के खतरे बताने में उनकी कुशलता को काफी महत्त्व दिया गया। इसलिए 11 सितम्बर के बाद के घटनाक्रम को देखते हुए नायपॉल को पुरस्कार दिया जाना कुछ सवाल तो उठाता ही है।

स्पष्ट है कि नामवर जी मानते थे कि भूमंडलीकरण और साम्प्रदायिक फासीवादी शक्तियों के बीच एक स्पष्ट गठजोड़ अमेरिका के निर्देशन में तैयार हो रहा था। इस युग में भारत के भीतर भी तेजी से सामाजिक-राजनैतिक परिवर्तन हो रहे थे। नामवर जी की पैनी नजर इन परिवर्तनों पर थी। अनेक साक्षात्कारों में सवालों के जवाब देते हुए उन्होंने इन परिवर्तनों की गम्भीर और निर्भ्रांत विवेचना पेश की। शम्भुदत्त पांडेय से बातचीत करते हुए नामवर जी ने भाजपा के राष्ट्रवाद की कठोर आलोचना की है :

> भाजपा या ऐसी किसी भी सत्तालोलुप पार्टी के राष्ट्रवाद का मतलब हिन्दुओं का और उसमें भी एकदम सवर्णों का राष्ट्रवाद ही है, सवर्णों का उत्थान ही उनका परम लक्ष्य है, इसलिए उन्हें पोखरण विस्फोट में राष्ट्रहित दिखाई पड़ता है। भाजपा अग्नि-2 के परीक्षण को राष्ट्रीय गौरव घोषित करती है, उसके लिए यही कुल राष्ट्रवाद है, जबकि राष्ट्रवाद के बाकी रूप या अंग, मसलन, आदिवासी या देश में आजादी के बाद रह गए गरीब मुसलमानों जो कि दंगों में ही पीड़ित नहीं होते बल्कि सामाजिक भेदभाव से भी पीड़ित हैं, वे सब भी तो आखिर इसी राष्ट्र के अंग हैं। इसाइयों के साथ बर्बरता बरती जा रही है। स्त्रियाँ उत्पीड़ित हैं। ये सभी इसी राष्ट्र के हिस्से हैं। अब इन्हें दबाया जाता रहेगा तो एक रोज भयावह संत्रास छा जाएगा। दमन भी एक प्रतिक्रियावादी आतंक लेकर आएगा। लेकिन मेरा कहना है कि कभी-कभी एक ही समय में, एक ही राष्ट्र में एक से

भी अधिक राष्ट्र होते या दिखाई पड़ते हैं। लेनिन ने तो समान समय में दो राष्ट्रों की बात सविस्तार कही ही है। यह मुद्दा आजादी की लड़ाई के समय में भी था और आज तो और भी प्रबल हो गया है। विदेशी शक्ति हट जाने पर भीतरी विघटन या चेहरे खुलकर दिखने लगे। इसलिए गठजोड़ में भी अन्तर होता है। विडम्बना यह है कि भाजपा के वर्ग चरित्र को जानते हुए भी उसका गठजोड़ यहाँ सफल हो जा रहा है। यह सचमुच घातक है। मैं इसे राष्ट्रवाद के नाम से हिन्दू फासीवाद के आसन्न संकट के रूप में देखता हूँ। इसके विरोध में सक्रिय पार्टियाँ जो कि खंड-खंड पाखंड की शिकार हैं, उनमें बिखराव ज्यादा है, टूट ज्यादा है।

एक जमाने में वामपंथी दल किसानों और मजदूरों की एकता के प्रयास और दावे करते थे परन्तु आज किसानों-मजदूरों की वह एकता कहाँ चली गई है जिससे समाजवाद सम्भव होता है? इसलिए गठबन्धन या गठजोड़ जिन दलों के बीच होना चाहिए, आज बस वही नहीं हो रहा है। विरोधी पक्ष विघटित है। निराला ने 'राम की शक्ति-पूजा' में कहा है कि 'अन्याय जिधर है उधर शक्ति' यानी न्यायकारी ताकतें बिखरी हुई हैं। इसलिए यही आज का सबसे बड़ा संकट है।

साम्प्रदायिक कट्टरपंथ और धार्मिक उन्माद का ज्यादा प्रभाव हिन्दी क्षेत्र में देखने को मिला है। नि:सन्देह हिन्दी क्षेत्र की सामाजिक-सांस्कृतिक गतिविधियों में जीवन खपा देनेवाले किसी विचारक के विचार-विवेचन में इसकी ओर ध्यान जाना अनिवार्य ही है। नामवर जी ने भी इन नई परिस्थितियों में हिन्दीभाषी समाज पर बार-बार विचार किया है। तारानन्द और अविनाश द्वारा की गई बातचीत में रामविलास शर्मा की अनेक धारणाओं से मुठभेड़ करते हुए नामवर जी यह बताने की कोशिश करते हैं कि हिन्दी समाज अंग्रेजों के आने के पहले से ही लगातार आर्थिक-सामाजिक दृष्टि से अन्य क्षेत्रों से पिछड़ा रहा है। वे कहते हैं :

रामविलास जी ने साबित करने की कोशिश की है कि यह तो सोने की चिड़िया कहलाती थी। उसी से आकृष्ट होकर मध्यकाल में अंग्रेज यहाँ आए। रामविलास जी का कहना है कि अंग्रेजों के आने के पहले तक यह पिछड़ा हुआ नहीं था। अकबर के समय में क्या, शाहजहाँ और औरंगजेब के जमाने तक औद्योगिक दृष्टि से या व्यावसायिक दृष्टि से पिछड़ा हुआ नहीं था। और उन्होंने एक पूरी किताब यही दिखाने की कोशिश में लिखी है कि यहाँ व्यापारिक पूँजीवाद बहुत

विकसित था; अर्थात् भारत का व्यापार एशिया के अन्य देशों तक फैला हुआ था। यूरोप में यहाँ का माल जाता था, पर मुझे लगता है कि बिलकुल ऐसा नहीं था। अंग्रेज जब आए तो उन्होंने औद्योगिक दृष्टि से अपने देश का विकास किया। यहाँ से कच्चा माल ले जाते थे और वहाँ से तैयार माल भेजते थे। खास तौर से जिसके बारे में कहा जाता है कि सूती उद्योग, वह हमारे यहाँ काफी विकसित था। इसको अंग्रेजों ने खत्म किया। एक तरह से यहाँ मैनचेस्टर का माल बिकता था। इसलिए गांधी जी ने चरखा, खादी, स्वदेशी पर आजादी के आन्दोलन के वक्त जोर दिया था। दादाभाई नौरोज़ी ने उन्नीसवीं सदी के ब्रिटिश पार्लियामेंट में यह सवाल भी उठाया था। हिन्दी प्रदेशों में जो औद्योगिक विकास होना चाहिए था, वह और प्रदेशों की तुलना में कम हुआ। इन क्षेत्रों में औद्योगिक कल-कारखाने कितने हैं? उत्तर प्रदेश, मध्य प्रदेश, बिहार, राजस्थान, हरियाणा आदि, साथ ही इस इलाके में जनसंख्या भी बहुत अधिक है। चूँकि उद्योग-धन्धों का विकास नहीं हुआ इसलिए रोजगार के अवसर भी नहीं हैं। इन सबके साथ एक दिक्कत यह भी है कि इस क्षेत्र में साक्षरता दर भी बहुत कम है। केरल से आप तुलना कीजिए, जहाँ साक्षरता नब्बे फीसदी से भी ज्यादा है, तो हिन्दी इलाके के पिछड़ेपन में साक्षरता यानी शिक्षा का विकास न होना एक महत्त्वपूर्ण कारक है।

जहाँ तक प्रतिरोध की राजनीति का सवाल है, तो इस मामले में पिछड़ापन नहीं है। स्वाधीनता के बाद भी और स्वाधीनता के पहले भी। गांधी जी ने तो चम्पारण से ही अपना आन्दोलन शुरू किया था। तो इसका आशय ये है कि औद्योगिक दृष्टि से विकसित न होना एक अलग बात है। अब सवाल ये उठता है कि उसके लिए कौन जिम्मेदार है? हिन्दीभाषी प्रदेश बहुत दिनों तक कांग्रेस का गढ़ माना जाता रहा है और इसी प्रदेश से कई प्रधानमंत्री, राष्ट्रपति हुए और उनकी दृष्टि इतनी अखिल भारतीय थी कि उन लोगों ने अपने क्षेत्र के विकास पर ध्यान ही नहीं दिया।

नामवर जी लगातार इस बात को रेखांकित करते रहे हैं कि हिन्दी क्षेत्र में प्रतिरोध की सतत् परम्परा मौजूद रही है। वे इस बात को स्पष्ट रूप से कहते हैं :

मैं नहीं मानता कि हिन्दी प्रदेश में वैचारिक शून्यता या दरिद्रता है। विचारों से लोगों का क्या आशय है, यह तो मैं नहीं कह सकता,

> लेकिन मेरा खयाल है कि अब भी महत्त्वपूर्ण मुद्दों पर बहस हो रही है—चाहे वे साहित्यिक हों या राजनीतिक। जिस प्रकार की शून्यता लोग हिन्दी प्रदेश में देख रहे हैं, वह तो पूरे देश में है।

भूमंडलीकरण और सम्प्रदायवाद के इस दौर में लोकतांत्रिक ढाँचे में अलोकतांत्रिक शक्तियों की जगह बढ़ी है और लोकतंत्र का क्षरण हुआ है। नामवर जी इस परिप्रेक्ष्य में समकालीन भारतीय लोकतंत्र का वस्तुनिष्ठ मूल्यांकन करते हैं :

> लोकतंत्र का वास्तविक पैमाना तो 'लोक' की समृद्धि ही है। गांधी के शब्दों में वह मानदंड आखिरी आदमी है। हमारे सत्ता तंत्र को इस आखिरी आदमी का वोट चाहिए; लेकिन बदले में कुछ करने की मंशा नहीं रहती। लोक का हित तो उसके जीवन-स्तर एवं विकास से ही मापा जाएगा। न्यूनतम जीवन-यापन की सुविधाएँ आमजनों को मिलें यही लोकतंत्र और किसी भी विचारधारा की आदि शर्त होनी चाहिए।...हमारा पूरा लोकतंत्र यशकामी, ढोंगी और रुग्ण हो गया है। मुझे ऐसा लगता है कि इन शासकों के मन में जनता के दुख-दर्द की बात नहीं रही। उनकी सारी सोच चुनाव केन्द्रित है।

लोकतंत्र के विरूपित होने का प्रमुख कारण है शासक वर्गों का नियंत्रण।

शासक वर्गों का यह वर्ग-चरित्र आजादी प्राप्त होने के तुरन्त बाद से ही धीरे-धीरे ज्यादा साफ हुआ है। आजाद भारत में 'सामन्ती पुरातनता' और 'अभिजनी पूँजीवादोन्मुख आधुनिकता' को विन्यस्त करने और लोकतंत्र को नियंत्रित रखनेवाली शक्तियाँ राष्ट्रीय आंदोलन के जनवादी उभार को ठिकाने लगाने के लिए जनता को 'समाजवाद' और 'लोकतंत्र' के नारों में उलझाने और भरमाने की नीति पर काम करती रहीं। आजादी के महास्वप्नों को वास्तविक जमीन पर उतारने की ठोस कार्यवाहियाँ नहीं की जा सकी थीं। लोकतंत्र की आन्तरिक संरचना पर कब्जा जमाने की कोशिश में लगी पुनरुत्थानवादी और यथास्थितिवादी शक्तियाँ भारतीय सामाजिक संरचना में मौजूद अन्तर्विरोधों पर विचार को ग़ैरज़रूरी बताकर स्थगित करती रहीं। स्वतंत्रता के बाद सत्ता-संरचना इस वर्ग के अधीन थी। स्पष्ट था कि भारत में सदियों से मौजूद असमानता, अन्याय और पराधीनता से जुड़े सवालों को टालते रहना उनकी वर्गीय रणनीति का हिस्सा था। आन्तरिक सामाजिक संघर्ष का भय दिखाकर लोकतांत्रिक प्रक्रियाओं को भी रोके रखने की कोशिश की गई। इसी का परिणाम हुआ कि लोकतंत्र में 'तंत्र' तो प्रभावी होता गया, 'लोक' प्रभावहीन। इसका वास्तविक कारण लोकतंत्र का पूँजीवादोन्मुख होना है। नामवर जी उचित ही कहते हैं :

> आज आम आदमी बहुत पस्त और हताश है।...धनबलियों एवं बाहुबलियों ने पूरे लोकतंत्र का अपहरण कर लिया है। राज्य की विधानसभाओं से लेकर संसद तक अपराधियों ने अपनी पैठ बना ली है। राजनीति सेवा नहीं धन्धा हो गई है।...मुझे अफसोस इस बात का है कि कुछ-कुछ सत्ताधारी वामपंथी पार्टी में भी यह प्रवृत्ति घर करने लग गई है। नहीं तो नन्दीग्राम की दुर्घटना नहीं होती।...यह हिंसक अपराधी वृत्ति आसमान से तो नहीं आई है। यह पूँजीवाद की कोख से उपजी है। बढ़ते पूँजीवाद से ये हिंसक जहरीले जन्तु पैदा हुए हैं। इस पूँजीवाद ने संवेदना को इस क़दर हिंसक बना दिया है कि बात-बात में गोली चलने लग गई है। सारा समाज अवैध हथियारों का जखीरा हो गया है। कुछ अमेरिकी फिल्मों में जो हिंसक दृश्य दिखते थे वह मंजर भारतीय परिवेश एवं जीवन में आम हो रहा है। हमारे समूचे सामाजिक जीवन को पूँजीवादी अर्थतंत्र ने तहस-नहस कर दिया है। अभी विकास नहीं हुआ है। जब चरम विकास हो गया तो कल्पना करें कि क्या नक्शा होगा?

भारतीय वामपंथी दलों में शासन से उपजे बुर्जुआ तत्वों की आलोचना को आत्मालोचना की तरह ग्रहण करना चाहिए।

नामवर सिंह की विचार-यात्रा और आलोचना-यात्रा को प्रगतिशील आन्दोलन की यात्रा से जोड़कर देखा जाना चाहिए। वे इस आन्दोलन की सबसे प्रभावशाली आवाज़ों में से एक थे। जन-पक्षधर और प्रतिबद्ध विचारों के लिए संघर्ष करने का साहस उन्हें इसी से मिलता था। यह आन्दोलन लहर पर लहर पैदा करता रहा है। समुद्र की तरह। नामवर जी के पीछे यह प्रत्येक मौके पर मौजूदा था—'अप्रतिहत रहा अम्बुधि विशाल'। आज आन्दोलन पर चौतरफा दबाव है। भारतीय समाज और राजनीति में लोकतांत्रिकता, जनवाद और संवाद पर गहरा आक्रमण हो रहा है। फासीवाद, कट्टरपंथी और अधिनायकवादी विचारों को प्रतिबन्ध, दुष्प्रचार और शक्ति-प्रयोग से लादा जा रहा है। प्रगतिशील, लोकतांत्रिक और धर्मनिरपेक्ष विचारों को कैद, हिंसा और हत्या के रास्ते चुप कराने की कोशिश की जा रही है। समर्थकों की मंडली को 'सत्संगी' और विरोधी विचारों को 'गैंग' बतानेवाली सत्ता निरन्तर सामान्य जनों में उन्माद पैदा कर रही है। सत्ताविरोधी लोगों को राष्ट्रद्रोही बताकर जेल में डाला जा रहा है। वातावरण में भय और निराशा दिनों-दिन मुखर होती जा रही है। लोग अपनी बात कहने से डर रहे हैं। जनता को संगठित होने से रोकने के लिए सत्तातंत्र हर सम्भव रणनीति अपना रहा है। ऐसे में विभिन्न विचारधाराओं को माननेवाले लोकतांत्रिक, धर्मनिरपेक्ष और जनपक्षधर लोगों को 'अप्रतिहत गरज रहा

अम्बुधि विशाल' आन्दोलन पैदा करना ही होगा। नामवर जी अतीत में इस 'गरज' में एक अनिवार्य 'स्वर' की तरह मौजूद थे। वर्तमान और भविष्य में भी उनकी वैचारिकता और निर्भय संवादी भाव हमारा साथ देते रहेंगे।

प्रस्तुत पुस्तक 'समय से संवाद' नामवर जी की निर्भ्रांत समझ और बौद्धिक संघर्षशीलता का आइना है। इस पुस्तक को सामयिक विषयों पर प्रकाशित स्वतंत्र पुस्तक 'जमाने से दो दो हाथ' की शृंखला में देखा जा सकता है।

हम 2010 से नामवर जी की पुस्तकों के प्रकाशन में संलग्न हैं। अब तक चौदह पुस्तकें प्रकाशित हुई हैं। चार पुस्तकें प्रकाशन की प्रक्रिया में हैं। खोज का यह काम 2005 में प्रारम्भ हुआ। निरन्तर पत्र-पत्रिकाओं-पुस्तकों, पुस्तकालयों, इंटरनेट एवं खासतौर पर निजी संग्रहों को खँगालने पर यह सामग्री प्राप्त हुई—लगभग 2000 पृष्ठ। उसमें नामवर जी के आलेखों, व्याख्यानों और साक्षात्कारों के लिप्यन्तरित पाठ, वाचिक टिप्पणियाँ, व्यक्तिगत साक्षात्कार एवं सामूहिक परिसंवाद शामिल हैं। इसके बावजूद अभी अनेक आलेख और व्याख्यानों और साक्षात्कारों के मुद्रित पाठ खोजे जाने बाकी हैं। नामवर जी ने जब स्वयं यह संग्रह देखा तो उन्हें आश्चर्य हुआ। अनेक आलेख, व्याख्यान और साक्षात्कार उनकी स्मृति में नहीं थे। इस सामग्री को पुस्तकों में बाँटने की प्रमुखत: दो योजनाएँ विकल्प के रूप में सामने थीं—विषयवार पुस्तकें और लिखित-वाचिक की अलग-अलग पुस्तकें। हमने बीच का रास्ता अपनाया। सामयिक विषयों पर एक स्वतंत्र पुस्तक 'जमाने से दो दो हाथ' के साथ प्रेमचन्द पर केन्द्रित पुस्तक 'प्रेमचन्द और भारतीय समाज' में—आलेख, भाषण एवं वाचिक टिप्पणियाँ एक साथ मौजूद हैं। इसके अतिरिक्त व्याख्यानों की दो पुस्तकें 'आलोचना और विचारधारा' तथा 'साहित्य की पहचान', लिखित की पाँच पुस्तकें 'कविता की जमीन और जमीन की कविता', 'हिन्दी का गद्य पर्व', 'पूर्वरंग', 'आलोचना और संवाद' तथा 'तुम्हारा नामवर' और साक्षात्कार-संवाद की तीन पुस्तकें 'साथ साथ', 'सम्मुख' तथा 'संग सत्संग'। नामवर जी के पुस्तक-केन्द्रित आलेखों, व्याख्यानों, साक्षात्कारों और वाचिक टिप्पणियों और साक्षात्कार-अंशों से हमने 'किताबनामा' पुस्तक बनाई और आत्मकथात्मक वक्तव्यों और साक्षात्कारों से 'जीवन क्या जिया'। इसी क्रम में यह नई पुस्तक आपके सामने है। इन पुस्तकों से गुजरते हुए आप नामवर जी की प्रतिभा के विविध आयामों से संवाद कर सकेंगे।

सम्पूर्ण खोज-यात्रा में स्मृति शेष प्रो. कमला प्रसाद जी के साथ ही हिन्दी के वरिष्ठ कथाकार प्रो. काशीनाथ सिंह का प्रोत्साहन मेरी शक्ति रहा है। अनेक आदरणीय वरिष्ठों एवं मित्रों ने इस कार्य में निरन्तर दिलचस्पी ली है और बहुविध सहयोग किया है।

इस सम्पूर्ण यात्रा के प्रारम्भिक पाँच-छह वर्षों में एक बात मैं निरन्तर महसूस करता रहा कि इसके संग्रहण एवं प्रकाशन के प्रति नामवर जी में गहरी असम्पृक्ति रही है। सम्भवतः यही कारण है कि इतनी ढेर सारी सामग्री अब तक पुस्तक रूप मे संकलित-प्रकाशित नहीं हो सकी है। अनेक व्याख्यान व साक्षात्कार तो उन्होंने प्रकाशित रूप में देखे भी न थे। आज के समय में, जबकि लोग आत्म-प्रदर्शन की प्रवृत्ति के शिकार हैं, नामवर जी में एक किसान का-सा संकोच था। अपने लिखे और बोले हुए के प्रति नामवर जी की यह असम्पृक्ति और उसके व्यवस्थित प्रस्तुतिकरण के प्रति उनका यह संकोच, मुझे अनेक तरह से अपरिग्रह के पुराने मूल्य का ही एक नया रूपान्तर लगता रहा है। उनके समकालीनों, हमउम्रों और उन्हें ज्यादा जानने का दावा करनेवाले लोगों के विचारों के समानांतर मुझे नामवर जी में एक 'सूफियाना विराग' मिलता है। एक बार मेरे पूछने पर उन्होंने स्पष्ट रूप से कहा था कि 'चाहे निबन्ध हों या पुस्तक, मुझे उसका प्रकाशन तभी जरूरी लगता रहा है, जबकि वह मौजूदा परिदृश्य में हस्तक्षेप करे, उसके ठहराव को तोड़े और वाद-विवाद-संवाद की प्रक्रिया को आगे बढ़ाए। मेरी ज्यादातर पुस्तकें अपने समय की बहसों में भागीदार होकर लिखी गई हैं। इसीलिए संग्रह के लिए संग्रह निकालना मेरी प्राथमिकता नहीं रहा है।' इसी विचार के कारण पर्याप्त सामग्री के बावजूद उनके संग्रह सामने नहीं आ सके। मैंने देखा था कि 'वाद विवाद संवाद' के साथ ही 'आलोचना' में उनकी एक अन्य पुस्तक का विज्ञापन छपा था—'जब हिन्दी नई चाल में ढली'। वह पुस्तक नहीं आ सकी। शुरुआती दिनों में मैंने भी उनके आलोचनात्मक निबन्धों के पुस्तक रूप में प्रकाशन की जब भी बात की, उन्होंने ज्यादा रुचि नहीं ली।

इसके बावजूद यदि इन पुस्तकों का प्रकाशन हो रहा है, तो इसका आशय यह नहीं है कि नामवर जी का विचार बाद में बदला था। वस्तुतः अनेक मित्रों के निरन्तर दबाव और आग्रह के कारण उन्होंने इनके प्रकाशन की अनुमति दी थी। संकोच के साथ। इनके प्रकाशन से गत सत्तर वर्षों से अधिक में फैली उनकी रचनात्मकता अपने ज्यादा आयामों में उभर सकेगी। छह दशकों में प्रगतिशील आलोचना की प्रभावशाली एवं निर्णायक भूमिका का खुलासा भी उनसे हो सकेगा तथा नामवर जी की अपनी वैचारिक स्थिति अधिक स्पष्ट हो सकेगी।

इस पुस्तक के प्रकाशन के पहले ही नामवर जी हमें छोड़कर चले गए हैं। पुस्तक की पांडुलिपि देखकर वे खुश हुए थे। अगली किताबों के बारे में भी उन्होंने उत्साहपूर्ण प्रतिक्रिया दी थी। 1957-58 में उन्होंने हिन्दी कविता का एक प्रतिनिधि संचयन तैयार किया था। हमने उसकी पांडुलिपि उन्हें दिखायी तो वे बच्चों की तरह खुश हुए। बोले इसे अप-टू-डेट करना चाहिए। हमने इस सम्बन्ध में बातें कीं। सकुचाते हुए जब मैंने उनसे उनकी रचनावली की अनुमति माँगी, तो न सिर्फ उन्होंने

उसकी अनुमति दी बल्कि उसके खंडों की योजना पर भी पूछताछ की। पहली दस किताबों और रामचन्द्र शुक्ल रचनावली के प्रकाशन के बाद उनमें अपनी पुस्तकों के प्रकाशन को लेकर एक उत्सुकता जागी थी। अस्वस्थता के बावजूद वे अगली पुस्तकों के बारे में लगातार पूछते-बात करते रहते थे। योजनाएँ बनने के बाद उनके क्रियान्वयन में होनेवाली देरी से वे नाराज और दुखी हो जाते थे। आज वे नहीं हैं। मेरे लिए यह निजी क्षति है जिसकी भरपायी सम्भव नहीं है। एक खालीपन जो हमेशा एक शून्य की तरह जीवित रहेगा। अनिवार्यत: । उनके न रहने पर उन के साथ बनी योजनाएँ पूरा करने के लिए हम प्रतिबद्ध हैं।

नामवर जी की अनुपस्थिति में नामवर जी की वैचारिकता का महत्त्व बढ़ेगा, ऐसा मेरा विश्वास है। उनकी वैचारिकता, बेहतर के लिए उनकी प्रतिबद्धता, उनका आलोचना संघर्ष हमें निरन्तर विकसित करेगा। उनके विचारों का समग्र जल्द से जल्द प्रकाशित हो ताकि नामवर जी को सम्पूर्णता में देखा-पढ़ा-समझा जा सके, ऐसी हमारी कामना है। उम्मीद है कि वर्ष 2022 का समापन होते-होते हम उनका सम्पूर्ण शेष साहित्य आपके समक्ष रख सकेंगे। इस विश्वास के पीछे उनके सुपुत्र श्री विजय सिंह और राजकमल प्रकाशन के निदेशक श्री अशोक महेश्वरी का संबल है और विख्यात कथाकार काशीनाथ सिंह का संवेदनापूर्ण मार्गदर्शन। इन सबके रहते काम में कोई बाधा आने का प्रश्न ही नहीं उठता।

नामवर जी को सादर नमन के साथ यह पुस्तक उनकी स्मृति को समर्पित है।

—आशीष त्रिपाठी

खंड - 1

लम्बी है ग़म की शाम, मगर शाम ही तो है

[1]

सम्मान के अवसर पर सिर इतना झुक आता है कि स्वर उठ नहीं पाता। यहाँ मैं आपके सम्मुख आभार स्वीकार करने के लिए खड़ा हूँ। मनुष्य जीवन-संघर्षों की भट्ठी में तपकर सख्त ही नहीं, नमनीय भी बनता है। मध्य प्रदेश प्रगतिशील लेखक संघ की रीढ़ छत्तीसगढ़ है। यहाँ आना मेरा धर्म ही नहीं, कर्तव्य है। भिलाई में आकर मैं अपनी दीक्षा पूरी कर रहा हूँ। आपकी भावनाओं के सम्मान के लिए मैं यहाँ आया हूँ। बड़ा वह होता है जिसकी आत्मा में श्रद्धा होती है।

सत्त्वानुरूपा सर्वस्य श्रद्धा भवति भारत।
श्रद्धामयोऽयं पुरुषो यो यच्छ्रद्धः स एव सः॥

श्रद्धा का केन्द्र लोकजीवन होता है। अन्य जगहों पर तो व्यक्ति पूज्य होता है और व्यक्तिवाद को महत्त्व दिया जाता है लेकिन प्रगतिशील लेखक संघ में धारा, मूल्य और सिद्धान्त महत्त्वपूर्ण हैं। हमारे संघ में प्रत्येक लेखक को अपने ढंग से सोचने का अधिकार है। यहाँ सभी एक ही स्वर में नहीं बोलते। सम्मान मेरा हो, यह कतई महत्त्वपूर्ण नहीं, मुझे तो इससे ऐसा लगता है कि जैसे मैं आडवाणी की रथ-यात्रा की तरह देश में घूम-घूमकर सम्मान करवा रहा हूँ, परन्तु संघ की गतिविधियों से मैं संतुष्ट हूँ। खास कर देश के प्रगतिशील लेखकों में छत्तीसगढ़ के लेखकों एवं रंगकर्मियों की भूमिका से मैं प्रभावित हूँ इसलिए इस सम्मान को स्वीकार करते हुए आभार व्यक्त करता हूँ। साहित्यकारों की राय राजनीतिक पार्टी की राय की तरह एक हो, यह उचित नहीं। यह क्या कि एक सियार ने हुआ-हुआ किया तो सबने राग अलाप दिया 'हुआ'! यदि ऐसा प्रगतिशील लेखक संघ में हुआ तो मैं तत्काल इससे सम्बन्ध तोड़ लूँगा। एकात्मक राय बनाने का काम हमारी राजनीतिक पार्टियों का है। हमारे प्रत्येक लेखक स्वतंत्र इकाई हैं। बुनियादी मुद्दों पर हम एक अवश्य हैं। यदि हम विचारों से एक हो जाएँगे तो साहित्य कैसे लिखा जाएगा? प्रगतिशील आन्दोलन में व्यक्ति से अधिक महत्त्वपूर्ण उसके मूल्य, उसकी धारा, उसके सिद्धान्त, उसकी प्रवृत्ति मानी गई है। आन्दोलन की शक्ति

साधारण को विशेष बना देती है। प्रगतिशीलता जन-आन्दोलन का अलख जगाती है। यही हमारी शिक्षा-दीक्षा है। लेखन की स्वतंत्रता और जीवन्तता का दूसरा नाम ही प्रगतिशील लेखक संघ है।

सोवियत संघ में हो रहे परिवर्तनों की घटना हमें बताती है कि हम परम्परा को बदलना और उसका विकास करना भी जानते हैं। रूस में होनेवाले तमाम परिवर्तन हमें प्रभावित कर रहे हैं, हम ऐसे में बेखबर नहीं रह सकते। वहाँ जो हो रहा है, उससे ज्ञात होता है कि पिछले 70 साल से चला आ रहा प्रयोग नाकामयाब रहा। जैसा तय करके चला गया, वैसा नहीं हो पाया। वहाँ की कम्यूनिस्ट पार्टी को कम्यूनिस्ट होने के नाते ढेर सारी सुविधाएँ मिलीं लेकिन ये सुविधाएँ गैर-कम्यूनिस्टों को नहीं मिलीं। इन्हीं सुविधाओं के चलते कम्यूनिस्ट पार्टी एक नया वर्ग बनकर खड़ी हो गई। गोर्बाचोव ने पिछली गलतियों को स्वीकार किया है, यह तो वहाँ के सत्तर साल के समाजवाद की उपलब्धि है। इस परिवर्तन के दौर में सोवियत संघ की कमजोर होती जा रही शक्ति पर चिन्ता होनी चाहिए; क्योंकि अमरीकी साम्राज्यवाद को रोकने के लिए सोवियत संघ के रूप में एक ताकत थी जो खत्म हो गई। सोवियत संघ बढ़ते हुए अमरीकी साम्राज्यवाद को तोड़ने की नहीं तो जोड़ने की ताकत जरूर रखता था। अमरीकी साम्राज्यवाद के मुकाबले रूस एक ऐसी ताकत है जो उसकी ताकत को रोकने व मोड़ने की शक्ति रखती है। भारत के लिए रूस का खड़ा रहना जरूरी है। यदि दोस्त खड़ा नहीं होगा तो हम कहाँ होंगे, इसकी सहज कल्पना की जा सकती है। एक शे'र है न : 'हमीं जब न होंगे, तो रंगे-महफिल, किसे देखकर आप शरमाइएगा।' उन्होंने कहा, रास्ता निकलेगा और वह रास्ता है—देश-प्रेम। यह वह ताकत है जिसकी शक्ति परमाणु बम से भी अधिक होती है। हिटलर के अहं को भी इसी देश-प्रेमी रूसी जनता ने धूल चटाई थी जबकि हिटलर को अपनी शक्ति का इतना अहं था कि उनका कहना था कि अगली चाय मास्को में लेंगे।

रूस की जनता के साथ कम्यूनिस्ट पार्टी ने ज्यादती की। आज समाजवाद की बात कहनेवाली कम्यूनिस्ट पार्टी की कलई खुलने लगी है। जैसी खबरें आ रही हैं, आँकड़े आ रहे हैं, उसके अनुसार कम्यूनिस्ट पार्टी के पास वहाँ अकूत धन सम्पदा जमा की गई है, इससे सारी पोल खुल गई है। रूसी जनता को यह नहीं मालूम कि पूँजीवाद होता क्या है। अमरीकी पर्यटकों के हाथों में बँधी घड़ी और जेब में डॉलर देखकर उन्हें सिर्फ पूँजी का आभास भर होता था। ऐसी स्थिति में राहुल सांकृत्यायन की एक पुरानी बात याद आती है। जब वे रूस से लौटे थे, उस वक्त स्तालिन की मृत्यु हो चुकी थी। उन्होंने कहा था, जो भी रूसी नेता रूस की जनता के दिल से भय, शंका निकालकर उन्हें स्वतंत्र जीने का अधिकार दिला पाएगा, वही रूस का सबसे बड़ा नेता होगा। गोर्बाचोव ने जब ग्लासनोस्त (पेरेस्त्रोइका) की घोषणा की तभी मुझे उसकी यह बात याद आई, रूस को नेता तो मिल गया।

अब यह तो महत्त्वपूर्ण तथ्य हो ही गया कि वर्तमान व्यवस्था से प्राप्त सुख-सुविधा, आजादी जो मिली है, उसे वहाँ के मजदूर आसानी से छोड़नेवाले नहीं। कम्यूनिस्ट पार्टी के बाद ही कोई नया अंकुर फूटेगा, यह स्वाभाविक प्रक्रिया है।

उनके पंजे इतने बढ़ चुके थे कि प्रत्येक घर में पति-पत्नी के सम्बन्ध कैसे हों, इसका निर्धारण भी वे कर सकें, ऐसी शक्ति उनके पास संचित हो गई थी। पति व पत्नी भी एक-दूसरे के प्रति के.जी.बी. का एजेंट होने का सन्देह रखने लगे थे, ऐसी स्थिति निर्मित हो गई थी। लेकिन रूस से समाजवाद की समाप्ति का यह अर्थ नहीं है कि सबकुछ समाप्त हो गया। यह मार्क्सवाद की ताकत है कि वह अपनी कमजोरी को स्वीकार रहा है। ग्लासनोस्त दूसरी राज्यक्रान्ति है। राहुल सांकृत्यायन ने कहा था—लोगों के मन से, एक-दूसरे के मन से जो डर निकाल देगा, वही रूस का सबसे बड़ा नेता होगा। गोर्बाचोव ने ग्लासनोस्त के माध्यम से वही किया है। रूसियों ने पहली बार खुलकर बोलने की स्वतंत्रता पाई है। लेनिन ने भी कहा था : 'नथिंग इज फाइनल।' कोई भी चीज अन्तिम नहीं है। पूरी-की-पूरी स्थिति और उसकी जटिलता को देखें और समझें।

बागहन ज्यों उगली उरगारि
त्यों हौं कलि तेरे हिये न हितैहों।

एक पौराणिक कथा है। क्रोध में गरुड़ ने एक ऋषि (ब्राह्मण) को पूरा-का-पूरा निगल लिया था और ब्राह्मण ने अपनी योग-शक्ति द्वारा स्वयं को गरुड़ के पेट में पहुँचकर आग में बदल लिया। हे कलि, जिस प्रकार साँप के शत्रु गरुड़ को ब्राह्मण उगल देना पड़ा, उसी प्रकार मुझे भी तुम पचा नहीं सकोगे, उगल देना पड़ेगा। अमरीका यदि सोचता भी होगा कि वह समाजवादी रूस को पचा जाएगा तो उसका भी वही हश्र होगा जो ब्राह्मण को निगलने पर गरुड़ का हुआ था। रूस में कोई-न-कोई नया रास्ता तैयार होगा और वह रास्ता कम्यूनिस्ट पार्टी के टूटन से ही निकलेगा। किसी बात पर बहुत जल्दी खुश होना और निराश होना हमें शोभा नहीं देता। फ़ैज ने सही कहा है :

दिल ना-उम्मीद तो नहीं, नाकाम ही तो है।
लम्बी है गम की शाम, मगर शाम ही तो है॥

[2]

इस समय मैं अपने-आपको आइनाखाने में पा रहा हूँ। आइना उर्दू परम्परा में हैरान होता है। अपने बारे में देख-सुनकर यहाँ मैं हैरान हो रहा हूँ। मेरी जिन्दगी में उन

स्थानों का बहुत महत्त्व है जहाँ से मैं निकाला हुआ हूँ। अगर न निकाला गया होता तो मैं भी डॉ. प्रेमशंकर या शिवप्रसाद सिंह हो जाता। बाहर निकलकर मैं मुक्तिबोध, शमशेर, त्रिलोचन और नागार्जुन का साथ पा सका। मैं अपना लिखा हुआ दोबारा नहीं पढ़ता। मैं उन सवालों से जूझना चाहता हूँ जो आज हैं और आगे आनेवाले हैं। अपने छात्र सियाराम शर्मा की बातों को सुनकर लगा कि जीवन सार्थक हुआ है। अपने पाठकों या छात्रों की जागरूकता को हम कम करके न आँकें। कहीं-न-कहीं चूक और भूल मुझमें भी है। लेकिन सच्चाई यह है कि मेरा जी नहीं चाहता कि मैं आलोचना करूँ। मैं सरस्वती के मन्दिर में पूजा का थाल लेकर आया था लेकिन मन्दिर इतना गन्दा हो गया था कि झाड़ू लेकर बुहारने लगा और हुआ यह कि अब झाड़ू हाथ से छूटती ही नहीं। मैंने पहला लेख 'इतिहास की नई दृष्टि' 1952 में लिखा था। अपने इतिहास के बारे में आलोचनात्मक दृष्टि बने विकास के लिए जड़ीभूत दृष्टि को तोड़ना जरूरी है।

रचनाकार स्वयं आलोचक पैदा करता है। प्रत्येक दौर में रचनाकारों ने अपने बीच से ही आलोचकों का विकास किया है। मैं कई बार हाथ बढ़ाता हूँ परन्तु मुझे रचनाकार का कन्धा नजर नहीं आता। सृजनात्मक साहित्य में विविधता को गुण माना जाता है तो यह आलोचना में भी स्वीकार हो। साहित्यिक संगठन में राजनीतिक संगठन की तरह एक लाइन नहीं होती। अगर इसमें भी एक लाइन हो जाएगी तो साहित्य की प्रगति रुक जाएगी। आदमी का दिमाग इतना उर्वर है कि उसमें 'चिन्तन' की सहस्त्र धाराएँ निकलती हैं। कबीर के पास अस्वीकार का अपार साहस है तो तुलसी के पास समन्वय की अद्भुत शक्ति। परन्तु ये दोनों लोकमान्य हैं। तौलने के लिए बाट का सेट होना चाहिए। महावीर जी के पास साहित्य के बाट हैं। मैं रामविलास शर्मा द्वारा रामचन्द्र शुक्ल के मूल्यांकन को पूरी तरह गलत मानता हूँ, इसके बाद भी रामविलास शर्मा हिन्दी के बड़े आलोचक हैं। प्रगतिशील आलोचना के अन्तर्गत अनेक अन्तरधाराएँ हैं। राष्ट्रवाद और अन्धराष्ट्रवाद का अन्तर 'जिसकी रज में लोट-लोटकर बड़े हुए' और 'विजया विश्व तिरंगा प्यारा' द्वारा स्पष्ट होता है। सिद्धान्त मनुष्य बनाता है, दोनों एक-दूसरे के लिए हैं, लेकिन मनुष्य स्त्रष्टा है। सच्चे अर्थों में मनुष्य बनने की प्रक्रिया अभी जारी है।

लेखकों के अस्तित्व को नकारना घोर निराशावादी दृष्टिकोण है। मैं नहीं मानता कि पाठक वर्ग अब दर्शक में बदल गया है। लेकिन जो केवल दर्शक बन रहे हैं, वह पीढ़ी अन्धी होती जा रही है। दूरदर्शन को सिर्फ दर्शक नहीं अपितु द्रष्टा पैदा करना चाहिए। यह हमारे समाज के लिए अभिशाप है कि ऐसे दर्शकों की संख्या में वृद्धि हुई है। साहित्य में असहमति के लिए स्थान होना चाहिए। इसी तरह आलोचना में भी व्याख्या के लिए पर्याप्त अवसर होने चाहिए। किसी व्याख्या या आलोचना को अन्तिम मान लेना उचित नहीं है। किसी विचारधारा की तेजस्विता ही काफी नहीं,

उसे लोकसम्मत बनाना जरूरी है। यही कारण है कि तुलसी के राम वाल्मीकि के राम से अधिक लोकसम्मत हैं। मार्क्सवाद केवल राजनीति नहीं है, जीवन के लिए धमनियों में दौड़नेवाला रक्त है। मार्क्सवाद धर्म या आस्था का दर्शन नहीं वरन् विज्ञान है। रूस की घटना बताती है कि ऐतिहासिक भौतिकवाद को सूत्रबद्ध किया जाना जरूरी है। निरन्तर बहनेवाली धारा को बुतों में परिवर्तित करने के स्थान पर उसे गतिशील बनाएँ, और यह धारा अनवरत आलोचना, समीक्षा और आत्ममंथन द्वारा विकसित होती है।

[मध्यप्रदेश प्रगतिशील लेखक संघ द्वारा नामवर सिंह के सम्मान में आयोजित
आयोजन में दो भिन्न सत्रों में व्यक्त विचार का समेकित रूप।
महावीर अग्रवाल द्वारा प्रस्तुत रिपोर्ट के आधार पर]

खंड – 2

भारतीयता की अवधारणा

जहाँ तक भारतीयता की अवधारणा का सवाल है, मेरे लिए यह चुनौती भरा है और सबसे पहले यह कि स्वयं भारत में ही एक चुनौती है। हम भारत में रहते हुए भी इस भारत को कितना जानते हैं और जानने की कोशिश करते हैं? भारत को जान भी लें तो भारत में भारतीयता क्या है, यह परिभाषित करना कठिन चुनौती का काम है और इस छोटे-से व्याख्यान में यह सम्भव होगा कि नहीं होगा। लेकिन सबसे पहले तो आप यही देखें कि भारत नाम है पुराना लेकिन स्वाधीनता जब मिली तो सबसे बड़ी चुनौती थी कि पाकिस्तान ने तो अपना नाम रख लिया—पाकिस्तान, तो उसके जवाब में कायदे से इसको हिन्दुस्तान होना चाहिए था। हिन्दुस्तान शब्द चलता भी था। लेकिन क्या बात थी कि पाकिस्तान के बरअक्स हमने हिन्दुस्तान नहीं चुना? आपको याद होगा, गांधी ने जो पहले किताब लिखी भी, वह 'हिन्द स्वराज' थी। गांधी जी ने भारत का इस्तेमाल नहीं किया। जवाहरलाल नेहरू ने जो किताब लिखी उसके बाद, सौभाग्य से इंग्लिश में लिखी थी तो उसका नाम 'डिस्कवरी ऑफ इंडिया' रखा। 'भारत : एक खोज'—यह नाम अनुवाद करके लिया गया था, जवाहरलाल नेहरू ने तो यह नाम नहीं लिया था। बाद में देखें तो कई अखबार ऐसे हैं। अंग्रेजी में जो अखबार निकलता है, वह 'हिन्दुस्तान टाइम्स' है। हिन्दी में उसका संस्करण 'हिन्दुस्तान' है। हिन्दुस्तान नाम रखा लोगों ने। हिन्दुस्तान इंग्लिश में 'हिन्दुस्तान टाइम्स' और हिन्दी में 'हिन्दुस्तान'। यही नहीं, एक बहुत अच्छा जो हिन्दूवादी नहीं होते हुए भी अंग्रेजी का अखबार है, उसका नाम है : 'द हिन्दू'। वह भी निकलता है। आज भी 'टाइम्स ऑफ इंडिया' जो अंग्रेजी का निकलता है, वह 'इंडिया' से काम चलाता है। और यह 'टाइम्स ऑफ इंडिया' का जो हिन्दी रूप है, मुझे नहीं मालूम, बावजूद इसके हमने पाकिस्तान के बरअक्स हिन्दुस्तान नहीं चुना, क्योंकि यह हिन्दुओं का देश न लगे, न माना जाए। बल्कि हमने तय किया था कि पाकिस्तान भले ही इस्लामिक स्टेट हो, लेकिन हम हिन्दुस्तान के बरअक्स हिन्दुओं का राज्य नहीं कायम करेंगे। इसलिए भी कि इस मुल्क में तमाम चीजों के बाद बहुत बड़ी तादाद के मुसलमान पाकिस्तान नहीं गए, देश में रह गए। उनको देश ने अपना लिया। मुसलमानों के अलावा यहाँ बहुत-से पारसी लोग

हैं, ऐसे कई लोग हैं। आदिवासी इतने भरे पड़े हैं, जिनका अपना धर्म, हिन्दू धर्म नहीं है। आदिवासियों का अपना धर्म है। उसे वे मानते हैं। जैसाकि मैंने कहा कि गांधी जी ने 'हिन्द स्वराज' दक्षिण अफ्रीका में लिखी थी लेकिन हिन्द स्वराज तब हिन्दू स्वराज नहीं था। तो नाम रखते समय इस देश ने बहुत महत्त्वपूर्ण निर्णय लिया था कि पाकिस्तान के बरअक्स हम हिन्दुस्तान नहीं चाहते थे। यह हिन्दुओं का देश नहीं रहे, बल्कि सभी धर्मावलम्बियों का—चाहे वे मुसलमान हों, चाहे ईसाई हों, पारसी हों, चाहे जनजातियों वाला धर्म इस्तेमाल करते हों। यह बहुत महत्त्वपूर्ण फैसला था। अंग्रेजी में भले ही आप इसे 'इंडिया' कहो, क्योंकि इंडिया के नाम से देश जाना जाता था, लेकिन हम धर्म के नाम पर नहीं रखेंगे। उसी समय यह निर्णय हुआ कि यह धर्मनिरपेक्ष राज्य होगा। और इस मामले में हम सेकुलर रहे। इसलिए पहली चीज बहुत स्पष्ट हो जानी चाहिए कि भारतीयता की पहली परिभाषा धर्मनिरपेक्ष रूप में है। भारत को इस रूप में देखें और समझने की कोशिश करें। जहाँ तक भारत का सवाल है, यह धर्मनिरपेक्ष तो है पर कुल मिलाकर धर्म इसका बाह्य रूप है। जन्म लेने से ही यह प्रमाण-पत्र नहीं मिल जाता कि हम 'भारत को जानते हैं और समझते हैं। अगर ऐसा होता तो जवाहरलाल नेहरू इतने दिनों तक आम जनता के बीच संघर्ष करते रहे, देश की स्वाधीनता के लिए लड़ते भी रहे और इस काफी लम्बी लड़ाई के बाद जेल में आकर चालीस के दशक के बाद, एक लम्बा जीवन बिताने के बाद, जेल में जवाहरलाल नेहरू ने जो किताब लिखी, उसका नाम था : 'डिस्कवरी ऑफ इंडिया'। जाहिर है, उन्होंने डिस्कवरी की, खोज की। अनुवाद उसका 'भारत : एक खोज' होना चाहिए था, इसलिए कि इतने दिनों तक भारत में रहने के बावजूद जवाहरलाल नेहरू की यह किताब इशारा करती है कि भारत सहज-सुलभ नहीं है। यह वे जानते थे। एक लम्बी उम्र के बाद भी उन्होंने भारत को नये सिरे से खोजा। यह खोज की उन्होंने भारत का तूफानी दौरा करते हुए। स्वाधीनता-आन्दोलन के दौरान, चुनाव के दौरान वे गाँव गए। सब कुछ देखा। रहन-सहन, खान-पान, सब देखा...।

इस देखने के बावजूद भारत की एक तसवीर है और वह तसवीर उस पूरे साहित्य में है। पुराण में है, महाभारत में है, घटनाओं में है जिनमें युगों से भारत का वर्णन किया गया है। उसकी सभ्यता-संस्कृति, वहाँ के लोगों की मन:स्थिति, भावनाओं को अंकित किया गया है। यह तो सम्भव नहीं है कि कोई आदमी थोड़े दिनों में देख ले और लिख ले, इसलिए उस 'भारत : एक खोज' नाम की पुस्तक में यह सारा हाल है। यह नहीं कि एकमात्र वही ग्रंथ है कि कोई आदमी जवाहरलाल नेहरू की वह किताब पढ़ ले और जान ले कि भारत क्या है। इसलिए नये सिरे से, हर आदमी को अपना भारत, अपने लिए भारत खोजने के लिए निकलता पड़ता है। इसके बाद भी भारत की खोज होती रही—कविताओं के द्वारा, कहानियों के द्वारा,

उपन्यास के द्वारा। क्योंकि भारत एक भूगोल नहीं है। भारत केवल नदियों, पहाड़ों, जंगलों का देश नहीं है। बल्कि स्वयं ये भारत में रहनेवाले जो लोग हैं, जो जनता है, उस जनता की अपनी जिन्दगी है, अपनी कहानी है, उसके अपने दुख-दर्द हैं, संघर्ष है, हास है, उल्लास है, जो कभी-कभी उसके त्योहारों में अभिव्यक्त होते हैं। उसके अलावा व्यक्त होते हैं—ग्राम-गीतों में, लोककलाओं में। और सबसे बड़ी बात यह कि भारत भाषाओं का इतना बड़ा अजायबघर है कि शायद ही दुनिया में कोई देश हो जहाँ इतनी भाषाएँ बोली जाती हों। जिन्होंने ग्रियर्सन का 'सर्वे ऑफ इंडिया' पढ़ा तो क्या, देखा भी हो, तो जब अंग्रेज आए तो उन्होंने देखा कि यहाँ राज करना है तो समझना होगा कि ये लोग बोलते क्या हैं। ग्रियर्सन, जो कलेक्टर थे, ने यह पता लगाया कि कितनी भाषाएँ हैं, छोटी-छोटी बोलियों तक के नमूने लिये। उन्होंने तमाम पटवारियों के लिए यह सर्कुलर निकलवा दिया कि तुम अपने गाँव की बोली का एक लोकगीत इकट्ठा करो और हमारे पास पहुँचा दो। वे जानते थे कि जिस पर राज करना है, उसकी भाषा जानना बहुत जरूरी है। मैं ग्रियर्सन की घटना का इसलिए उल्लेख करना चाहता हूँ कि भारतीयता की परिभाषा में यह एक बहुत बड़ा दस्तावेज है इसलिए इसका उल्लेख जरूरी है। जब मैं राजा राममोहन राय पुस्तकालय फाउंडेशन का चेयरमैन था, जो कलकत्ता में है, तो अचानक मेरे मन में यह बात आई कि 'लिग्विंस्टिक सर्वे ऑफ इंडिया', जो यह देश में एक बार हो चुका है, एक बार फिर होना चाहिए। इससे यह पता चलेगा कि कौन-सी जनजातियाँ थीं जो ग्रियर्सन के जमाने में थीं। उसने जब सर्वे किया तो कई भाषाओं को बोलनेवाले केवल दो आदमी थे। उसने लिखा था कि एक भाषा को बोलनेवाला तो एक ही आदमी है। सोचने की बात है कि यदि एक ही आदमी होगा तो बोलता किससे होगा? यह पता लगाना चाहिए कि ग्रियर्सन ने जिन बोलियों का उल्लेख किया था, उन्हें बोलनेवाले अब नहीं हैं तो कितने नहीं हैं? यही बात पता लगाने के लिए मैंने भारत सरकार को विनम्रतापूर्वक लिखा था। मर्दुमशुमारी, सैन्सस तो सरकार करवाती ही है। सैन्सस करवाते वक्त ही आप मेरी बात पर गौर कर सकते हैं कि वे लोग बोलते कौन-सी भाषा हैं और जाहिर है कि सरकार विकास की बड़ी-बड़ी योजनाएँ बनाती है। तमाम प्लानिंग के बावजूद उसके दिमाग में यह बात घुसी नहीं। अंग्रेज तो भारत को जीतने आया था। वह जानना चाहता था इनको।... ये भूल गए हैं कि बड़ी लम्बी लड़ाई के बाद हमको आजादी मिली है। वह संघर्ष, वह बलिदान ये भूल गए हैं। और समझते हैं कि जब मिल गया है तो कोई छीनेगा कैसे? कौन छीनकर ले जाएगा?...और यह योजना नहीं लागू की इन लोगों ने। समझते हैं कि ये भाषा नहीं जानेंगे तब भी राज चलाएँगे...राज चलेगा, क्यों? क्योंकि इनका खयाल है कि विदेशी कोई आएगा नहीं, न हमला होगा। हम अमरौती खाकर आए हुए हैं, हम यों ही रहेंगे।

मैं यह सारी की सारी बात भारतीय की परिभाषा के लिए कर रहा हूँ, जिस भारतीयता का नाम लेते हैं। बहुत-से लोग हैं इस देश में, जो भारत को हिन्दू मानते हैं और जो हिन्दू बनाना चाहते हैं, हिन्दू धर्म के बहुत-से लोग हैं। हम कितना छोटा कर देंगे इस देश को, भारत को? पाकिस्तान बनाया...क्योंकि पाकिस्तान मुसलमानों का देश है, क्योंकि पाकिस्तान में अब भी हिन्दू हैं...हम पाकिस्तान के जवाब में यह क्या बनाना चाहते हैं? इसे दूसरा पाकिस्तान बनाना चाहते हैं? इसलिए विश्वविद्यालय ने सही विषय रखा। भारतीयता को बार-बार परिभाषित करने की जरूरत है। और एक भारतीय को एक बार पचास साल तक गाँव-गाँव की खाक छानने के बाद भी यह जानने की उत्सुकता थी कि यह भारत क्या है। भारत को जानना, नदियों-पहाड़ों, यहाँ के चेहरे को देखना नहीं है, उनकी भावना क्या है, अनुभूति क्या है, सोचते क्या हैं, दुख क्या है, दर्द क्या है, क्या कमी है, कौन-सी चीज है जो दूर की जा सकती है, हटाई जा सकती है, यह जानना है। इसलिए यह सवाल हर पीढ़ी के लिए, भविष्य के लिए भी रहेगा। हर पीढ़ी अपने लिए इस भारत को समझने की बराबर कोशिश करती रहती है। एक कवि की कल्पना है, जिससे आपको पता चलेगा कि भारतीयता क्या है। आप धर्म से परिभाषित कर सकते हैं, रीति-रिवाज से परिभाषित कर सकते हैं। मित्रो! इस समझाने के सिलसिले में क्या भारत में जन्म लेने से कोई भारतीय कहलाने का अधिकारी है? क्या आसान सवाल है?

हमारा जन्म हुआ है, इसलिए हम भारतीय हैं। हमारे यहाँ कहा गया है : 'जन्मना जायते शूद्रः संस्कारात् द्विज उच्यते'। हमारे यहाँ परम्परा है कि जन्म जो लेता है, वह शूद्र होता है, ब्राह्मण नहीं होता। अगर होता तो उसका जनेऊ-संस्कार क्यों किया जाता? यह जो सूत्र हमारे यहाँ कहा गया है—जन्मना जायते शूद्रः—जन्म से हम सभी शूद्र हैं और संस्कार से ही द्विज होते हैं। इसलिए ब्राह्मण परिवार में पैदा हुए और संस्कार के नाम पर यज्ञोपवीत आपका हुआ, तो एक धागा डालने से ब्राह्मण नहीं हो जाएँगे। कर्म आपका शूद्र का ही है। शूद्र यदि ग्रंथ पढ़ता है, विद्या पढ़ता है, ज्ञान अर्जित करता है और अँगूठा छाप पंडितजी रह गए, फिर भी अपने को ब्राह्मण कहते हैं, तो किस दृष्टि से? जन्मना जायते शूद्रः—जन्म से हर आदमी शूद्र होता है। यही नहीं, फिर इस ढंग का क्या अर्थ है जो अक्सर हमको परेशान करता रहता है? आम तौर पर आप देखेंगे कि कुछ लोग अपने नाम के आगे गाँव का, कस्बे का नाम रखते हैं। उर्दू में खास तौर पर, जोश मलीहाबादी। 'जोश हिन्दुस्तानी' नहीं कहा उन्होंने। 'जोश मलीहाबादी' कहा। हममें से कुछ आदमी जो बाद में शहर में आए हों, लेकिन अधिकांश भारतीय किसी-न-किसी गाँव में पैदा हुए हैं। हमारे लिए भारत होगा कहीं वह गाँव, जहाँ मैं पैदा हुआ हूँ, वह है। हमारी जन्मभूमि, भारत नहीं है। जन्मभूमि वह गाँव है, वह कस्बा है इसलिए आप देखें, इन लोगों ने अपना नाम जोश हिन्दुस्तानी नहीं रखा, जोश उत्तरप्रदेशी नहीं रखा, और लखनऊवा नहीं

रखा। रखा मलीहाबादी। और फिर कैसे वह इन दोनों में विरोध नहीं देखता है? क्योंकि अपने उस गाँव से ही वह भारत को समझता है। जैसे नाखून के दर्पण में, छोटा-सा दर्पण होता है, उसमें पूरा आसमान हम देखते हैं। उसी तरह भारत क्या है, कहाँ है, हम अपने छोटे-से गाँव या इलाका, जहाँ पैदा हुए, उसी गाँव के आईने में हम पूरे भारत को देखते हैं। वही नख-दर्पण जिसको हम कहते हैं, उस नख-दर्पण में देखता है। और फिर इतना होते हुए भी अपने को पूरे भारत का कहता है और उसका कोई विरोध नहीं है।...समस्या तब खड़ी होती है जब एक को छोड़कर दूसरे को अपना लें। संस्कृत में एक श्लोक है :

त्यजेदेकं कुलस्यार्थे ग्रामस्यार्थे कुलं त्यजेत्।
ग्रामं जयस्यार्थे आत्मार्थे पृथ्वीं त्यजेत्॥

किसके लिए किसको छोड़ना चाहिए? कुल के लिए, परिवार के लिए एक को छोड़ो और...गाँव का सवाल हो तो कभी-कभी गाँव हमारे लिए बड़ी इकाई हो जाता है तो गाँव के लिए कुल और ग्राम का त्याग। आत्मा का जहाँ हनन होता हो, उसके लिए पूरी पृथ्वी को छोड़ा जा सकता है। इस देश में संकीर्ण राष्ट्रवाद नहीं रहा है कभी, पर आजकल आप देखेंगे। इस बात को कहने की जरूरत इसलिए है कि आज के दौर में पहचान या आइडेंटिटी कैसे सीमित होती चली जा रही है। कौन है? बंगाली। यह महाराष्ट्रीयन। यह गुजराती है। अपने प्रदेश और प्रान्त से हर एक को जाना जाता है, धर्म से जाना जाता है। यह जो सीढ़ी बनाई गई है—कहा गया है—आत्मार्थे पृथ्वीं त्यजेत्—आत्मा के लिए पूरी पृथ्वी को छोड़ा जा सकता है। इसलिए भारतीयता की परिभाषा जब आप करते हैं तो भारतीयता की परिभाषा भूगोल से नहीं होती है। भारतीयता की परिभाषा एक आध्यात्मिक स्तर पर, आत्मा से परिभाषित होती है। बहुत-से लोग हैं जो आत्मा का नाम तो कभी-कभी लेते ही होंगे। लागों का नाम भी आत्माराम हुआ करता है। लेकिन यह आत्मा है क्या? दर्शन का एक बड़ा भारी विषय है। यह देह नहीं है, बुद्धि नहीं है तो आत्मा नाम की चीज है क्या? कहाँ रहती है? क्योंकि यही आत्मा है जो परमात्मा तक ले जाती है। इसका रूप, इसकी रूपरेखा का कोई पता नहीं है। यह बात भारतीयता के अन्तर्गत आती है। भारतीयता जानती है कि और कहीं नहीं है। अंग्रेजी में आत्मा के लिए इसका पर्याय कोई शब्द नहीं है। सेल्फ तो है, वह आत्मा नहीं है। यह सेल्फ जो है, वह माइसेल्फ वाला सेल्फ है। हिमसेल्फ, माइसेल्फ सेल्फ है। फिलॉसफी पढ़ते हुए लोग वेदान्त जब पढ़ाते हैं, तो शंकर के अद्वैत में आम तौर पर आत्मा का अनुवाद सेल्फ कर दिया करते हैं। एकदम सरासर गलत है। माइसेल्फ अगर सेल्फ है तो वह आत्मा नहीं है। यह भारतीय दर्शन की और भारतीय मनीषा की, कहूँगा, सबसे बड़ी उपलब्धि है कि आत्मा परमात्मा की परिभाषा है जिसे आप गॉड भी कह देते हैं।

यह और बात है कि ईश्वर और परमात्मा एक नहीं है। लेकिन आत्मा की यह धारणा ऐसी है जो भारतीय दर्शन में ही है। आत्मा का जो बड़ा रूप है, वह परमात्मा नहीं है, ब्रह्म है और ब्रह्म जब पढ़ा जाता है तो भारतीयता के स्तर से देखिए। मेरी जानकारी में संसार के किसी दर्शन में ब्रह्म का पर्याय नहीं है। उसी में कहते हैं कि आत्मा नहीं है। उसी तरह ब्रह्म नाम भी कहीं नहीं मिलेगा। गॉड या ईश्वर अलग है। ब्रह्म नाम की जो चीज है, वह गॉड या ईश्वर जैसी नहीं है। इसीलिए ब्रह्म के समानान्तर एक और शब्द है, मैथेमेटिक्स में जिसे परिभाषित करने की कोशिश की गई है, वह नाम है—शून्य। जितनी बड़ी डिस्कवरी शून्य की मानी जाती है, फिलॉसफी में उतनी ही बड़ी डिस्कवरी ब्रह्म की है, जो केवल एक अवधारणा है। वस्तु नहीं है, पदार्थ नहीं है, पद है लेकिन पदार्थ नहीं है। दर्शन की बारीकियों में खामख्वाह आपको यह बात छोड़कर इन बारीकियों में घसीटना नहीं चाहता। लेकिन कहता हूँ कि जब भारतीयता को परिभाषित करने लगे हैं तो हम देखेंगे कि उस भारतीयता के अन्तर्गत कौन-कौन ऐसी धारणाएँ हैं जो हमें जाननी हैं।

भारत को जानने के लिए कहीं कोई चिन्ता नहीं कर रहा है। लेकिन 1857 के बाद विफल हो गई क्रान्ति। हम लोग हार गए। देश में गुलामी का शिकंजा मजबूत हो गया। उसके बाद एक लम्बा सिलसिला है। जय भारत, भारत-भारत करते हुए कविताएँ लिखी गईं, उपन्यास लिखे गए और हिन्दी में पूरी सूची है। आप देखेंगे तो भारतेन्दु हरिश्चन्द्र। लोग अपना नाम भारत रखते थे। भारतेन्दु यह भारत के इन्दु हैं, हिन्दी के पहले नाटककार कवि हैं। आगे चलकर मैथिलीशरण गुप्त ने 'भारत-भारती' नाम की पुस्तक लिखी और रवीन्द्रनाथ टैगोर का प्रसिद्ध गीत 'जन गन मन अधिनायक जय हे भारत भाग्य विधाता'। आप देखेंगे कि एक सिलसिला है पूरा-का-पूरा। भारत शब्द जो केवल शब्द नहीं है, हमारे संघर्ष की, स्वाधीनता-संग्राम की कहानी से जुड़ी हुई एक अवधारणा है, एक कान्सेप्ट है। 1910 के आसपास बंग-भंग हुआ था। रवीन्द्रनाथ ठाकुर जिनका 'जन गण मन' गीत है, उन्होंने एक उपन्यास लिखा—नॉवेल लिखा। सम्भव है, आप लोगों में से किसी ने मूल बंगला में नहीं पढ़ा होगा, तो अंग्रेजी में अनुवाद उसका हुआ। हिन्दी अनुवाद भी हुआ। नाम है उसका 'गोरा'। आम भारत को कैसे रवीन्द्रनाथ ने देखा और क्या भावना रही होगी उनकी? जवाहरलाल नेहरू ने जो देखा इस भारत को, उनकी? और जो गोरा था, वह 1857 की लड़ाई में है, उसमें उस वक्त था। एंग्लो इंडियन जिसे कहते हैं, वह एंग्लो इंडियन था। पिता अंग्रेज, जिससे जन्म हुआ वह भारतीय स्त्री थी। अजीब बात है कि यह बात वह जानता नहीं था। वह गोरा अंग्रेज होते हुए भी ईसाई धर्म—उन तमाम चीजों को छोड़कर कट्टर हिन्दू, हिन्दुत्व का व्यवहार करता—टीका लगाता, पूजा-पाठ करता। गोरा पागल हिन्दू था। अन्त में जाकर गोरा को पता चलता है कि वह तो हिन्दू है ही नहीं। गोरा जो उसका नाम

रखा गया था, क्योंकि वह गोरा था, अंग्रेज था...उस दिन ही उसे लगता है—अमी आज मुक्तो—मैं आज मुक्त हूँ। और वह जानबूझकर हुआ। वह विडम्बना थी—यह 1910 की जो घटना है, रवीन्द्रनाथ ने इसको उपन्यास के द्वारा फ़िलोसॉफिकल टच देने की कोशिश की है। गोरा पैदाइशी और है, कुल मिलाकर भला था, हिन्दू अपने को समझता था और उद्दंड था। गोरा समझ जाता है कि न वह हिन्दू है, और न वह ईसाई है, अब वह मुक्त है। इसलिए हम लोगों को जाति-पाँति पर बार-बार सोचना होगा।

अनादौ एह संसारे दुरारे मकरध्वजे।
कुले च कामिनिमूले का जाति परिकल्पना॥

जाति-पाँति के विरुद्ध यह बहुत बड़ा संस्कृत का ही श्लोक है—संसार अनादि है...लेकिन आप लोग जाति पर बड़ा यकीन करते हैं। जाति-प्रथा के विरुद्ध यह जो श्लोक है, रामबाण है। इसलिए हम कहते हैं, ब्राह्मण हैं, क्षत्रिय हैं, हम कायस्थ हैं, इसका स्थायित्व नहीं है। यह जो संसार है, अनादि है। कितनी पीड़ितों की बात जानते हैं हम। हजार साल पहले आपका परिवार कौन था? दादा के पड़दादा कौन थे? क्या मालूम है? संसार अनादि है। और कामदेव प्रबल है। इतना प्रबल कि आपके अनचाहे भी...आप किसके पुत्र हैं, यह तो माँ जानती है, बाप थोड़े जानता है। 'कुले च कामिनीमूले'—कुल के मूल में कामिनी है, बाप नहीं है। कुले च कामिनीमूले—संस्कृत वाला ही कह रहा है। पंडित कह रहा है—कुले च कामिनीमूले।...सब चार्वाकवादी नहीं थे। इसलिए भारतीयता को परिभाषित करने के लिए धर्म या जाति को आधार बनाना तर्क की दृष्टि से गलत है।

मैंने कहा कि यह भारत क्या है? यह ऐसी पहेली है और यह पहेली ही हमें चुनौती देती है सारी जाति-पाँति सम्बन्धी संकीर्णताओं के खिलाफ लड़ने के लिए। धर्म के खिलाफ, धार्मिक संकीर्णताओं के खिलाफ ये सारे के सारे विचार आते हैं। इसीलिए इसका निदान बहुत पहले भक्ति के रूप में हमारे यहाँ का भक्ति साहित्य करता है। ध्यान रखिए, भक्ति साहित्य ऐसे समय पैदा हुआ, जब देश में इस्लाम का आक्रमण हो गया था। उसका आगमन हो गया था। और भक्ति की गूँज...ब्रज भाषा के रसखान भी उन्हीं में से थे। हिन्दू और मुसलमान का अभेद यदि देखना हो तो हिन्दी साहित्य में, भक्ति में है। असल चीज भक्ति है। धर्म से बड़ी चीज है भक्ति। इसलिए भक्ति जो है, वह धर्म का अर्क है, अचार है। शुक्ल जी ने लिखा है कि यह धर्म का अचार या मुरब्बा है। भक्ति है...तो धर्म का अचार या मुरब्बा तैयार कर लिया। इसीलिए आप देखेंगे तो अखिल भारत को परिभाषित यदि आपको करना हो तो सेकुलर बनाने से होगा। मुझे कहना चाहिए, धर्मनिरपेक्षता का काम करना चाहिए जो कबीर, सूर, तुलसी जैसे भक्तों ने किया। भक्ति भारत की, सभी

देशों में, सबसे बड़ी चीज है। अकेले भक्ति-आन्दोलन था जो अखिल भारतीय था—आदिवासियों के समाज से लेकर, उत्तर से लेकर दक्षिण तक, पूर्व से लेकर पश्चिम तक भारत की सभी भाषाओं में। इसमें सूफी स्वयं शामिल थे। सूफी और भक्ति लगभग 11वीं-12वीं शताब्दी के आसपास थे। पंजाब से लेकर, सीमा प्रान्त से लेकर सुदूर तमिलनाडु, कन्याकुमारी तक और आदिवासी इलाकों में भी यह था। विचित्र बात है कि वैष्णव-भक्ति आपको मणिपुर में भी मिलेगी। जिन्हें आप जनजाति कहते हैं, उन जनजातियों में भी भक्ति-आन्दोलन है। उनका नृत्य है, गान है, कविता है, साहित्य है। आज हमें फिर से एक बार पूरे भारत को नये सिरे से परिभाषित करने के लिए देखना है। यह इस्लाम को माननेवाले नहीं कर सकते, न कट्टर मुसलमान कर सकता है, न कट्टर ईसाई कर सकता है, न कट्टर हिन्दू कर सकता है। भारतीयता को धार्मिक संकीर्णताओं, भेदों से अलग करके हम इस भारतीयता को देखें।

फासिज्म नहीं, सेकुलरिज्म। इसलिए यह बड़ी ही सोच। भारत हमारे लिए पहेली नहीं है जो सुलझाई न जा सके, हल न किया जा सके। सहज-सुगम हवा की तरह से है, पानी की तरह से है। सिर्फ चमड़ी हमारी इतनी मोटी न हो जाए कि हवा बहे और हमको यह अहसास तक न हो कि हवा बह रही है। चमड़ी अपनी थोड़ी ठीक रखें तो मेरा खयाल है कि भारतीयता की जो हवा चल रही है, बह रही है, उसे हम अपने रोम-कूपों और अपनी त्वचा पर महसूस कर सकेंगे।

[मोहनलाल सुखाड़िया विश्वविद्यालय, उदयपुर द्वारा आयोजित मोहनलाल सुखाड़िया स्मृति व्याख्यान के अन्तर्गत 08 सितम्बर, 2012 को दिये गए व्याख्यान का हिन्दी विभाग द्वारा पाठ्य-रूपान्तर तथा विश्वविद्यालय द्वारा प्रकाशित स्मारिका में प्रकाशित]

भारतीयता के औपनिवेशिक और हिन्दुत्ववादी प्रारूप

भारतीयता और सृजनात्मकता की चर्चा हम 1997 में कर रहे हैं, जबकि यह शताब्दी समाप्त होने जा रही है। बल्कि यों कहना चाहिए कि दूसरी सहस्राब्दी समाप्त होने जा रही है। आजादी के पचासवें वर्ष में इस समय को, रचना के प्रसंग में यदि मैं देखने की कोशिश करूँ तो अपनी बात मैं उदयप्रकाश की उस कहानी से शुरू करना चाहता हूँ—जिसे आपने पढ़ा होगा और जो 'इंडिया टुडे' की साहित्य-वार्षिकी में छपी थी : 'वॉरेन हेस्टिंग्स का साँड'। कहानी का जिक्र इसलिए कि उस कहानी का आज की बातचीत से कुछ सम्बन्ध है। उस कहानी पर अभी 'हंस' के नये जून अंक में राजेन्द्र यादव ने 'मेरी, तेरी, उसकी बात' नामक अपने सम्पादकीय में टिप्पणी की है। उन्होंने लिखा है कि उदयप्रकाश एक समर्थ और संवेदनशील लेखक हैं, जिनकी कहानियाँ मुझे बहुत प्रिय हैं। लेकिन इस कहानी में उदयप्रकाश ने कुछ ऐसी बातें लिखी हैं जो मुझे विचलित करती हैं। आप लोगों में से, जिन्होंने वह कहानी नहीं पढ़ी हो, या 'हंस' का वह सम्पादकीय नहीं देखा हो, उनके लिए, मैं इन दोनों में से कुछ प्रासंगिक अंश बताना-सुनाना चाहता हूँ।

राजेन्द्र यादव ने कहा कि यद्यपि कहानी बहुत अच्छी है, बहुत संवेदनशील भी है, वगैरह-वगैरह, लेकिन इस कहानी में आई गाय और साँड की उपस्थिति एक सवाल पैदा करती है। वॉरेन हेस्टिंग्स अपने साथ हिन्दुस्तान से गाय और साँड ले गया था। वही गाय, वहाँ इंग्लैंड में, सत्याग्रह, भूख-हड़ताल और अनशन करती है, और उसकी करुणा से विक्षुब्ध होकर साँड हमला करता है, और आखिर में इसी कारण मारा भी जाता है। यद्यपि वॉरेन हेस्टिंग्स अपने साथ एक कुत्ता भी इंग्लैंड ले गया था, लेकिन राजेन्द्र यादव की शिकायत उदयप्रकाश से यह थी कि कहानी में कुत्ता क्यों नहीं? गाय और साँड ही क्यों? राजेन्द्र यादव ने 'हंस' में अपनी टिप्पणी में यह लिखा है कि क्या उदयप्रकाश का गऊ-माता-प्रेम घर-घर में पूजित और आज की राजनीति में नारे की तरह त्रिशूलित वह भगवा-दर्शन ही तो नहीं, जो अतिशयोक्तिपूर्ण अध्याय व परम्परागत अन्धविश्वास हमें बताता है, जिसमें यह कहा गया है कि जब धरती पाप और दुराचार के दलदल में फँस

जाएगी, तो गऊ माता ही अपने सींग पर उठाकर इस पृथ्वी को बचाएगी, उसकी रक्षा करेगी? कहानी में बिफरा हुआ उन्मत्त और दुर्दान्त भारतीय साँड उसी गाय का वंशज, वॉरेन हेस्टिंग्स नाम के नरकासुर का वध करता है। राजेन्द्र यादव का वक्तव्य इस बात पर आधारित है कि आखिर कहानी की थीम हमें क्या सन्देश देती है? वॉरेन हेस्टिंग्स तभी तक मानवीय, संवेदनशील, कवि, भावुक, उदात्त, आध्यात्मिक है यानी लगभग देवशिशु की गरिमा में जीता है, जब तक वह भारतीय काव्य, संगीत, शृंगार और दर्शन में लीन, चोखी नाम की एक लड़की के साथ राधा-कृष्ण की लीलाएँ कर रहा है, और सारे परिवेश को बाँसुरीमय बना रहा है। तभी तक वह मानवीय है। इन सबसे हटकर वह जैसे ही औद्योगिक सभ्यता के शिकंजे में आता है अर्थात हिन्दू-संस्कृति मनुष्य को संवेदनशील, श्रेष्ठतर मनुष्य ही नहीं बनाती, वह हिंस्र होकर औपनिवेशिक साम्राज्यवाद को ध्वस्त करने की क्षमता भी रखती है। उदयप्रकाश ने एडवर्ड सईद के 'ओरिएंटलिज्म' को इस हद तक आत्मसात कर लिया है कि नवीनतम टेक्नोलॉजी के बल पर मचाया गया साम्राज्यवाद उत्पाद या पूरे विश्व को उपनिवेश बनाने का सर्वभक्षी उन्माद मूलत: क्रिश्चियन है, और इसका सामना सिर्फ इस्लामिक फंडामेंटलिज्म, या मध्यकालीन कबीलावाद से किया जा सकता है। उदय ने भारतीय सन्दर्भों में इसका अनुवाद निर्मल वर्मा की तरह किया है—यानी हिन्दू फंडामेंटलिज्म की तरह।

'वॉरेन हेस्टिंग्स का साँड' नामक कहानी को राजेन्द्र यादव ने कहा, उदयप्रकाश जैसे लेखक को जिसने 'तिरिछ' जैसे उपन्यास और 'प्रार्थना' जैसी कहानियाँ लिखी हैं, मैंने देरिदा के शब्दों में 'डी-कंस्ट्रक्ट' किया है। राजेन्द्र यादव से मेरी बात हुई और कुछ वैसे ही हुई, जैसे उत्तर-आधुनिकता और देरिदा के बहाने हम आज जैसी कुछ चर्चा कर रहे हैं। जो चर्चा हुई, उसका जिक्र मैं नहीं करूँगा, पर मुझे यह लगा कि आज वातावरण ऐसा हो गया है कि या तो स्वयं उदयप्रकाश हिन्दुत्व से कुछ इस तरह प्रभावित हो गए हैं अथवा अगर वे हो नहीं गए हैं तो राजेन्द्र यादव को उस कहानी में 'हिन्दुत्व' दिखाई पड़ गया है। यह माहौल है 1997 का!

भारतीयता की चर्चा हम लम्बे अर्से से करते आ रहे हैं। 19वीं शताब्दी में भी भारतीयता की चर्चा हुई है और हर लेखक, भारतीयता की अवधारणा को अपनी तरह से समझने की कोशिश करता रहा है। यद्यपि अठारहवीं शताब्दी में इस जिज्ञासा की भाषा कुछ और रही होगी। भारतीयता पर विचार कोई पहली बार नहीं हो रहा है। स्वाधीनता से पहले, स्वाधीनता के समय और जबकि हम स्वाधीनता की स्वर्ण-जयन्ती मनाने जा रहे हैं—तब भी।

कहानी में वॉरेन हेस्टिंग्स का एक नोट भी उद्धृत किया गया है जिसमें उसने आज जो भारत में हो रहा है लूटपाट, मारपीट, व्यभिचार, भ्रष्टाचार वगैरह, उसकी तरफ इशारा किया है।

तब भी वही स्थिति थी, और आज भी वही है। बहुत-से लोग केवल यही जानते हैं कि वॉरेन हेस्टिंग्स पर भी रिश्वतखोरी का मुकदमा चला था, वह बरी हो गया था और बर्क जैसे आदमियों ने उसकी मुखालफत की थी। हम यह भी जानते हैं कि उसने अवध की बेगमों और चेतसिंह पर जुल्म किया। लेकिन वॉरेन हेस्टिंग्स का एक और पहलू भी है जिसे कुछ प्राचीन भारतीय विद्याविद् जानते हैं कि वॉरेन हेस्टिंग्स वह पहला आदमी है जिसने कहा—यदि अंग्रेजों को भारत पर राज करना है तो उन्हें भारत की भाषा, संस्कृति और कानून आदि को जानना पड़ेगा। उसी ने फोर्ट विलियम कॉलेज की स्थापना की थी, और उसी के जमाने में एशियाटिक सोसाइटी की स्थापना हुई थी। उन तमाम ग्रंथों का अनुवाद भी तभी हुआ था जो संस्कृत या भारतीय साहित्य के महत्त्वपूर्ण ग्रंथ थे। 'शाकुन्तल' और 'मनुस्मृति' जैसे ग्रंथ उसी के पहल पर अनूदित कराए गए थे। गीता का अनुवाद भी करवाया गया। हिन्दी, बंगला, संस्कृत आदि तमाम भारतीय भाषाओं का एक प्रकार से 'रिवाइवल' हुआ। एक ओर उसका भारत-प्रेम और दूसरी ओर उसको लूटना भी, दोनों चेहरे एक ही आदमी के हैं। मेरे हिसाब से उदयप्रकाश की वह कहानी फैंटेसी की दृष्टि से बड़ी तहदार कहानी है।

अंग्रेजों ने मजहब के आधार पर हिन्दुस्तान के दो टुकड़े किये और ऐसा करके उन्होंने सत्ता का जो हस्तान्तरण किया, वह इस देश के लिए बहुत बड़ा फैसला था। यह भी गांधी, नेहरू, पटेल के जमाने का हमारा उतना ही बड़ा फैसला था कि भले ही भारत का एक बड़ा टुकड़ा, मजहब के आधार पर, एक 'थियोक्रेटिक स्टेट' कायम करे, लेकिन हमारे लम्बे स्वाधीनता-संग्राम का यह फैसला भी था कि हम धर्म के नाम पर कोई 'थियोक्रेटिक स्टेट' नहीं बनाएँगे। हम इस हद तक सतर्क थे कि एक बहुत ही प्यारा शब्द बाद में अचानक लुप्त हो गया—हिन्दुस्तान। शायद इसलिए कि पाकिस्तान के जवाब में 'हिन्दुस्तान' हमें मजहब के आधार पर स्वीकार नहीं था। इसी बात को हमने अपने संविधान में भी अंगीकार किया। हम 'सेक्यूलरिज्म' के प्रति इस हद तक सचेत थे। पाकिस्तान के जवाब में हिन्दुस्तान निःसन्देह एक मुस्लिम-राष्ट्र के विरुद्ध एक हिन्दू-राष्ट्र होता, इसलिए हमने जानबूझकर अपने देश का नाम पुराना शब्द लिया—भारत। लेकिन आप आरम्भिक कहानियाँ अगर देखें, और इतिहास की घटनाओं को अगर ध्यान में रखें, तो ऐसा लगता है कि एक ओर देश की भावनाओं के अनुरूप और स्वाधीनता-संग्राम की सबसे प्रमुख पार्टी कांग्रेस, जो गांधी, नेहरू, सुभाष की पार्टी थी, के भीतर ही कुछ ऐसी ताकतें मौजूद थीं, जो औपचारिक रूप से भारत को भले ही हिन्दू राज्य बनाने के प्रति मुखर नहीं थीं, पर भीतर से वे यह चाहती थीं कि भारत एक हिन्दू-राष्ट्र बने।

मैं इसी सम्बन्ध में दो-तीन घटनाओं का उल्लेख करना आवश्यक समझता हूँ—एक, 1948 में, गांधी जी की हत्या के कुछ ही महीनों बाद, फ़ैजाबाद में विधानसभा का उप-चुनाव हुआ। आचार्य नरेन्द्रदेव कांग्रेस छोड़ चुके थे, सरदार

पटेल की इस टिप्पणी के बाद कि सोशलिस्ट उन कुत्तों की तरह हैं, जो सोचते हैं कि वे ही गाड़ी को चला रहे हैं। नासिक सम्मेलन में सोशलिस्टों ने कांग्रेस छोड़ने की घोषणा की थी। अयोध्या, फ़ैजाबाद से नरेन्द्रदेव, एक स्वतंत्र समाजवादी उम्मीदवार के रूप में, चुनाव में खड़े हुए। पंडित नेहरू ने कहा—आचार्य नरेन्द्रदेव हमारे पुराने कांग्रेसी साथी हैं, उन्हें निर्विरोध चुनाव जीत जाने दो। तब पंडित गोविन्दवल्लभ पन्त ने नेहरू की इस बात का विरोध किया और बाबा राघवदास जैसे एक मामूली साधु को आचार्य नरेन्द्रदेव के विरुद्ध लड़ने के लिए टिकट दिया गया। पंडित पन्त, आचार्य नरेन्द्रदेव के विरुद्ध, बाबा राघवदास के पक्ष में अयोध्या में भाषण देने गए जिसमें उन्होंने यह कहा कि यह वही नरेन्द्रदेव हैं, जो ईश्वर को नहीं मानते, जो राम को भगवान नहीं मानते। क्या आप लोग ऐसे नरेन्द्रदेव को वोट देंगे? उधर बतौर चुनाव-प्रचार बाबा राघवदास घर-घर तुलसी का पौधा बाँटते फिरे। राघवदास डंके की चोट चुनाव जीते, नरेन्द्रदेव हार गए।

यह सन् 1948 की घटना है। इस घटना के महीनों बाद 22-23 दिसम्बर की रात को सन् 1949 में अयोध्या में सहसा बाबरी मस्जिद में 'दीनदयाला कौशल्या हितकारी रामलला' का प्रकटीकरण हुआ। बाबा राघवदास का चुनाव जीतना, नरेन्द्रदेव का हारना और कुछ ही महीनों के बाद बाबरी मस्जिद में रामलला का अवतरित होना, प्रकट होना—इन तीनों में बहुत गहरा सम्बन्ध है। पंडित नेहरू इस घटना पर कुपित हुए थे और उन्होंने रामलला के प्रकट होने पर कहा था कि यह क्या बकवास है? फेंक देना चाहिए। पटेल और पन्त में इस सम्बन्ध में जो पत्र-व्यवहार हुआ है, उस पत्र-व्यवहार में इस बात का आभास मिलता है कि उन्हें आभास था कि इस बात से बड़ी उत्तेजना होगी और ऐसा नहीं होना चाहिए। तब मन्दिर को ताला लगाकर छोड़ दिया गया। मित्रो, वह 1949 का एक 'टाइम बम' था जो 1992 में फटा। वह इसलिए कि 1948 में गांधी जी की हत्या जिन ताकतों ने की थी, वे ताकतें 1949-50 के आसपास इस हालत में नहीं थीं। चाहतीं तो वे उसी दिन वैसा कर देतीं। वह इतनी बड़ी घटना थी और इसकी इतनी गहरी प्रतिक्रिया हुई जिसका असर था कि बरसों तक हिन्दू सम्प्रदायवाद की पार्टी पार्लियामेंट में एक-दो सदस्य से ज्यादा नहीं बढ़ सकी थी। जब वह ताकत मजबूत होकर, कांग्रेस का विकल्प बनकर आई है तब जाकर वह मस्जिद गिरी है।

मैं इन घटनाओं का उल्लेख इसलिए करना चाहता हूँ कि इतिहास की कड़ियों को देखें तो इतिहास यह बताता है, और लगता है कि आजादी के साथ ही, दो ताकतें इस वर्चस्व के लिए लड़ रही थीं कि इस देश को पाकिस्तान के विरुद्ध हिन्दू राज्य बनना है या इस देश को हिन्दू राज्य नहीं बनना है? इसे सच्चे अर्थों में राष्ट्रीयता और स्वाधीनता की परम्परा के अनुसार सभी जातियों, धर्मों, क्षेत्रों, भाषाओं के साथ मिलाकर भारतीय हिन्दुस्तान बनना है?

हम लोग आज लगभग उस बिन्दु पर आ पहुँचे हैं जब भारतीयता की बहस शाब्दिक नहीं रह गई है। मैं कहना चाहता हूँ कि शब्दों के दायरे से निकलकर अब यह बहस वहाँ आ गई है जहाँ हम शब्दों से नहीं खेल सकते हैं—'हिन्दू' का यह अर्थ होता है, और भारतीयता का यह अर्थ होता है। हम यह समझते हैं, वे यह समझते हैं।

इस सिलसिले में भारतीयता की दो परिभाषाएँ मुख्य रूप से चल रही हैं और सवाल यह है कि यह चलेगी कि वह चलेगी? वर्चस्व का सवाल है। 'हिजेमॉनी' का सवाल है। लाठी-डंडा के जोर से चलने का सवाल नहीं है। आम जनता की 'कन्सेंट' से होनी चाहिए।

सवाल जोर-जबर्दस्ती का नहीं है। भारतीयता की कौन-सी परिभाषा देश स्वीकार कर रहा है, यह सवाल है। इसी सन्दर्भ में मुझे एक कविता याद आती है चन्द्रकुँवर बर्तवाल की : बिल्ली चाहती थी—चूहे को खा जाए और चूहा चाहता था—किसी तरह से बिल्ली से बचे। दोनों की प्रार्थनाएँ चलीं—भगवान की ओर। बिल्ली की प्रार्थना थी कि हे प्रभु, मैं बहुत भूखी हूँ; और चूहे की : 'हे प्रभो, मुझे बिल्ली से बचाओ।' बर्तवाल, जिन्होंने यह कविता लिखी है, उनकी बड़ी दुःखद मृत्यु हुई थी। यम और मृत्यु पर उन्होंने भयंकर कविताएँ लिखी हैं। 1947-48-49 का बड़ा प्रतिभावान कवि था वह गढ़वाल का। बर्तवाल ने लिखा है कि चूहे की प्रार्थना को बिल्ली की प्रार्थना ने रास्ते में ही दबोच लिया!

हमारी और आपकी दोनों परिभाषाएँ भारतीयता की चल रही हैं और सवाल यह है कि पता नहीं, किसकी परिभाषा किसे दबोच ले?

इसलिए, चूँकि हम लेखक और साहित्यकार हैं, हमारे पास तो 'आखर-बल साँचा' है। तुलसीदास ने लिखा है : 'कनिहिं अरथ आखर बल साँचा'। हमारा हथियार तो ले-देकर भाषा है। विजेन्द्र जी ने सही सवाल उठाया है कि अब जो कुछ करना है, भाषा को ही करना है। प्रश्न यह है कि भाषा से ही भाषा की लड़ाई है। प्रार्थना से ही प्रार्थना की लड़ाई हो सकती है। प्रसंगवश मैं कहना चाहता हूँ कि इस संगोष्ठी की बातचीत में जिस उत्तर-आधुनिकता और देरिदा का जिक्र आया था, उसमें से मैं जो देरिदा का अर्थ लेता हूँ कि उसने पहली बार कहा कि भाषा कारावास है। देरिदा ने हमें बताया कि हम भाषा के कारावास में हैं और जानते नहीं कि कारावास में हैं। और यह अहसास जिस दिन हो जाए कि हम कारावास में हैं, तो कारावास टूट जाता है। यह अहसास कि आप कारावास में हैं, बहुतों को नहीं था।

कैदखाना वही नहीं होता, जिसमें बड़ी-बड़ी ऊँची दीवारें होती हैं। ऐसा भी कैदखाना होता है, जिसमें कोई दीवार नहीं होती। और भाषा वह कैदखाना है जिसकी दीवार दिखलाई नहीं पड़ती। इतनी 'ट्रांसपोर्ट' है। और सबसे खतरनाक कारावास तो वह होता है, जिस कारावास की दीवार दिखाई न पड़े। भाषा वह कारावास है

और भाषा के प्रति देरिदा ने आपको सजग करने के बाद कहा कि इसलिए भाषा का हर शब्द सन्दिग्ध है। उसको 'प्रॉब्लमेटाइज' किया—जिसको अंग्रेजी में कहते हैं। कोई भी अवधारणा निर्दोष नहीं है। संस्कृति नहीं है। राष्ट्र नहीं है। देश नहीं है। साहित्य नहीं है। काव्य नहीं है। हर एक के पीछे कोई दूसरा अर्थ-प्रयोजन, प्रभुता छिपी हुई है। जिसकी लाठी, उसकी भैंस। ताकतवर जो परिभाषा करता है कि यह काव्य है, तो काव्य है। रामचन्द्र शुक्ल ने कहा कि यह कविता है, तो कविता है। हर जमाने में ऐसे रामचन्द्र शुक्ल हुए हैं, और होते रहते हैं। भला हो भगवान का, जिस साहित्य में न होते हों। इसलिए हर भाषा में...ताकत जहाँ है, वह 'हम्टी-डम्टी' वाला मामला है कि शब्द का क्या अर्थ होता है? कहा, जो मैं कहूँगा, वह होगा। इसलिए कि आपके पास लाठी है, ताकत है। इसलिए भाषा के कारागार को तोड़ने के लिए जब देरिदा ने भाषा को कारावास कहा तो उसके साथ देरिदा ने कहा—भाषा मात्र सन्दिग्ध है। हर अवधारणा को ज्यों का त्यों, 'फेस वैल्यू' पर सामान्य या कोशगत अर्थ को स्वीकार नहीं किया जा सकता। उस कारावास को तोड़ने के लिए इससे और दूसरा ज्यादा प्रभावशाली मंत्र और क्या होगा? यदि आप कहेंगे कि गलत है तो लोग कहेंगे—आप गलत हैं। इसलिए पूरे लेखन में आप ऐसे माहौल में, जिस भाषा के द्वारा उसे तोड़ने जा रहे हैं, उसमें आपकी स्थिति विडम्बनापूर्ण होगी। यह 'आयरेनिकल सिचुएशन' है। यही कहा है उसने।

मेरे गुरु आचार्य हजारी प्रसाद द्विवेदी, जिन्होंने देरिदा को नहीं पढ़ा था लेकिन 'चारु-चन्द्रलेख' में—'गढ़ैया-ताल' का जहाँ जिक्र किया है, उसमें वे कहते हैं कि भाषा बड़ी माया है। कुहकनी है। भाषा माया और कुहकनी है बिना वेदान्त बघारे हुए—शंकर का मायावाद, जिसकी भूरि-भूरि भर्त्सना हम प्रगतिशील लोगों ने की है—भाषा भी तो माया है। इस माया को तोड़ना बड़ा कठिन है। कबीर को सबसे ज्यादा माया सता रही थी : 'महाठगिनी हम जानी...'। वह माया कई रूपों में व्यक्त होती है।

धन की माया भी है। सेठ के लिए, गरीब के लिए धन ही माया है। राजसत्ता भी माया है। हम लेखकों के लिए भाषा माया है। इस माया से हम खेलते भी हैं। इसी को संतों ने और आनन्दप्रद बनाने के लिए कहा कि यही 'लीला' है। माया और लीला, इन दोनों अवधारणाओं की लम्बी चर्चा है। मैं अभी उस ब्योरे में नहीं जाऊँगा। इसलिए मेरे मित्र राजेन्द्र यादव ने, जो स्वयं रचनाकार हैं—यह और बात है कि पिछले बीस साल से उन्होंने कोई कहानी नहीं लिखी—देरिदा के विखंडनवाद को तो अपनाया, लेकिन जो सृजन की माया है उदयप्रकाश की, उस माया से हार गए। मैं दो पैरेग्राफ उसके सुनाना चाहता हूँ—बाकी चीजों को छोड़ भी दें तो... उदयप्रकाश ने कहानी के कथ्य का अन्त जहाँ किया है—शुरू में वॉरेन हेस्टिंग्स का परिचय देते हुए लेखक कहता है—एक तरफ वह हिन्दुत्व की बात करता

था, दूसरी तरफ रिश्वत, कमीशन और भ्रष्टाचार से अपनी तिजोरी भरता था। एक तरफ वह गीता और पुराणों का अनुवाद करवाता था; अरबी, फारसी और बंगला बोलकर अपने विद्वान होने की धाक जमाता था, दूसरी तरफ उसने फौज भेजकर निर्दोष रुहेलों का संहार करवाया।

यह भाषा क्या बोल रही है? अरबी, फारसी और बंगला बोलकर अपने विद्वान होने की धाक जमाता था, और दूसरी तरफ नरसंहार करवाता था। ये पंक्तियाँ पढ़ते हुए मुझे भारत के भूतपूर्व प्रधानमंत्री याद आ रहे थे। वह अनेक भाषाएँ जानते थे—जिनकी महिमा गाई जाती थी। वह लेखक भी थे जिन्होंने अपनी आत्मकथा भी लिखी है। बहुत पुराने प्रधानमंत्री नहीं, अभी हाल ही में जो प्रधानमंत्री रहे हैं—कुछ ही समय पहले...जिनके नाम के साथ हर्षद मेहता और सूटकेस वगैरह जाने क्या-क्या जुड़े हुए थे...और अब भी जो अदालतों के चक्कर काट रहे हैं तमाम आरोपों के बीच।

यह पूरा-का-पूरा विवरण दिखाना चाहता है कि उपनिवेशवाद के दोनों चेहरे थे। और विडम्बना यह है कि यही चेहरे आपको भी रोज दिखलाई पड़ते हैं। बल्कि सच पूछिए तो वह किस चेहरे का इस्तेमाल किस काम के लिए करता था, यह जान पाना ही असम्भव था। अगर कोई आदमी निरक्षर भट्टाचार्य हो, एकदम लिख-लोढ़ा, पढ़-पत्थर हो, साहित्य-कला-संगीत से जिसे प्यार न हो, ऐसा आदमी अत्याचार करे तो बेनकाब रहता ही है, क्योंकि लोग समझते हैं कि यह खून तो करेगा ही। हमें उनसे डर नहीं है, जो अपराधी और हत्यारे हैं। उन हत्यारों से डर है, जो साहित्य-प्रेमी हैं, जो कला-प्रेमी हैं, संगीत-प्रेमी हैं, संस्कृति का नाम लेते हैं। आखिर एडोल्फ हिटलर भी तो संगीत को बहुत प्यार करता था, बाख और मोजार्ट को सुना करता था, गेटे का साहित्य पढ़ा करता था। भला-बुरा जैसा भी हो, एक चित्रकार भी था। इसलिए उपनिवेशवाद-साम्राज्यवाद के दोनों चेहरे हैं।

और यह लिखने के बाद साँड का जिक्र अन्त में कुछ इस प्रकार किया गया है : 'सवाल यह रह जाता है कि क्या वह साँड सिर्फ गाय और अपनी संतान के शोक में पागल हुआ था? क्या उसने यूरोप के अमानवीय, निर्मम, करुणाशून्य औद्योगिक समाज और पश्चिमी संस्कृति के विरोध में अपनी जान दी? क्या वह अपने देश के मिथकों, अन्धविश्वासों, पुराणों, पुरानी परम्पराओं के लिए कट्टरपंथी साम्प्रदायिक की तरह लड़ा और मारा गया? क्या वह ब्रिटिश साम्राज्यवाद के खिलाफ एक देशभक्त राष्ट्रवादी भारतीय की तरह विद्रोह करता हुआ मरा या वह एक मामूली साँड था?'

यह बहुविकल्पी प्रश्न है। अब इसमें इतनी सम्भावनाएँ हैं कि सिक्के के हर पहलू को जो लेखक जानता है, और स्पष्ट प्रश्नचिह्न के साथ जिसे समाप्त किया गया है, उसी कहानी का 'डी-कंस्ट्रक्शन' करते हुए हमारे मित्र राजेन्द्र यादव ने तमाम अर्थों में से केवल एक अर्थ चुना है।

परिस्थितियों का इस हद तक दबाव हो, इसलिए भारतीयता और संस्कृति पर ऐसी स्थिति में यह दबाव स्वाभाविक है कि आखिर इन अवधारणाओं का कौन-सा अर्थ आप चुनते हैं?

मित्रो, यह बात अगर इतनी सरल होती इस कहानी को देखते हुए, तो रचनाकार कह सकते थे कि भई, आप लोग जो ये दरीदा-फेरिदा पढ़ते-वढ़ते हैं, यह आप लोगों का सिरदर्द होगा। हम तो कविता करते हैं, बहुत-से कवि और गीतकार इस तरफ उदासीन और अनासक्त होंगे। और यह सोचते होंगे कि यह सब बहुत पढ़-लिख लेने का अजीर्ण है। हम तो गीत लिखते हैं, अच्छे-खासे मजे में हैं। 'सबसे भले हैं', 'मूढ़ नहीं कहूँगा', 'जिन्हें न व्यापे जगत गति'। पढ़-लिखकर आप किस-किस चीज का अभिशाप ढो रहे हैं? कुछ लोग ऐसा भी कह सकते हैं कि आखिर ऐसी कहानी लिखने की जरूरत भी क्या थी? नहीं थी, लेकिन इधर तीन-चार ऐसी घटनाएँ हुई हैं, जिनके सन्दर्भ में मेरे मित्र राजेन्द्र यादव ने कहानी का यह अर्थ किया है।

विश्व के पैमाने पर भी कुछ घटित हुआ है जिससे हम उस कारावास से अनभिज्ञ नहीं रह सकते। कल रात मेरे मित्र प्रो. हरीश त्रिवेदी ने फोन किया और बोले, मैं आपके लिए 'न्यूयॉर्कर मैग्जीन' ले आया हूँ। वह न्यूयॉर्क से लौटे थे। जिस अंक की वह बात कर रहे थे, वह भारत पर केन्द्रित 'न्यूयॉर्कर' का विशेषांक है। मुझे आश्चर्य हुआ कि 'न्यूयॉर्कर' को अचानक भारतीय साहित्य कैसे याद आया? वह कोई साहित्यिक पत्रिका तो है नहीं, पर अचानक इंडियन लिट्रेचर? न्यूयॉर्कर को, जो बड़ी लोकप्रिय पत्रिका है, कोई गम्भीर साहित्यिक पत्रिका नहीं है, कुछ वैसे ही, जैसे 'इंडिया टुडे'। हमारे यहाँ, सहसा साहित्य-प्रेमी हो उठा है, कुछ-कुछ उसी तरह से। उस अंक में सलमान रुश्दी का एक लेख है। 'न्यूयॉर्कर' का जब वह विशेषांक मुझे मिला तो मुझे बरबस वह शे'र याद आ गया : 'मुझ तक कब उनकी बज्म में रुब आता था दौरे-जाम, साकी ने कुछ मिला न दिया हो शराब में'। उनकी बज्म में दौरे-जाम तो आता ही नहीं था कभी। जब जाम आया तो शक हुआ कि कोई बात होगी, अब तक तो पूछा नहीं। सलमान रुश्दी ने उस अंक में, हो सकता है, भारत में कुछ लोग उसे 'रिप्रोड्यूस' करें, एक बड़ा ऐतिहासिक वक्तव्य दिया है। वह यह कि भारत में जो कुछ साहित्य लिखा जा रहा है, इंडियन लिट्रेचर, उसमें केवल वही साहित्य या लेखक जो अंग्रेजी में लिखते हैं, वे ही इस लायक हैं कि उनका उल्लेख किया जाए। भारतीय भाषा में लिखा गया साहित्य उसके सामने कुछ भी नहीं है। एक लेखक, जो दूसरी भारतीय भाषाओं में लिखे गए साहित्य के बल पर लेखक कहला सकता है, वह है सआदत हसन मंटो।

मैंने पूरा लेख अभी पढ़ा नहीं है। मंटो का नाम बहुत-से लोग लेते हैं, सभी लेते हैं। मंटो क्यों अच्छा, किसलिए अच्छा है, यह जरा देखना होगा। मंटो की 'टोबा टेकसिंह' रुश्दी को पसन्द है या मंटो की और कहानियाँ जिनको अश्लील भी कहा

गया है, खुलेआम सेक्स का वर्णन करनेवाला भी कहा गया है, किस मंटो को वह सबसे बड़ा लेखक कहते हैं? हरीश त्रिवेदी ने मुझसे कहा कि आप इसका जवाब दीजिए। मैंने कहा कि वे तो यही चाहते हैं, मेरे जवाब से उनको क्या मतलब? बहुत-से लोग लिखनेवाले होंगे। हरीश त्रिवेदी ने, हमारी बहुत पहले बातचीत हुई थी, कहा था : 'इंडिया दैट इज भारत'। मैंने कहा : 'इंडिया की चिन्ता आप कीजिए, भारत मेरे जिम्मे रहने दीजिए', तो यह उन लोगों का सिरदर्द है। लेकिन शायद वे इसी तरह 'कंट्रोवर्सल' रहना चाहते हों!

इस बीच पश्चिम की सहसा भारतीय साहित्य—समकालीन भारतीय साहित्य जिसमें हिन्दी साहित्य भी शामिल है—में दिलचस्पी अचानक जागृत हुई है। और यह मेरे लिए चिन्ता का विषय है। इसलिए है कि दूसरे महायुद्ध तक पश्चिम में भारतीय 'इंडोलॉजी' के जो डिपार्टमेंट हुआ करते थे, आम तौर से अपने को संस्कृत, पालि, प्राकृत और अपभ्रंश मेडीवियल संस्कृत लिट्रेचर तक सीमित रखते थे—भक्ति-साहित्य को, थोड़ा-बहुत रीतिकाल को। समकालीन भारतीय साहित्य के बारे में कहते थे कि इसे पढ़ने की जरूरत नहीं है। यह तो 'कोलोनियल लिट्रेचर' है। हमारे यहाँ जो लिखा गया है, उसी का जूठन आप लोग लिख रहे हैं। भारत का समकालीन साहित्य तो उल्लेखनीय है ही नहीं। ठेठ साहित्य तो वही है : 'इंडोलॉजिकल लिट्रेचर'। पेरिस में प्रेमचन्द की तरफ तो बहुत बाद में ध्यान देना शुरू किया लोगों ने। और मादाम बोदविल मानती ही नहीं थीं कि भारतीय समकालीन कविता गम्भीर अध्ययन का विषय भी हो सकती है!

अब पश्चिम की एकदम समकालीन भारतीय साहित्य में दिलचस्पी हुई है। कुछ समय पहले ही 'ग्रांटा' ने भारतीय साहित्य का एक विशेषांक निकाला है। और 'वर्ल्ड लिट्रेचर' का, भारतीय कविता का एक 'स्पेशल नम्बर' निकला है—बहुत बड़ा। मशहूर जर्नल है वह। विनय धारवाड़कर ने सम्पादित किया है उसे। समकालीन भारतीय साहित्य में पश्चिम की दिलचस्पी आकस्मिक नहीं है, अकारण नहीं है, मैं कहना चाहता हूँ और इसका सम्बन्ध जुड़ा हुआ है इस बात से। और सलमान रुश्दी का इसलिए है कि पश्चिम के लिए इस समय भारत के तीन आलोचक और 'थ्योरिटिशियन्स' महत्त्वपूर्ण हैं, जो भारत से ही गए हुए हैं—सलमान रुश्दी, गायत्री स्पीवाक् चक्रवर्ती और होमी भाभा। तीनों ही भारतीय हैं। 'पोस्ट-कोलोनियल क्रिटिक', 'राइटर' और 'थिंकर', ये तीन आदमी हैं। पश्चिम 'कोलोनियलिज्म' के दौर में 'ओरिएंटल लिट्रेचर' था, जो प्राचीन और मध्यकाल में रुचि ज्यादा रखता था और 'पोस्ट-कोलोनियल', उत्तर-उपनिवेश दौर में ये तीन बड़े आलोचक आज पश्चिम में बड़े महत्त्वपूर्ण माने जाते हैं। ये तीनों सम्मानित हो रहे हैं। इनके जरिये अब पश्चिम हमें बता रहा है कि भारतीय लेखक कौन हैं, भारतीयता क्या है, इसकी परिभाषा ये 'कैनन' बनाकर दे रहे हैं। जिस तरह उपनिवेशवादी दौर में पश्चिम

ने बताया था कि क्या भारतीय है, उसी तरह आज ये लोग बता रहे हैं—तुम्हारा अध्यात्म भारतीय है, गीता-उपनिषद् भारतीय है, 'स्प्रिचुअलिज्म' भारतीय है; तंत्र, गुह्य-तंत्र-साधना भारतीय है।

भारतीयता क्या है, इसकी परिभाषा उपनिवेशवादी दौर में 19वीं शताब्दी देती थी। कुछ लोगों ने ऐसा मान भी लिया था। वरना डॉ. राधाकृष्णन् जैसे दूसरे दर्जे के विचारक और दार्शनिक इतने बड़े दार्शनिक नहीं मान लिये गए होते। भारतीय दर्शन के क्षेत्र में विद्वत्ता की दृष्टि से, सुरेन्द्रनाथ दासगुप्ता राधाकृष्णन से बेहतर दार्शनिक हैं। कम-से-कम प्रामाणिक, चिन्तक। हमारे यहाँ श्री अरविन्द थे। मौलिक चिन्तन करनेवाले गांधी थे। डॉ. राधाकृष्णन् उस रूप में पश्चिम को रुचनेवाली दर्शन की व्याख्या करनेवाले व्याख्याकार जरूर थे। इसका सबसे बड़ा प्रमाण यह है कि उन्होंने बौद्धमत और जैन-दर्शन पर जो कुछ लिखा है, उसमें इतनी गड़बड़ियाँ हैं कि राहुल जी को उसका जवाब देना पड़ा कि बौद्ध-दर्शन के बारे में यह आदमी कुछ समझता नहीं।

विषयान्तर छोड़ें, तो मैं कहना चाहूँगा कि उपनिवेशवादी दौर में पश्चिम ने एडवर्ड सईद के शब्दों में 'ओरियंटलिज्म' या 'प्राच्यविद्या' के द्वारा भारतीयता की परिभाषा दी थी। यह तो भला हो भारत की आम जनता और उसके साथ ही इसको नेतृत्व देनेवाले प्रबुद्ध राजनीतिक-सांस्कृतिक नेतृत्व का, जिसने इसे ठुकराया।

आचार्य रामचन्द्र शुक्ल ने कहीं लिखा है कि पं. रामावतार शर्मा कहा करते थे कि पश्चिम वालों को हमारी आध्यात्मिकता बड़ी पसन्द आती है। हर काल में इस देश ने पश्चिम द्वारा दी गई भारतीयता की परिभाषा को तिरस्कृत किया है। हर भाषा में। यहाँ तक कि थोरो, रस्किन, टॉल्स्टॉय को पढ़ने के बाद भी अपने स्वराज की परिभाषा करते हुए गांधी ने भारतीयता की परिभाषा वह नहीं ली जो पश्चिम की थी या जो पश्चिम हमें देना चाहता था।

ढलती हुई 20वीं शताब्दी में इस उपनिवेशवाद के उत्तरकाल में, उत्तर-उपनिवेशवादी दौर में वही ओरियंटलिज्म, एक न्यू-ओरियंटलिज्म के नाम से आ रहा है और एक बार फिर वह भारतीयता की परिभाषा कर रहा है। एक बार फिर हिन्दुइज्म पर बहुत-सी किताबें लिखी जा रही हैं। अभी मैंने ऑक्सफोर्ड प्रेस की छपी हुई वसुधा डालमिया की अंग्रेजी में लिखी गई एक किताब पढ़ी जो भारतेन्दु हरिश्चन्द्र और उनके बनारस पर है। किताब इसलिए देख ली कि वह बनारस पर थी और मुझे यह जिज्ञासा हुई कि आखिर हमारे भारतेन्दु और हमारे बनारस पर क्या लिखा गया है? वसुधा डालमिया ने जर्मनी में शोधकार्य किया है। उन्होंने उसमें एक शब्द दिया है : 'नेशनलाइजिंग हिन्दुइज्म'। हिन्दुइज्म की जगह बैंक भी हो सकता था! नेशनलाइजिंग हिन्दुइज्म—आखिर इससे क्या ध्वनि निकलती है?

इसलिए फिर मैं कहूँगा कि भाषा बहुत बड़ी माया है, बड़ी कुहुकनी है। नेशनलाइजिंग यहाँ क्या अर्थ देता है? और हिन्दुइज्म क्या अर्थ देता है? कल इंटरव्यू

लेने के लिए 'फ्रंटलाइन' से कोई सज्जन आए थे। उन्होंने मुझसे चलता हुआ सवाल पूछा। वह तीर, जिससे हर हिन्दीवाला वेध्य माना जाता है। उन्होंने मुझसे पूछा कि हिन्दी, हिन्दू, हिन्दुस्तान नारा जिस लेखक ने दिया था, उसके बारे में आपकी राय क्या है? क्या हिन्दी साहित्य, हिन्दू साहित्य है? मैंने उनसे यही कहा कि यह नारा चाहे जिस हिन्दी लेखक ने दिया है, अगर मैं बताऊँगा तब भी आप उनका नाम याद नहीं रखेंगे—पं. प्रताप नारायण मिश्र।

जिन्होंने भले ही कहा न हो, पर गांधी भी तो मानते थे—हिन्दी, हिन्दू, हिन्दुस्तान। गांधी ने हिन्दी को भाषा के रूप में कहा था कि हिन्दी ही इस देश की राष्ट्रभाषा है। गांधी जी ने कहा कि मैं हिन्दू हूँ और गांधी अपने-आपको हिन्दुस्तानी ही मानते थे। आपको जब गांधी पर एतराज नहीं होता, तो प्रताप नारायण मिश्र के हिन्दी, हिन्दू, हिन्दुस्तान से आप क्यों बिदकते हैं? वह क्यों आपकी आलोचना का पात्र हो जाते हैं? क्या कमजोर की बहू सारे गाँव की भौजाई लगती है, जिससे सब लोग मजाक कर सकते हैं? जो प्रताप नारायण मिश्र ने कहा था, वही तो बहुत बाद में गांधी ने कहा। हिन्दी, हिन्दू, हिन्दुस्तान पर आप क्यों भड़क रहे हैं? आपको भला लगे या बुरा लगे, मार्क्सवादी रहते हुए मैं खुद कहता हूँ कि हिन्दी, हिन्दू, हिन्दुस्तान। इन तीनों में कोई भेद नहीं लगता।

सवाल यह है कि इन शब्दों की जो परिभाषा मैं दे रहा हूँ, वह आप स्वीकार करेंगे या वह, जो पश्चिम दे रहा है? गांधी इन शब्दों की जो परिभाषा दे रहे हैं, वह मानेंगे या जो परिभाषा आप जैसे अंग्रेजी वाले दे रहे हैं, वह मानेंगे? इसलिए उत्तर-उपनिवेशवादी दौर, उत्तर-उपनिवेशवादी चिन्तन में भारतीयता की खास परिभाषा दी जा रही है और उस परिभाषा का महत्त्व यदि देखा जाए तो पश्चिम वाले यह भी बता रहे हैं कि भारतीय लेखक कौन हैं, और यह सर्टीफिकेट भी दे रहे हैं, यह अंग्रेजी में जिसे कहा जाए—'कैनन' बनाकर ऐसा कर रहे हैं। मुझे उनकी नजर के प्रति सन्देह होता है। कुल मिलाकर कृष्ण बलदेव वैद भी तो लेखक हैं। कृष्णा सोबती भी तो लेखक हैं, पर पश्चिम की नजर में और लोठार लुत्से की नजर में निर्मल वर्मा 'भारतीय' लेखक हैं। वह कौन-सी चीज है निर्मल वर्मा की जिसे उदयप्रकाश की कहानी के सिलसिले में राजेन्द्र वर्मा ने कहा है—वही निर्मल वर्मा वाली भारतीयता? मुझे गलत न समझा जाए। मैं यह नहीं कह रहा कि निर्मल वर्मा 'उस' हिन्दुत्व के हिमायती हैं। मैं यह कह रहा हूँ कि निर्मल वर्मा में वह क्या है और किस नजर से परिभाषित करके, 'कैनन' बना करके 'यूरोप और भारत : प्रतिश्रुति का क्षेत्र' जो उनकी पुस्तक है, उस पर सहसा 'मूर्ति देवी पुरस्कार' देने की चिन्ता इन लोगों को हो आई? 'मूर्तिदेवी पुरस्कार' आम तौर पर विचारशील कृतियों के लिए है और यदि ऐसी कृतियाँ उनके लिए 'सहज-सुपाच्य' हों, तो और भी अच्छा है।

मैं फिर कहता हूँ कि ये सारी घटनाएँ निर्मल वर्मा को उतना सन्दिग्ध नहीं बनातीं, उस दृष्टि को सन्दिग्ध बनाती हैं, जिसके कारण, हमारे यहाँ के कुछ लोगों को, सहसा भारतीय जनता पार्टी को प्रसिद्ध मार्क्सवादी समालोचक डॉ. रामविलास शर्मा बड़े प्रिय हो उठे हैं क्योंकि उन्होंने आर्यों के बारे में लिखते हुए कहा है कि आर्य यहीं के रहनेवाले थे, यहाँ से गए नहीं थे। यही जयशंकर प्रसाद ने भी कहा है। इसलिए कुछ लोगों को वे इसीलिए प्रिय हो गए हैं कि उनसे हिन्दुत्व का दर्शन पुष्ट हो रहा है, और मार्क्सवादी कम्यूनिस्ट पार्टी के बहुत-से लोगों के लिए रामविलास शर्मा अछूत हो गए हैं। मैं कहना चाहता हूँ कि उस उपनिवेशवादी दौर में भी पश्चिम ने हमारे अनेक स्वाधीनचेता स्वतंत्र लेखकों को हमारी अपनी नजर में ही सन्दिग्ध बना दिया था।

आज फिर हमारे अनेक लेखकों को सन्दिग्ध बना रहे हैं और एक खास काट की भारतीयता के साँचे में ढालकर उन पर लेबल लगा रहे हैं। आप जानते हैं कि मीडिया के जमाने में 'ब्रांड-नेम' चलता है। महत्त्वपूर्ण लेबल होता है। भले ही आप हल्दीराम की चिप्स बेचें, लेकिन महत्त्वपूर्ण यह है कि उस पर लेबल किसका है। इसलिए सारा का सारा देशी साहित्य हिन्दी भाषा का जो लिखा जा रहा है, भाषा हम चाहे जो बोलें, 'ब्रांड-नेम' तो कुछ और लग रहा है कि यह उत्तर-आधुनिक रचना है। इस हिसाब से मनोहर श्याम जोशी उत्तर-आधुनिक हो गए। उत्तर-उपनिवेशवादी हो गए। महाश्वेता देवी को, जब पोस्ट-कोलोनियलिज्म नहीं चला था, गायत्री स्पीवाक् चक्रवर्ती ले उड़ीं और उनकी 'द्रौपदी' और कौन-कौन कहानियों का अनुवाद करके उन्होंने महाश्वेता देवी को 'पोस्ट-कोलोनियल राइटर' के रूप में, उत्तर-आधुनिकतावादी लेखक के रूप में स्थापित कर दिया।

यह भाषा की लीला, भाषा का खेल है। उत्तर-आधुनिकतावादी विचारधारा अब हमें, हमारी भारतीयता को पुन: परिभाषित कर रही है। सवाल सिर्फ हमारे सामने यह है कि वह परिभाषा 'हेजेमोनिक' न हो। इसका वर्चस्व न हो। जैसे हमारे उस दौर में इसे खारिज किया था, उसी तरह से पश्चिम से आई हुई इस चीज को भी उसी तरह से खारिज करें। कैसे खारिज करें, किस तरह किया जाए, यह ज्यादा महत्त्वपूर्ण है। और उसके लिए समझना होगा—क्योंकि अच्छी-बुरी, गलत-सही कई चीजें हैं।

जब तक पश्चिम की दखलअन्दाजी हमारे मामलों में नहीं थी, तब तक हम अपने दर्शन, चिन्तन और सारी परम्परा की—राधावल्लभ जी अभी जैसा बता रहे थे और हम लोगों में सम्भवत: सबसे बड़े पंडित इस विषय के अभी यही हैं—खुल करके अपनी समीक्षा करते थे। तार-तार करते थे अपनी बुराइयों की, कमजोरियों की—चाहे वह जाति-प्रथा हो, चाहे सती-प्रथा हो, चाहे वर्ण-व्यवस्था हो। शंकर तक को नहीं बख्शा किसी ने। कोई विचारक इस मामले में समीक्षा से परे नहीं

रहा। कहा गया कि 'दोषावाच्या गुरोरपि'। गुरु भी हो तो उसकी आलोचना करना अनुचित नहीं...। तीसरे आदमी के आ जाने के बाद ही, अंग्रेजों के आ जाने के बाद ही हम यह सोचने लगे कि अगर हम अपनी आलोचना करेंगे तो कहीं इससे अंग्रेजों को ताकत तो नहीं मिलेगी? जैसे हम और नन्द जी आपस में बात कर रहे हों और वे अपनी बुराई कर रहे हों और हम अपनी बुराई कर रहे हों, कमजोरियाँ बता रहे हों, और तभी एक गैर-विचारधारा का आदमी आ जाए, उसके आते ही हम सतर्क हो जाते हैं तुरन्त कि वह कहीं फायदा न उठा ले, और सहसा हम लोग झूठी बातें करने लगते हैं।

सोचिए, अगर देश का बँटवारा न हुआ होता, यों इतिहास में अगर-मगर नहीं होता और अगर पाकिस्तान न होता तो वह छद्म 'सेक्यूलरिज्म' जिसे कहा जाता है, 'सूडो-सेक्यूलरिज्म' नाम की चीज पैदा न हुई होती, मैं बताए देता हूँ। इसका बड़ा अच्छा वर्णन मंजूर एहतेशाम ने 'सूखा बरगद' नामक उपन्यास में किया है। उसमें सुहेल और विजय दो दोस्त हैं, जिनकी बहस को सुनते हुए लगता है कि सुहेल को सारी बुराइयाँ इस्लाम और मुसलमानों में और विजय को सारी बुराइयाँ हिन्दुइज्म में दिखाई देती हैं। एक-दूसरे की खुलकर आलोचना करते हैं। चल रहा था यह दौर उस समय। 1947 से पहले ऐसे मुसलमान बहुत थे, जो इस्लाम की कमजोरियों को, उसकी दकियानूसी के आलोचक थे। और उसी तरह हिन्दुइज्म की सख्त से सख्त आलोचना करनेवाले हिन्दू भी थे। महात्मा गांधी हिम्मत कर सकते थे, जिन्होंने कहा था कि बनारस जाकर भी विश्वनाथ मन्दिर में मैं दर्शन करने नहीं गया क्योंकि जिस मन्दिर में शूद्रों का प्रवेश न होता हो, जहाँ की नालियों में इतनी गन्दी कीचड़ भरी हुई हो, वहाँ मैं नहीं जा सकता, क्योंकि भगवान कभी ऐसी गन्दी जगह नहीं रह सकते। गांधी जी उस समय कह सकते थे, आज आप कहकर देखिए!

इसलिए मैं कह रहा हूँ कि इस एक तीसरी नजर के कारण, वह जो भारतीयता और जो लिखा जा रहा है साहित्य में, सहज भाव से, अपने समाज की यथार्थवादी-आलोचनात्मक, लम्बी यथार्थवादी-आलोचनात्मक परम्परा हमारे साहित्य की है। और अपनी पुरानी परम्परा को प्यार करना...रेणु ने भी तो 'परती-परिकथा' में पुरानी चीजों का ललित-मोहक ढंग से वर्णन किया है, पर उदयप्रकाश ने जरा इस तरह कोशिश की तो राजेन्द्र यादव की त्यौरी चढ़ गई कि यह तो अपने अन्धविश्वासों को गौरवान्वित कर रहा है—गाय और साँड का नाम ले रहा है। जैसे गुनाह हो गया हो! जैसे हम गाँव में अपने घरों में न तो गाय का दूध पीते हैं, न गाय का घी खाते हैं! साँड जैसे हिन्दुत्व की बड़ी चीज हो गई, जिस पर ठप्पा लगा हो भाजपा का और भैंस कहें, तो देवीलाल का लग जाए! बड़ी मुश्किल है। इसलिए वातावरण कैसे बने, हमारे सामने मुख्य समस्या यही है। सृजन के धरातल पर लेखक इस दखलअन्दाजी के रहते मुकाबला कैसे करे?

पश्चिम मुझे इसलिए याद आता है कि यूरोप गुलाम नहीं रहा। इसलिए वहाँ खुलकर इस बात की हिम्मत हो सकती थी। वहाँ कांट और हीगेल देवता नहीं हैं। 'एंलाइटेंमेंट' की सख्त आलोचना आजकल हो रही है और उन्होंने ही क्या, आजकल तमाम लोग तुले हुए हैं कि एंलाइटेंमेंट की रेशनलिटी ने नौकरशाही वाले राज्य का निर्माण किया, जो तानाशाही है। कहने के लिए वे 'विश्ववाद' का नारा देते थे लेकिन बाकी दुनिया को उपनिवेश बना रखा। विश्ववाद का मतलब साम्राज्यवाद। सच यूनिवर्सल होता है, यह कहनेवाले एंलाइटेंमेंट से दर्शन निकला कि विश्ववाद फैलाओ और बाकी दुनिया को साम्राज्य बनाओ। एंलाइटेंमेंट में निहित खतरे थे। इसकी आलोचना करके जिस पश्चिम ने विकास का 'टेक्नोलॉजिकल मॉडर्नाइजेशन' का रास्ता अपनाया, उसी ने बाद में उसी 'मॉडर्नाइजेशन' का विरोध किया और कहा कि पर्यावरण-विनाश के साथ मनुष्यता का विनाश होने जा रहा है। वे स्वतंत्र हैं—कर सकते हैं। लेकिन, यही बातें हमारे लेखक बगैर जाने-पहचाने कह सकते हैं कि 'राष्ट्रवाद' भयानक चीज है, यह तानाशाही को जन्म देती है। नेशन स्टेट—उसकी नकल पर उत्तर-आधुनिक होने के लिए कठिनाई यह है कि हम वह 'आइडियोलॉजी' भी 'बॉरो' कर रहे हैं। अपने अन्दर से, आलोचना से ये विचार पैदा नहीं हुए हैं। आशीष नन्दी, पार्थो चटर्जी, सबआल्टर्न ग्रुप के लोग इतिहास में और राजनीति में 'राष्ट्र-राज्य' का जिस तरह से विरोध कर रहे हैं कि—अरे भई, यह राष्ट्र तो अभी बना ही नहीं तुम्हारा। इट इज ए नेशन इन द मेकिंग। अभी ठीक से 'स्टेट' ही नहीं बनी है। मार्क्स ने कहा था—साम्यवाद में स्टेट 'विदर-अवे' कर जाएगी, पर हिन्दुस्तान में तो स्टेट आज ही विदर-अवे कर गई है! एक प्रधानमंत्री बैठा हुआ है कुर्सी पर और एक राज्य का मुख्यमंत्री जो है, धौंस दे रहा है कि हम इस्तीफा नहीं देंगे—क्या कर लोगे? राज्य के भीतर राज्य। बिना स्टेट को पूछे दरवाजे खुले हुए हैं और पूँजी निवेश खुलेआम होता चला आ रहा है।

गांधी जी ने कहा था कि खिड़की-दरवाजे खुले रहें, पर इस तरह तो नहीं खोलने के लिए कहा था उन्होंने। इसलिए जिस देश में 'राष्ट्र' ठीक से बना न हो, जहाँ आज भी लोगों की आस्थाएँ, निष्ठाएँ अपने क्षेत्र से हों, अपनी जाति से हों, अपने धर्म से हों, क्या उस देश को 'देश' कहा जाएगा कि वह पूरी तरह 'राज्य' बन गया है? ऐसे देश में आप रह रहे हैं...क्योंकि अमरीका और यूरोप वाले कह रहे हैं कि राष्ट्र-राज्य 19वीं शताब्दी की पिछड़ी हुई चीज हो गई इसलिए उत्तर-आधुनिक जमाने में राष्ट्र-राज्य की कोई आवश्यकता नहीं है, इसलिए वही तुरही बजा रहे हैं। हमारे यहाँ के समाज-चिन्तक, वही तुरही बजाते चले जा रहे हैं। गांधी की एक व्याख्या वे कर रहे हैं और हमें समझा रहे हैं कि वही व्याख्या तुम करो, जो हम करना चाहते हैं।

रमेशचन्द्र जी शाह से क्षमा-याचना करते हुए मैं कहूँगा, एक अनुरोध के साथ, कि पुनर्विचार कीजिए कि आशीष नन्दी एंड कम्पनी का, और क्षमा कीजिए—गांधी

शान्ति प्रतिष्ठान का, जो नव-गांधीवाद चला रहा है, यह उत्तर-आधुनिकतावादी जो विचारधारा है, राष्ट्र-राज्य के नाम पर, जिस प्रकार के...गांधी जी में लोग कहते थे कि एक अराजकतावादी तत्त्व भी था। ही वाज एगेंस्ट स्टेट। लेकिन गांधी जी अगर अराजकतावाद की तारीफ करते थे तो क्या हमने कसम खाई है? हम जो शंकराचार्य को नहीं मानते, तो गांधी को देवता मानते? यदि गांधी जी में ऐसी कमजोरियाँ रही होंगी, अराजकतावादी तत्त्व रहे होंगे, तो हम गांधी का विरोध करेंगे। गांधी हमारे हैं, हम को हक है।

इस आधार पर सम्पूर्ण विकास को नेहरू का पर्याय मानकर, नेहरू के खिलाफ गांधी को खड़ा करके हम लोग जो राजनीति कर रहे हैं, वे कुल मिलाकर देख नहीं रहे हैं कि यह पोस्ट-स्ट्रक्चरलिस्ट, पोस्ट-कोलोनियल, नव-उपनिवेशवाद और नव-साम्राज्यवाद की आइडियोलॉजी है, जिसे हम इस देश में चलाना चाहते हैं और उसके आधार पर चाहते हैं कि साहित्य भी लिख जाए। मुझे खुशी है कि साहित्य में, हिन्दी में कम-से-कम, और बाकी चीजों में इसका असर नहीं है। ऐसी विचारधाराओं की प्रतिक्रिया में चीजें लिखी जा रही हैं। मैं दो कविताओं के साथ अपना वक्तव्य समाप्त करूँगा।

इस विचारधारा की प्रतिक्रिया में लिखी हुई, कि भारतीय हिन्दुत्व है, 'पहल-55' में अभी मैंने एक कविता पढ़ी अजय सिंह की। युवा लेखक हैं, बहुत युवा तो नहीं हैं पर बहुत दिनों बाद उनकी कविता मैंने पढ़ी :

मैं आधा हिन्दू हूँ।
मैं पूरा हिन्दुस्तान हूँ।
मैं गंगोली का राही मासूम रजा हूँ।
मैं लमही का प्रेमचन्द हूँ।
मैं इकबाल का बागी किसान हूँ।
मैं शमशेर का ग्वालियर का मजूर हूँ।
मैं पटना की शाहिदा हसन हूँ।
मैं नर्मदा की मेधा पाटकर हूँ।
मैं शाहबानो हूँ।
मैं शिवपति और मैकी हूँ।
मैं वामिक का भूखा बंगाल हूँ।
मैं केदार की बसन्ती हवा हूँ।
मैं आलोकधन्वा का 'गोली दागो पोस्टर' हूँ।
मैं अब्दुल बिस्मिल्लाह का उपन्यास हूँ।
मैं पूरा हिन्दुस्तान हूँ।

कविता लम्बी है। प्रतिक्रिया में लिखी जानेवाली चीज जैसी होनी चाहिए, वैसी ही है : शुद्ध रेटरिक। कविता नहीं है, मेरे हिसाब से, लेकिन मैं कह रहा हूँ कि भारतीयता की हिन्दुत्ववादी परिभाषा के समर्थन में जो साहित्य लिखेगा, वह तो अटल बिहारी वाजपेयी की कविता जैसा होगा ही, लेकिन उसकी प्रतिक्रिया में भी जो कविता लिखी जाएगी, वह भी ऐसी होगी, जो कविता नहीं है। सृजन की सामान्य भूमि कैसी होती है, उसकी ओर इशारा करते हुए और बड़बोलेपन से हटकर लिखी हुई एक कविता की पाँच पंक्तियाँ अरुण कमल की सुनाकर समाप्त करता हूँ। अरुण कमल का नया कविता संकलन आया है : 'नये इलाके में'। कविता है 'गृह-प्रवेश', जिसकी अन्तिम पंक्तियाँ हैं :

सुई नोक भर धरती अपनी,
सुई नोक भर कविता-भूमि,
तीर बिंधा पक्षी हूँ मैं तो
मेरा नीड़ वहाँ, उस तरु पर—
जिसका सोर-पताल।

यह तरु कौन-सा है, यह आप सोचिएगा, जिस सोर, (जिसकी जड़) पाताल में है—भारतीयता। इस कविता में जिस भारतीयता की ओर इशारा है, जिस तरु की ओर इशारा है, सच पूछिए तो कविता की भूमि इस उपभोक्ता और मीडिया के दौर में सुई नोक भर ही तो रह गई है! लेकिन उस भूमि में यह और हम सभी बिंधे हुए पक्षी हैं। यह बिंधा पक्षी वही है, जिसका मेरे अत्यन्त प्रिय विजेन्द्र जी ने अपने लेख में वाल्मीकि के हवाले से जिक्र किया था! धन्यवाद।

[पश्चिम क्षेत्र सांस्कृतिक केन्द्र द्वारा 'भारतीयता, सांस्कृतिक मूल्य और सृजनात्मकता' विषय पर आयोजित राष्ट्रीय उपनिषद् में 23 जून, 1997 को उदयपुर में दिये गए ध्वन्यांकित समापन भाषण का हेमन्त शेष द्वारा लिपिबद्ध अविकल असम्पादित रूप, 'कला-प्रयोजन' पत्रिका के अंक-10 में 'हमें भारतीयता की पश्चिमी या हिन्दुत्ववादी परिभाषा नहीं चाहिए!' शीर्षक से प्रकाशित]

भारतीय संस्कृति की समकालीन व्याख्या

भारतीय संस्कृति की समकालीन व्याख्या के सिलसिले में बार-बार गीता, महाभारत का उल्लेख किया गया है और इस प्रकार रखा गया है, जैसे भारतीय संस्कृति माने हिन्दू संस्कृति। इस्लाम का बिलकुल उल्लेख नहीं किया गया है। जब हम संस्कृति की चर्चा करते हैं तो एकमात्र हिन्दू संस्कृति की बात करते हैं। आज भारतीय संस्कृति को लेकर जनसंघ बहुत चिन्तित है। साहित्यकार को सम्भवत: इसकी जरूरत भी नहीं होती। आज हम इस चुनौती को मानते हैं कि नहीं, इस पर तात्कालिक परिस्थिति में विचार करें। आज संस्कृति शब्द हिन्दी में जिस रूप में प्रयुक्त हो रहा है, उसे देखकर विचार करें। संस्कृति को जब कल्चर से जोड़ा जाता है तो यह भी एक व्यावहारिक पक्ष उपस्थित करता है। भारत में अंग्रेज और अंग्रेजी के आने से पहले 'धर्म' शब्द था जिससे सभी चीजों की अवधारणा की जाती थी। बाद में 'धर्म' के स्थान पर 'संस्कृति' शब्द को स्वीकार किया गया और हम आधुनिक युग में भी पहले जैसा करने का प्रयास करते हैं, जो मध्ययुग में धर्म के माध्यम से होता था। आधुनिक भारतीय चिन्तन में संस्कृति धर्म का पर्याय बन गई है। संस्कृति की मूल्यवत्ता आधुनिक युग में एक निश्चित वर्ग से बँधी हुई है। आधुनिक मध्यवर्ग जो धन, शिक्षा-सम्पन्न है, उसके जो भी मूल्य हैं, उसे लेकर आधुनिक युग के नये 'क्राइम' हैं। आधुनिक युग में जब ब्राह्मणत्व की भी व्याख्या की जा रही है तो इसकी नई व्याख्या जरूर होनी चाहिए। मध्यवर्ग की स्थिति जब पश्चिम में संकट की स्थिति में आ गई तो पश्चिम में 'वियांड कल्चर' नामक पुस्तक लिखी गई। कल्चर से भी दुर्गन्ध आने लगी। पश्चिम में जहाँ यह शब्द छोड़ा जा रहा है, वहाँ हम इसे बड़ी ममता में पकड़े हुए हैं। हमें चाहिए कि भ्रम में हमने जिन शब्दों को लिया है, उन्हें ज्ञान के प्रकाश में छोड़ने का प्रयास करें। पुराने शब्द में नया अर्थ भरकर हम व्यावहारिक स्तर पर कोई मूल्य नहीं दे सकेंगे। वर्तमान स्थिति में व्याख्या का अर्थ पुरानी चीजों में नया अर्थ जोड़ना बेकार-सा लगता है। आज संस्कृति की व्याख्या नहीं बल्कि उसकी अवधारणा पर विचार करना चाहिए। विवेकानन्द ने भारत के मध्यवर्ग को सड़ा-गला कहा था। भारत की उन्नति मध्यवर्ग से कदापि नहीं हो सकती। इस मध्यवर्ग की संस्कृति

से चिपके न रहकर हमें इसे छोड़ देना चाहिए। राजनीतिक चुनौती के रूप में यह सवाल हमारे सामने हैं। आज इस्लाम को छोड़कर जो हम भारतीय संस्कृति की चर्चा कर रहे हैं, वह बेकार है। भारत की मिली-जुली संस्कृति है। नवजागरण चौदहवीं शती के आस-पास हुआ था। उस समय के संतों ने भक्ति का प्रयोग वर्ग के स्थानापन्न के रूप में किया था। वहाँ जाति-पाँति नहीं थी। आप देखेंगे, डॉ. देवराज ने जो सिद्धान्त बताए हैं, उसमें जाति-व्यवस्था पर भी कहा गया है। मुक्तिबोध की 'डायरी' से मालूम पड़ता है कि संस्कृति शब्द मध्यवर्ग से जुड़ा है जो सड़ा-गला है और जिसकी दुर्गन्ध आ रही है।

[परिसंवाद, हिन्दुस्तानी एकेडमी, 29 मार्च, 1971]

1857 की क्रान्ति : साहित्यिक विमर्श

1857 को 150 वर्ष पूरे होने जा रहे हैं। जब सौ साल हुए थे 1857 के तो दो प्रमुख पुस्तकें प्रकाशित हुई थीं। भारत सरकार ने प्रो. सेन द्वारा लिखित एक किताब सरकारी तौर पर प्रकाशित करवाई थी, इस पर सिर्फ 'अठारह सौ सत्तावन' (Eighteen Fifty Seven) लिखा गया था। उसे न गदर कहा गया था, न क्रान्ति कहा गया था, न स्वाधीनता-संग्राम कहा गया था, सिर्फ '1857'। सरकार इस स्थिति में नहीं थी कि उसे ठीक-ठीक नाम दे सके। दूसरी किताब कम्यूनिस्ट पार्टी की तरफ से पी.सी. जोशी ने तीन या चार लेखों का संग्रह प्रकाशित करके अंग्रेजी में छपाया था, जिसका पूरा मुद्रण इस साल शुरू हुआ और कोई किताब इतिहासकारों ने लिखी हो, उल्लेखनीय नहीं है। अभी 'उद्‌भावना' का एक विशेषांक निकला है, 'नया पथ' का विशेषांक निकला और हाल में 'अनभै साँचा' अंक निकला। कोई ऐसी उल्लेखनीय पत्रिका नहीं है जिसने 200 से लेकर 500 पृष्ठों का विशेषांक 1857 पर न निकाला हो। पार्टी की तरफ से स्वतंत्रता-संग्राम के सन्दर्भ में अनेक विशेषांक प्रकाशित किए गए। मार्क्सवादी कम्यूनिस्ट पार्टी के हिन्दी और अंग्रेजी का जो साप्ताहिक निकलता है, उनमें एक वर्ष तक लगातार 1857 पर सामग्री प्रकाशित की हुई। सरकारी स्तर पर भी अनेक आयोजन हुए। यहाँ प्रश्न यह उठता है कि अचानक 1857 पर इतना व्यापक पैमाने पर आयोजन क्यों किया जा रहा है? देखकर खुशी तो होती है किन्तु शक भी होता है :

साकी ने कुछ मिला न दिया हो शराब में!

कुछ लोग 1857 के बहाने सेक्यूलर होने का ढोंग करना चाहते हैं तो कुछ लोग 1857 के बहाने स्त्रियों, जनजाति एवं दलितों की मुक्ति की बात करते हैं। इस सन्दर्भ में चुनाव भी आ रहा है, यह तथ्य भी नजरअन्दाज नहीं किया जा सकता है। गरज कि 1857 ऐसा लगता है कि 150 साल बाद 1857 के महत्त्व को देश ने पहली बार समझा है, 100वीं को कोई याद नहीं कर रहा है। 1857 को याद करते हुए इसके शताब्दी वर्ष 1957 में उतनी जागरूकता का परिचय नहीं दिया गया था।

1857 के बारे में 1957 में याद करते हुए लोग यह भूल गए थे कि जब 50 साल हुए थे यानी 1907, उस समय किसने याद किया या किस तरह याद किया था जब अंग्रेजी राज था।

पहली बार इंडिया हाउस, लंदन में 1907 में 1857 को याद किया गया था तब 1857 की क्रान्ति के 50 वर्ष पूरे हुए थे। उस समय दो किताबें भी प्रकाशित हुई थीं। उस अवसर पर वहाँ वीर सावरकर ने पहल की थी तथा गांधी जी जो दक्षिण अफ्रीका से चलकर वहाँ पहुँचे थे, संयोग से उपस्थित थे। इस भूली-बिसरी बात को आज यहाँ याद करना जरूरी है। इस बीच यह कहा गया कि 1857 को पहला स्वाधीनता-संग्राम कहने का श्रेय वीर सावरकर को जाता है। इस सन्दर्भ में उनकी पुस्तक भी 1909 में प्रकाशित हुई थी। हालाँकि इस पुस्तक को सावरकर ने 1907 में ही प्रारम्भ कर दिया था। इस दृष्टि से कि 1857 की घटना भारत का प्रथम स्वतंत्रता-संग्राम था, इसके महत्त्व को स्वीकार भी करनेवाले सावरकर ही थे, अनेक लोग सावरकर की बात को स्वीकार करते हैं। इसे पहली बार उन्होंने प्रथम स्वाधीनंता-संग्राम कहा था। यह एक मिथक-सा बन गया है और अभी मुम्बई से प्रकाशित एक पोलिटिकल वीकली में प्रकाशित एक लेख में श्री शर्मा ने कहा है कि वीर सावरकर प्रथम व्यक्ति नहीं थे जिन्होंने 1857 को प्रथम स्वाधीनता-संग्राम कहा था। तथ्य इस प्रकार है। मराठी में प्रकाशित पुस्तक का शीर्षक था : '1857 का स्वातंत्र्य-संग्राम' जिसमें 1857 को स्वातंत्र्य-संग्राम कहा गया है। स्वाधीनता-संग्राम नहीं कहा था, स्वातंत्र्य-संग्राम। हिन्दी में यह पुस्तक प्रभात प्रकाशन, बम्बई से प्रकाशित हुई थी। इसमें इस किताब का नाम है : '1857 का स्वतंत्रता-संग्राम'। प्रथम शब्द का उल्लेख दोनों पुस्तकों में नहीं है। इन दोनों पुस्तकों में स्वतंत्रता-आन्दोलन कहा गया है लेकिन 'प्रथम' शब्द का उल्लेख नहीं है। एक विचित्र संयोग है कि 1907 ईसवी में गांधी जी ने लंदन से अफ्रीका लौटते समय अपनी प्रसिद्ध पुस्तक 'हिन्द स्वराज्य' की रचना की थी। यह पुस्तक उन्होंने पानी के जहाज पर लिखी थी। वे बेचैन थे और उस समय सावरकर भी उनके साथ उपस्थित थे। दोपहर भोजन के अवसर पर सावरकर जो कि मांसाहारी थे, उन्होंने गांधी जी से भोजन करने का आग्रह किया। गांधी जी ने कहा कि वे शाकाहारी हैं। सावरकर से यह भी पूछा कि अगर मांसाहार करते हो तो ये गोरे मांस कैसे खाओगे? उस पूरी बहस से उनके अन्दर उत्तेजना व्याप्त थी जिसका प्रभाव उनके लेख पर भी पड़ा। पूरी किताब एक बहस के रूप में लिखी गई है। यहाँ उल्लेखनीय है कि वीर सावरकर ने अपनी रचना में प्रतिशोध (Revenge) शब्द पर जोर दिया है। जबकि गांधी जी ने अपनी आत्मकथा में लिखा है, उस समय वे इतने उत्तेजित थे कि दायें हाथ से लिखते-लिखते थक जाते थे तो बायें हाथ से लिखते थे। पूरी किताब उन्होंने बहस के रूप में, डायलॉग के रूप में लिखी है। सावरकर और गांधी जी, दोनों की

किताबें एक वर्ष के अन्तराल में छपी थीं। गांधी जी की पुस्तक का प्रकाशन 1908 में, तो सावरकर की पुस्तक का प्रकाशन 1909 में हुआ था। जिस समय गांधी जी की हत्या की गई तो उस घटना के साथ भी सावरकर का नाम जोड़ा गया था। गांधी जी 1857 को कभी नहीं भूले, इस बात का जिक्र लोग नहीं करते हैं। जिस समय देश का विभाजन हुआ, व्यापक रूप में दंगा हुआ था। तब गांधी जी ने कहा था कि हमने 1857 से सबक नहीं लिया क्योंकि सावरकर इस बात पर जोर देते थे कि प्रतिशोध लेना है। किन्तु गांधी जी कहते थे कि प्रतिशोध नहीं, यह रिवेंज शब्द हिंसात्मक है। हथियार का जवाब हथियार से नहीं दिया जा सकता है। 1857 ने इस बात को साबित कर दिया है। गांधी जी ने सत्याग्रह को उपयुक्त उपाय बताया है और इसको उन्होंने दक्षिण अफ्रीका के आन्दोलन में सिद्ध भी किया था। और इसी उपाय को आजमाने का प्रयास उन्होंने भारत देश में किया। 1857 प्रथम स्वतंत्रता-आन्दोलन था या नहीं था, इस बात पर इतिहासकारों को बहस करनी चाहिए। इस विषय पर अगर विचार करें तो शायद यह पहला आन्दोलन नहीं था। उसके पहले भी आन्दोलन हुए। 1757 से 1857 की क्रान्ति के मध्य अनेक आन्दोलन हुए। कम-से-कम सन्थालों का आन्दोलन तो उल्लेखनीय है। बहुत-से लोग मारे गए थे तथा दक्षिण में भी मोपला-आन्दोलन हुआ था, जिससे यह झलक मिलती है कि यह पहला आन्दोलन नहीं था। मैं इतिहासकार अथवा इतिहास का विद्यार्थी नहीं हूँ। आधिकारिक रूप से इतिहासकार ही बता सकते हैं।

इस सन्दर्भ में दो बातें कही जा सकती हैं : एक, यह जलसा उत्सव या समारोह था। इसको अंग्रेजी में सेलीब्रेशन कहते हैं। अगर सेलीब्रेशन उद्देश्य है तो यह सत्ता की जरूरत को परा करता है। सत्ता में जो लोग रहते हैं, वे विभिन्न प्रकार से जश्न मनाते हैं एक नेशनल कलेंडर के अन्तर्गत। दूसरे, इसे सबक के रूप में भी लिया जा सकता है जिसे कि हम याद करते हैं। उनके मेमोरियल स्थापित करते हैं और 1857 को एक स्मारक के रूप में याद करते हैं। अंग्रेजी में कहते हैं मेमोरियलाइजेशन। हिन्दुस्तान में बीमारी है, अनेक मेमोरियल बन जाते हैं, उस पर कौवे बैठकर बीट करते हैं। रख-रखाव का भी खयाल नहीं करते। दूसरा है, याद करने का तरीका। 1857 को हम रामचरित मानस, गीता आदि ग्रंथों की तरह याद करते रहते हैं, उसे रटते हैं। तीसरा, उसे अंग्रेजी में रिमेम्बर कहते हैं। उसको हम याद करते हैं ऐसी बीती हुई चीज की तरह कि कहीं भूल न जाएँ—एक जख्म की तरह, और उस जख्म को हरदम कुरेदते रहते हैं। यह सही है कि 1857 के बारे में अगर देखें तो पं. नेहरू भी इस आन्दोलन के विषय पर उत्साहित नहीं थे। जिस उत्साह से वे 15 अगस्त, 1947 को मनाते थे तथा जिस उत्साह से रिपब्लिक डे इंडिया गेट पर मनाया जाता था, वह उत्साह यहाँ 1857 के बारे में दिखा नहीं। 1857 को बलवा, गदर (बलवा और गदर, दोनों अरबी के शब्द हैं), उपद्रव, विद्रोह, उथल-पुथल

आदि भी कहा गया। इसे संग्राम या वॉर कहा गया था। अगर हम इसे वॉर कहते हैं तो इसका मतलब कुछ और होता है। अमरीकन वॉर इन इंडीपेंडेंस से इसकी तुलना की जा सकती है। 1857 का संग्राम अर्थात युद्ध जिसमें दो ताकतें थीं, उनका हिसाब लगाना पड़ेगा। कुछ लोगों ने इसे नेशनल कहा है, तो इस बात पर चर्चा होगी कि भारत उस समय राष्ट्र (नेशन) था कि नहीं। नेशन शब्द बहुत आधुनिक है। पूँजीवादी और औद्योगिक क्रान्ति के बाद जो समाज उत्पन्न होता है, वह नेशन है। मैं इस सिद्धान्त पर नहीं जाना चाहता हूँ। 1857 में इतने बड़े पैमाने पर बंगाल से पेशावर तक, महाराष्ट्र, गुजरात, कुरुक्षेत्र एवं मुख्य रूप से उत्तर भारत में यह आन्दोलन बड़े पैमाने पर फैला था। सम्पूर्ण आजादी की लड़ाई में मारे गए लोगों में से लगभग दस प्रतिशत लोग 1857 के आन्दोलन में मारे गए थे। यह युद्ध ऐसा युद्ध था जो आम तौर पर लड़े जानेवाले युद्धों से अलग था। इसे कहेंगे कि व्यापक कत्लेआम हुआ और दोनों ओर से हुआ। महीनों तक गाँव-गाँव में तलाशी ली गई, बन्दी बनाए गए। बड़े व्यापक पैमाने पर एवं व्यापक क्षेत्र में यह युद्ध हुआ था। युद्ध-बन्दियों को निर्ममतापूर्वक मार दिया जाता था। लोग सीधे गोली से मार दिये गए, तोप से उड़ा दिये गए। युद्ध में एक कानून होता है, इंटरनेशनल लॉ होता है, वे नहीं माने गए और लगभग विद्रोहियों की तरफ से भी ऐसा ही हुआ। यह एक अभूतपूर्व घटना थी। जितने व्यापक पैमाने पर तथा जिन क्षेत्रों में इसमें भागीदारी लेनेवाले जो लोग थे, उनमें राजा से लेकर रंक तक के लोग शामिल थे। ठेठ आदिम जातियाँ, दलित एवं स्त्रियों ने बड़ी संख्या में भाग लिया था। बलवा एवं गदर के साथ-साथ इसे कुछ लोगों ने लोक-विद्रोह भी कहा है। 1857 के सम्बन्ध में विचार अभी तक स्पष्ट नहीं हो पाए हैं। वास्तव में यह क्या था? विभिन्न दस्तावेजों के आधार पर इस पर अनुसन्धान अभी तक चल रहा है। अभी तक यह इतिहास बहुत कुछ अनलिखा है। बहुत-से दस्तावेज आज भी नहीं पढ़े जा सके हैं इसलिए इसे याद करने के सिलसिले से इतिहास को फिर लिखने की जरूरत बराबर बनी रहेगी। उन दस्तावेजों के जरिये कुछ समय पहले तो वे लोग जिन्दा थे जो बता सकते थे उस समय की घटना को। आज के माहौल में इसे हम क्यों याद कर रहे हैं? इस सम्बन्ध में दो बातें सामने आती हैं। पहला 1857 में मजहब का बहुत सहारा लिया गया था। हिन्दुओं और मुस्लिमों ने इकट्ठा होकर आन्दोलन किया था तथा इससे अंग्रेजों ने सबक लिया था कि अगर हिन्दुस्तान पर राज करना है तो इनके बीच फूट डालनी ही होगी और इसी के तत्काल बाद मुस्लिमों के पृथक् संगठनों का निर्माण होना प्रारम्भ हो गया और मुस्लिम लीग की स्थापना हुई। उसी के आसपास लगभग हिन्दुओं का संगठन भी बना और गांधी जी के न चाहते हुए भी जिन्ना की मुस्लिम लीग और कांग्रेस पार्टी ने हिन्दुस्तान के बँटवारे पर अपनी सहमति व्यक्त कर दी। अंग्रेजों ने तो सबक लिया था किन्तु आज तक हमने सबक नहीं लिया। कोई भी

राजनीतिक पार्टी हो, मैं नाम नहीं लेना चाहता लेकिन (वे कहते हैं) भारत हिन्दुओं का है, जबकि भारत हिन्दू, मुस्लिम, इसाइयों—सबका है। किसी एक का वर्चस्व नहीं है। सबको समान अधिकार हैं। इस भावना के विरुद्ध सोचनेवालों की कमी नहीं है और चुनाव जरूर कराएँगे। इस देश में न रहनेवाले कार्ल मार्क्स को भी भारत के राजनीतिक घटनाक्रम ने अत्यधिक प्रभावित किया था। कार्ल मार्क्स ने एक बात खास तौर पर कही थी कि अंग्रेजों के साथ जो नया तंत्र आया है, वह है उद्योग।

इन तमाम बातों के अलावा जो सबसे खास बात हुई, वह यह कि कृषि यहाँ की नष्ट हुई है। किसानों पर सबसे ज्यादा दबाव पड़ा है। आर्मी में लड़नेवाले दमदार लोग भी किसानों के बेटे थे। उन्होंने विद्रोह किया था क्योंकि वे देख रहे थे, किसान तबाह हो रहा है। आज भी इतने दिनों बाद फिर किसान संकट में है। इस आन्दोलन में कृषकों ने ही सबसे बढ़-चढ़कर हिस्सा लिया था। मार्क्स ने 1857 में कह दिया था कि अंग्रेजी राज्य में सर्वाधिक तबाही कृषकों और कृषि की हुई है। आज बहुराष्ट्रीय कम्पनियाँ, विदेशी कम्पनियाँ, सेज (Special Economic Zone) बनाकर जमीनों पर अधिग्रहण कर रही हैं। कारखाना खोल सकते हैं, ग्रैंडमॉल बना सकते हैं। इसमें भी तबाही कृषकों की ही हो रही है। यमुना पार की दिल्ली के आसपास की जमीन बिकती चली जा रही है—उद्योगों के लिए और कारखानों के लिए। 1857 फिर बड़े पैमाने पर दोहराया जा रहा है और उससे आज भी हम सबक नहीं ले रहे हैं, चाहे किसी राज्य के राजनीतिक हों। आज के उदारवाद पर वास्तव में अमरीका का वर्चस्व है। उस वर्चस्व के अन्तर्गत जो आर्थिक तंत्र, जो बाजारवाद है—बाजार नहीं, बाजार तो मार्केटर की है, हर चीज बेचने की—वहाँ मुनाफाखोरी की ट्रेंड चल पड़ी है। 1857 का आन्दोलन इसीलिए हुआ था तथा उस समय बहुत-सी रियासतें भी खत्म की गई थीं। स्वतंत्रता के पश्चात् सरदार पटेल ने रियासतों का अधिग्रहण किया था, एक सबक तो लिया। उसके बाद भूमि-सुधार भी होना चाहिए था। लेकिन भू-स्वामियों के प्रभाव के कारण ऐसा नहीं किया जा सका। आधा-अधूरा भूमि-सुधार हुआ। मार्क्सवादी कम्यूनिस्ट पार्टी ने इतने दिनों तक सत्ता में रहने के बाद बंगाल आदि कुछ राज्यों में, बाद में भूमि-सुधार कार्य किए। देश की पूँजी के निवेश के बिना हम विकास नहीं कर सकते हैं लेकिन हम सभी भारतीय, भारत के अंग हैं। अपने कार्यकलाप को, अपनी कमजोरी को परखने का प्रयत्न करें। कोई ऐसा आन्दोलन या संगठन नहीं जो वास्तविक रूप से लामबद्ध होकर कृषकों, गाँव के गरीबों, औरतों के उत्थान एवं भारत-निर्माण के प्रति कार्य करे।

[रानी दुर्गावती विश्वविद्यालय में 2 फरवरी, 2008 को 'मध्यभारत में 1857 का विद्रोह' विषय पर दिया गया भाषण, 'मध्यभारत में 1857 का विद्रोह' पुस्तक में संकलित]

उन्नीसवीं सदी का भारतीय पुनर्जागरण : यथार्थ या मिथक

पिछले पच्चीस-तीस वर्षों से मैं इस पर सोचता रहा हूँ और इस विषय पर कुछ खंड लिख भी चुका हूँ। 19वीं सदी के गुजराती साहित्य में और विशेष रूप से नवलराम और गोवर्धन राम के लेखन में मेरी रुचि है। मगर दुर्भाग्य से गोवर्धन राम का 'सरस्वतीचन्द्र' हिन्दी में उपलब्ध नहीं है। यहाँ मैं गोवर्धन राम के उस भाषण का खास तौर पर उल्लेख करना चाहता हूँ, जो उन्होंने 1892 में विल्सन कॉलेज की लिटरेरी सोसाइटी में अंग्रेजी में दिया था। विषय था : 'क्लासिकल पोयट्स ऑफ गुजरात'। नरसी मेहता, अखो और प्रेमानन्द पर वहाँ उन्होंने भाषण दिया था। 17वीं शताब्दी के दो प्रसिद्ध कवियों—प्रेमानन्द और शामल भट्ट—पर विशेष रूप से उन्होंने टीका प्रस्तुत की थी। मैं यह देखकर आश्चर्यचकित था कि केवल पचास वर्षों के अन्तराल के बाद ही कन्हैयालाल माणिकलाल मुंशी ने अपनी किताब 'गुजराती साहित्य का इतिहास' में उनके विचारों का खंडन किया। बाद में मनसुखलाल झावेरी ने अपने 'गुजराती साहित्य के इतिहास' में इसकी ठीक विपरीत व्याख्या की। इस प्रकार शामल भट्ट का यह मूल्यांकन स्पष्ट रूप से तीन परिवर्तनों से गुजर चुका है।

गोवर्धन राम का काम मुझे यह सोचने के लिए विवश करता है कि कितनी खूबसूरती से उन्होंने 15वीं और 17वीं शताब्दी के साहित्यिक परम्पराओं का निर्धारण किया। वे खुद भी 19वीं और 20वीं शताब्दी के बीच की कड़ी रहे हैं। उनका जन्म 1855 में हुआ था और मृत्यु 1907 में हुई थी। वे केवल 'सरस्वतीचन्द्र' के लेखक के रूप में ही नहीं, बल्कि एक विचारक के रूप में भी याद किए जाते हैं। जो लोग गुजराती-भाषी नहीं, मेरी तरह हिन्दी-भाषी हैं, उनको ध्यान में रखकर मैं यहाँ 19वीं सदी के गुजराती लेखकों पर पड़े प्रभावों के सन्दर्भ में कुछ चर्चा करना चाहता हूँ। गुजराती साहित्य की आज की यह यात्रा मेरे लिए भी बिलकुल नई यात्रा होगी।

मैं बात उस प्रश्न से शुरू करना चाहता हूँ, जो प्रश्नों की जननी है कि 'प्रश्न क्या है?' क्या हम 19वीं सदी के साहित्य या रेनेसां जैसे शब्द पर ठीक से विचार-विमर्श करते हैं? समस्या तब उत्पन्न होती है, जब साहित्य का कोई विद्वान इतिहास

और समाज-विज्ञान पर विचार-विमर्श करता है। बहुत कम लोग आधुनिक भारत के इतिहास पर लिख रहे हैं। महाराष्ट्र, बंगाल और तमिलनाडु के इतिहासकार साहित्य की अपेक्षा आधुनिक भारतीय इतिहास के सन्दर्भ में अधिक सफल हैं। इसलिए आज फिर से हम एक ऐसी रंगभूमि में खड़े हैं जहाँ साहित्य के लोगों को अपनी जिम्मेदारी निभाने के लिए मजबूती से पैर जमाना होगा। इस विषय पर में जो कुछ लिखा गया है, पहले उसका हमें गम्भीरता से अध्ययन करना चाहिए, फिर इस पर कुछ बात करनी चाहिए।

पहला सवाल यह है कि इस कालखंड को 19वीं शताब्दी कहने की शुरुआत कब हुई? क्या कभी हमने इस विषय पर सोचा है? कुछ समय पहले मैंने एरिक हॉब्सबाम की एक किताब पढ़ी थी जिसमें वे फ्रांसीसी क्रान्ति के बारे में प्रचलित कहानियों का वर्णन करते हैं और समाजवाद को चार हिस्सों में बाँटते हैं। इन चार कालों को वे क्रमश: 'क्रान्ति-युग', 'पूँजी-युग', 'सम्राटों का युग' और अन्तिम 20वीं सदी को वे 'अतिरेकों का युग' कहते हैं। हॉब्सबाम कहते हैं कि सन् 1900 में उन्नीसवीं शताब्दी समाप्त नहीं हुई, बल्कि प्रथम विश्वयुद्ध के बाद वर्ष 1919 में 19वीं शताब्दी का अन्त हुआ। इसी तरह 20वीं शताब्दी 1999 में समाप्त नहीं हुई। इसका क्या मतलब हुआ? यहाँ मैं भारतीय सन्दर्भ में कुछ बातें आपके सामने रखता हूँ : हमारी 19वीं शताब्दी की शुरुआत कब हुई, सन् 1800 में या 1857 में? दूसरी बात, क्या हमारी 19वीं शताब्दी का अन्त 1900 में या 1920 में लोकमान्य बाल गंगाधर तिलक की मृत्यु के बाद हुआ जब गांधी जी राजनीतिक परिदृश्य में आए? 19वीं शताब्दी के प्रारम्भ और अन्त को यदि हम गौर से देखें, तो पाएँगे कि इसी समय से हमारे देश का इतिहास नये सिरे से दिखाई देने लगता है।

एक इतिहासकार जब इस दौर को देखेगा तो वह सबसे पहले उस दौरान हुए मुख्य परिवर्तनों को देखेगा और तब कुछ कहेगा, इसलिए साहित्यिक वाद-विवाद पर बात करने से पहले हमें उपर्युक्त प्रश्नों के ऊपर विचार कर लेना चाहिए। जैसे 19वीं शताब्दी वस्तुत: कब शुरू हुई? हिन्दी साहित्य में 19वीं शताब्दी सन् 1800 से शुरू नहीं होती है। इसलिए गुजराती के विद्यार्थियों को भी खुद निर्णय लेने दिया जाए कि उनके यहाँ 19वीं शताब्दी कब से शुरू हुई? वास्तव में हिन्दी में 19वीं शताब्दी की शुरुआत 1857 के बाद मानी जाती है। 1850 में भारतेन्दु का जन्म हुआ। 1857 के ठीक बाद से उन्होंने लिखना शुरू किया। 19वीं शताब्दी के विकास तक मैथिलीशरण गुप्त अपना 'भारत-भारती' पूरा कर चुके थे। यद्यपि यह खड़ी बोली में लिखी गई थी और इसका अन्त 1917-18 के आसपास हुआ, जब छायावादी कवि और प्रेमचन्द साहित्य के ऊँच शिखर पर पहुँचे। गुजराती साहित्य के अध्येता 20वीं शताब्दी का प्रारम्भ 1900 के अन्त में निर्धारण करते

हैं। मैं समझता हूँ कि 20वीं शताब्दी के गुजराती साहित्य का वह सुधार-युग था, जो इस युग में अधिक विकसित हुआ। इससे यह स्पष्ट होता है कि 20वीं शताब्दी वर्ष 1900 के बाद शुरू होती है।

अब बचा यह प्रश्न कि उस दौर के साहित्य का क्या नाम दें? क्या हम इसे रेनेसां कहेंगे? अंग्रेजी के अध्यापक जानते हैं कि अंग्रेजी साहित्य के रेनेसां पर विचार-विमर्श स्टीफेन ग्रीनबेल्ट के लेख के बाद शुरू हुआ। 'नये इतिहासवाद' में ग्रीनबेल्ट कहते हैं कि क्या सभ्य बनाने की परम्परा रेनेसां के बाद शेक्सपियर के समय में शुरू हुई थी? क्या आपको रेनेसां शब्द 'हिस्ट्री ऑफ इंग्लिश लिटरेचर' में मिलता है? इसके लिए हमें लगोइस और केजेमियाँ के विश्वसनीय 'हिस्ट्री ऑफ इंग्लिश लिटरेचर' को देखना चाहिए। इंग्लैंड में सुधार शब्द ने अपना स्थान प्राप्त कर लिया, लेकिन 'पुनर्जागरण' को सदैव 'इटालियन पुनर्जागरण' माना गया। फ्रेंच रेनेसां की तरह वहाँ ऐसी कोई चीज नहीं है। इसलिए रेनेसां ऐसा कोई सार्वभौम विचार नहीं है जिसे आसानी से ग्रहण किया जा सके। जब विश्व साहित्य से सम्बन्धित इतिहास लिखा गया, तो इटालियन रेनेसां उपयुक्त शब्द रहा होगा। यह शब्द दन्तकथाओं के युग में उपयुक्त रहा। जैकब बर्चर्ड द्वारा रेनेसां की संस्कृति और सभ्यता लिखने के बाद जर्मन लोगों ने इसे इटालियन रेनेसां की तरह सँवारा। कभी-कभी ऐसा होता है कि बच्चा पहले पैदा हो जाता है और जन्म-संस्कार जन्म के लम्बे समय बाद होता है। उन दिनों इटली में जो कुछ हुआ, उसे इटालियन जागरण की तरह नहीं जाना गया। जैबक बर्चर्ड के पहले किसी ने इस नाम से नहीं पुकारा था। 19वीं शताब्दी में उन्हें इसे रेनेसां कहना पड़ा, क्योंकि जर्मन ज्ञान पहले से स्थान ग्रहण कर चुका था और दोनों के बीच का अन्तर मौजूद था। 14वीं शताब्दी में इटली में क्या हुआ और कांट तथा हीगेल के समय जो कुछ हुआ, उन दोनों में बहुत अन्तर था। इसलिए पहले वाले को तो रेनेसां कहा गया और बाद वाले को ज्ञान।

रेनेसां के दो अर्थ हैं। अंग्रेजी में एक अर्थ है और फ्रेंच में दूसरा। इन दोनों शब्दों की उत्पत्ति के दो स्थान होने चाहिए, क्योंकि रेनेसां इंग्लैंड में नहीं हुआ। हैनरी अष्टम ने इंग्लैंड को ईसाइयों से पृथक् बताया और इस प्रकार रेनेसां का मार्ग प्रशस्त किया। तब जाकर शेक्सपियर आए। इसलिए मैं अनुरोध करूँगा कि हमारे विद्वान पहले अंग्रेजी का इतिहास पढ़ें, तब हमें हमारा इतिहास बताएँ। तथ्य यह है कि जागरण एक सार्वभौम नाम नहीं है।

रेनेसां शब्द अमरीका में कब पैदा हुआ? यह 1776 में अमरीका को स्वतंत्रता मिलने के बाद अस्तित्व में आया। जेफर्सन के समय में जब बोस्टन टी पार्टी हुई थी, वही अमरीकी जागरण का समय है। अब अगला सवाल यह है कि क्या रेनेसां चीन में हुआ था? क्या यह कभी रूस में हुआ था? चीनी लोगों को विश्वास है

कि रेनेसां चींग राजवंश के काल में हुआ, जब वहाँ मई की चौथी क्रान्ति हुई। यह सनयात सेन के समय हुआ। मगर चीन इसके पीछे इतिहास में नहीं आता, क्योंकि वहाँ इसका प्रवेश ही देर से हुआ। जापान में रेनेसां मैची के समय शुरू हुआ, जहाँ यह कायदे से चीन से पहले शुरू हुआ। इसलिए हम बेकार में इस पर वक्त जाया न करें, क्योंकि रेनेसां एक प्रक्रिया है। बंगाली, हिन्दी, गुजराती या मराठी में इसे क्या कहा गया, यह महत्त्वपूर्ण नहीं है। मराठी में यह 'प्रबोधन काल' के रूप में जाना जाता है, परन्तु इसका अर्थ जागरण है।

दूसरा बिन्दु जिसे मैं उठाना चाहता हूँ, वह मात्र नामकरण की समस्या नहीं है। यह राष्ट्रीय या क्षेत्रीय विचारों पर निर्भर करता है। अलग-अलग जातियों और सभ्यता से सम्बन्धित होने के कारण लोगों ने इसका विभिन्न नामों से अभिहित किया। मेरा विश्वास है कि सम्पूर्ण समस्या का सम्बन्ध इसके प्रत्यक्ष होने से है। क्योंकि, एडवर्ड सईद ने कहा कि यह एशियावासियों का मृत्यु-पत्र द्वारा प्राप्त धन था। जब पाश्चात्य विद्वानों ने पुरातन सभ्यता का अध्ययन किया तो भारत उनमें से एक था। उन लोगों ने अपने विचारों का प्रभाव हमारे ऊपर डालने का प्रयास किया, क्योंकि वे पूरे मानव इतिहास को अपने हाथों में जकड़कर प्रभावी होना चाहते थे, जिसे उन्होंने 'ज्ञान की शक्ति' के नाम से पुकारा और इस प्रयत्न का सबसे अधिक मनोरंजक उदाहरण स्वयं रेनेसां नाम था। इसका प्रयोग सबसे पहले बंगाल में अंग्रेजी लेखन में हुआ और ऐसा कहा जाता है कि इसका प्रयोग सबसे पहले एक अंग्रेज अलेक्जेंडर डेफ ने किया। बाद में राजा राममोहन राय ने इसे स्वीकार कर लिया। इसके बाद बंगाल के लोग इस शब्द का प्रयोग करने लगे।

ईस्ट इंडिया कम्पनी का केन्द्र कलकत्ता था। इसलिए कलकत्ता भारत की प्रथम संघीय राजधानी हुई। औपनिवेशीकरण का सर्वाधिक प्रभाव बंगाल में था और पुन: बंगाल ही इसको रोकने के लिए मजबूत प्रयास करने का गवाह भी बना। केवल बंगाल में ही बंकिम और रवीन्द्रनाथ हो सके। रेनेसां शब्द बंगाली भद्रलोक द्वारा औपनिवेशिक प्रभाव के अन्तर्गत आए हुए शब्द के रूप में ग्रहण किया गया। यह औपनिवेशिक विचार उस समय तक मस्तिष्क में बना रहा और किसी ने इस पर नहीं सोचा। फिर लोग भूल गए, जैसे कोई मरने के बाद भुला दिया जाता है। इसका सबसे ताजा और नया उदाहरण है दीपेश चक्रवर्ती की किताब 'प्रोविंशियल यूरोप'। बंगाल के बारे में यह काफी परिश्रमपूर्वक लिखी गई किताब है। मुझे यह किताब पसन्द आई। 'प्रोविंशियल यूरोप' में जो अर्थ सन्निहित है, वह यह कि विश्व की सभी प्राचीन सभ्यताओं में भारत की सभ्यता सबसे पुरानी सभ्यता है। हड़प्पा की सभ्यता भारत में ही फली-फूली। विश्व की पहली पुस्तक 'ऋग्वेद' भारत में ही लिखी गई। इसलिए भारत इसका केन्द्र हो सकता था। चीन और पश्चिम एशिया भी इसका केन्द्र हो सकता था, लेकिन आधुनिक समय में इसका केन्द्र न तो भारत

है और न चीन। 'विकास' और 'गतिशास्त्र' का केन्द्र यूरोप है, इसलिए सभी देशों को यूरोप के अनुसार चलना पड़ेगा।

औपनिवेशिक विचार क्या है? अभी इस उत्तर औपनिवेशिक समय में बंगाली भद्रलोक पूरी तरह से यूरो-एशियाई हो गए हैं। वह बंकिम और रवीन्द्रनाथ को पूरी तरह भूल चुके हैं। यह संगोष्ठी भारतीय भाषाओं, जैसे गुजराती और हिन्दी की जागृति के विषय में नये सिरे से विचार करने का एक प्रयास है। 19वीं शताब्दी के बारे में मैंने जो कुछ सोचा है, उस पर पहले जरा विचार कर लें। यदि यह जागरण है, तो वह क्या है जो कबीर और नामदेव के समय हुआ था? इटली की तरह उसी समय स्पष्ट रूप से हमारे देश में भी जागृति फैली। यह बात मैं इटली के साथ समानता का दावा करने के लिए नहीं कह रहा हूँ, लेकिन तथ्य यह है कि आधुनिक भारतीय भाषाएँ दसवीं-ग्यारहवीं शताब्दी से ही जन्म लेने लगी थी। प्राकृत पहले ही अस्तित्व में थी। संस्कृत की संस्कृति अपनी अवनति के दौर से गुजर रही थी और यह वह समय था जब जनभाषा साहित्यिक भाषाओं की ओर उन्मुख हो रही थी, जैसे गुजराती, हिन्दी, मराठी, बंगाली आदि।

उन दिनों आर्थिक हालत बेहद खराब थी। विद्वानों, पंडितों और रियासती राजाओं के बुरे दिन आ गए थे। इस युग के बाद एक नया वास्तुशिल्प, संगीत का एक नया ढंग जो 'हिन्दुस्तानी शास्त्रीय संगीत' कहलाया, की शुरुआत हुई। ध्रुपद का स्थान खयाल गायकी ने ले लिया। यह एक परिवर्तन था, जिसके परिणामस्वरूप संस्कृति मध्य एशिया का संगम हो गई। घर के दरवाजे कलात्मक होने लगे। इमारतों में गुम्बद बनने लगे। रंग-रोगन में परिवर्तन हुआ। वास्तुशिल्प में बिलकुल नये तरीके से बदलाव होने लगा। अगर अजन्ता और एलोरा की पेंटिंग देखें और उसकी तुलना छोटे चित्रों से करें, तो एक बड़ा फर्क दिखाई देगा। साहित्य का ढंग भी परिवर्तित हुआ। प्रान्तीय कहानियों का मुख्य केन्द्र प्रेम था, जिसके प्रभाव से नई परम्परा के अनुसार प्रेमाख्यान हिन्दी और दूसरी भारतीय भाषाओं में लिखा जाने लगा। ध्यान से देखें तो 'इश्क', 'श्रृंगार' रस के समान नहीं है, 'इश्क' एक नया दर्शन था—सूफी-संतों और स्वदेशी परम्परा को समझने के फलस्वरूप यह क्रान्तिकारी विचार विकसित हुआ। यह श्रीमद्‌भागवतगीता की भक्ति गीता में नहीं मिलता है। यद्यपि गीता में भक्तियोग है, फिर भी इश्क का यह रूप भागवत की भक्ति गीता में नहीं मिलता। मीरा की भक्ति 'आर्या-शप्तसती' या 'गाथा-शप्तसती', दोनों में नहीं पाई जाती है। इसलिए संगति की नई शैली, वास्तुशिल्प, पेंटिंग और साहित्य में साथ-साथ एक नई संस्कृति विकसित हुई। जिन लोगों ने इसे सम्भव बनाया, वे निम्न श्रेणी के लोग थे। नाई, धोबी, दर्जी इत्यादि। ये लोग हिन्दू और मुस्लिम, दोनों की नजर में निम्न श्रेणी के थे। इसलिए शिल्पकार, मजदूर और किसानों का एक समूह सामने आया, जिन लोगों ने भारत को एक नया स्वरूप दिया।

यह साधारण लोगों का जागरण इटली के जागरण से कहीं अधिक महान था। यह धनी और शक्तिशाली लोगों द्वारा नहीं चलाया गया, बल्कि मजदूर वर्ग के लोगों ने यह अनोखा कार्य किया। विश्व साहित्य में यह पहला आश्चर्यजनक प्रभाव था। इसलिए मैं इसे पुनर्जन्म या जागरण कह रहा हूँ। यह वह युग है जब संस्कृति, दर्शन और उपनिषद् पर चर्चा की गई। पहली बार उपनिषद्, ब्रह्मसमाज के सदस्यों द्वारा पुनर्जीवित नहीं हुआ था। सच तो यह है कि शंकराचार्य के बाद रामानुज ने इस क्रान्ति को नई दिशा दी थी। उन्होंने मन्दिरों के शिखर पर लिखे मंत्रों को आम लोगों के लिए प्रकाशित किया। यह सब उन्होंने कुछ विशेष लोगों के लिए नहीं किया था। इसी युग में वल्लभाचार्य और विशिष्टाद्वैतवाद सामने आया। यह रेनेसां उन लोगों ने लाया, जो प्राचीन परम्परा का सम्मान करते थे। वे आज के दलितों की तरह नहीं थे, जो ब्राह्मण की बुराई करते हैं और यह मानकर चलते हैं कि ऐसा करके वे सामाजिक क्रान्ति ले आएँगे।

दक्षिण में भक्ति-आन्दोलन शुरू हो चुका था। आलवार और नमनार ने इसकी शुरुआत की थी, जिसमें शैव और वैष्णव, दोनों मतों के लोग शामिल थे। निर्गुणवादियों का एक पृथक् समूह भी था, इसलिए बौद्ध-युग के बाद हमारी सभ्यता में एक बड़ा परिवर्तन हुआ। इतिहासकारों ने इस सामाजिक परिवर्तन को रेखांकित किया है। वास्तव में 13वीं-14वीं शताब्दी में क्या हुआ? डॉ. रामविलास शर्मा ने अपनी आलोचना में उल्लेख किया है कि उसी दौर में हिन्दी में एक नया जागरण पैदा हुआ। बकौल डॉ. शर्मा, आधे दर्जन से अधिक सुधार हुए। वह प्रत्येक घटना को एक रेनेसां का नाम देते हैं। क्या कोई अपनी बेटियों का नाम इस तरह रखता है कि पहली पुत्री का नाम सावित्री नं. 1 और दूसरी का सावित्री नं. 2 हो? यह इंग्लैंड में एक परम्परा हो सकती है, जहाँ हेनरी-I, हेनरी-II और हेनरी-VIII होते हैं। हम उनकी नकल क्यों करें? केवल एक ही रेनेसां या पुनर्जन्म ने यह स्थान लिया है और वह रेनेसां 13वीं-14वीं शताब्दी का था। जो कुछ बाद में हुआ, उसे हमें दूसरा नाम देना पड़ा। अब यह आप पर निर्भर करता है कि मेरे इस विचार से आप सहमत हैं या नहीं हैं, और यदि आप इस ओर जाने के लिए सहमत हैं तो इसे खोजिए और सुधारने की कोशिश कीजिए।

अब हम यह समझने का प्रयत्न करें कि वास्तव में 19वीं शताब्दी में क्या हुआ। 1893 में 'बंगला साहित्य परिषद्' का गठन हुआ और 'बंगला जातीय साहित्य' पर पहला भाषण रवीन्द्रनाथ ठाकुर ने दिया जो बाद में उनके निबन्ध संग्रह के रूप में छपा। रवीन्द्रनाथ ठाकुर ने लक्षित किया कि 19वीं शताब्दी में हमारी संस्कृति का सम्बन्ध अतीत से अलग हो गया है। हम फिर भी अतीत के बारे में बात करते हैं, जो सांसारिक अधिक है। यह बिना अभिप्राय के एक मृत संस्कृति बन चुकी है। यह हमारी धमनियों, नसों में नहीं बहतीं और न हमारे हृदय तक पहुँचती हैं। इसका

सम्बन्ध टूट चुका है। हमारे बन्धन अलग हो गए हैं। आखिर कैसे और क्यों हमारा सम्बन्ध टूटा? हमें इस प्रश्न पर गम्भीरतापूर्वक विचार करना चाहिए। इसके कारणों को खोजने के लिए कहीं दूर जाने की जरूरत नहीं है।

19वीं शताब्दी के लोग नहीं जानते थे कि एक राजा अशोक था, जिसने अपने शासनकाल में खम्भों पर कुछ अंकित करवाया था। जेम्स प्रिंसेप-I ने अशोक द्वारा खुदवाए गए अक्षरों को स्पष्ट करने का प्रयत्न किया और ऐसे विद्वानों की खोज आरम्भ की, जो इस नेक काम में उनकी सहायता कर सके। लेकिन भारत में कोई ऐसा पंडित उन्हें नहीं मिला। लोग ब्राह्मी लिपि को भूल चुके थे। इसी काल में बहुत-सी जगहों की खुदाई आरम्भ हुई। हम इतने अनभिज्ञ थे कि हड़प्पा के बारे में भी कुछ नहीं जानते थे। सायण के बाद किसी ने वेद पर टीका लिखने के बारे में नहीं सोचा। बाद में दयानन्द ने कुछ लिखा। उपनिषद् या स्मृति पर इस लम्बे अन्तराल में क्या आपने किसी का लिखा कुछ देखा या सुना है? हम अपने बीते हुए पाँच-छह सौ सालों की पैतृक सम्पत्ति को भूल चुके थे।

रवीन्द्रनाथ ठाकुर ने बहुत उचित बात कही कि हमें अपने अतीत को स्थापित करना चाहिए। तब मैंने इस तथ्य पर विश्वास किया कि यह वही समय था जब 'अभिज्ञानशाकुन्तलम्' पहली बार आधुनिक भारतीय भाषा में अनूदित होकर आया। सन् 1855-56 के आसपास इस कृति का हिन्दी में अनुवाद हुआ। गोविन्दचन्द्र पांडेय के मुताबिक 'अभिज्ञानशाकुन्तलम्' का मराठी अनुवाद बाद में हुआ। हस्तलिखित प्रति तो उपलब्ध नहीं थी। भारतेन्दु हरिश्चन्द्र ने इसकी हस्तलिपि की नकल ईश्वरचन्द्र विद्यासागर को दे दी, जिन्होंने बाद में इसे बंगला में रूपान्तरित किया। आप जानना चाहेंगे कि मैंने खास तौर पर शकुन्तला पर ही क्यों ध्यान दिया? उस समय लोगों को यह बताया गया कि शकुन्तला एक रूपक है। वह खोई हुई स्मृति की कोई कहानी है। सच तो यह है कि भारत भी अपनी स्मृति खो चुका था। भारत भी कुछ-कुछ दुष्यन्त की ही तरह है। यह विचित्र बात है कि दुर्वासा शाप तो शकुन्तला को देते हैं, लेकिन शापग्रस्त दुष्यन्त होता है। दुर्वासा ने उसे शाप दिया था कि तुम जिसकी स्मृति में खोई हो और अपने अतिथि का सत्कार नहीं कर रही हो, तुम्हें वही भूल जाएगा। 'अभिज्ञानशाकुन्तलम्' में अपनी याददाश्त खोने के गम में राजा दुष्यन्त कहते हैं :

गच्छति पुर: शरीरं धावति पश्चाद्संस्थितं चेत: ।
चीनांशुकमिव केतो: प्रतिवातं नीयमानस्य ॥

आश्रम से रथ पर चढ़कर जाते समय उसके ऊपर का ध्वज हवा में पीछे लहरा रहा है। राजा कहते हैं कि शरीर तो आगे जा रहा है, लेकिन हवा में पीछे लहराते झंडे की मानिन्द मेरा मन पीछे छूटा जा रहा है।

ब्रिटिश शासनकाल में भारत भी आगे बढ़ रहा था, लेकिन उसका हृदय उसके अतीत में कहीं पीछे छूटा जा रहा था। शकुन्तला जब पंचम दृश्य में मिलने आती है तो कालिदास लिखते हैं :

रम्याणि वीक्ष्य मधुरांश्च निशम्य शब्दान्
पर्युत्सुकीभवति यत्सुखितोपि जंतुः।
तच्चेतसा स्मरति नूनमबोधपूर्व
भावस्थिराणि जननान्तर सौहृदानि॥

यह 'जननान्तर सौहृदानि' अभिनवगुप्त द्वारा रस के आधार पर बना है। 19वीं शताब्दी में भारत स्मृति-भ्रंश के दौर से गुजर रहा था। शकुन्तला स्मृतियों की कहानी है। यह विस्मृत परन्तु महत्त्वपूर्ण तथ्य है कि इस लम्बे अन्तराल में कालिदास के साहित्य को हमने विस्मृत कर दिया था। ऐसा क्यों है कि 19वीं शताब्दी से पहले लोगों की कालिदास में कभी कोई रुचि नहीं जगी? मैं नहीं समझता हूँ कि 'रामचरितमानस' में तुलसीदास कहीं से भी कालिदास से परिचित लगते हैं। नानक और कबीर भी कालिदास को नहीं जानते थे। कालिदास ने क्यों इस युग में अपनी ओर लोगों का ध्यान इतना आकर्षित किया? इसलिए हमें 'नवजागरण', 'प्रबोधन', 'सुधार' या 'किसने समाज-सुधार किया'—ऐसे प्रश्नों पर अधिक ध्यानपूर्वक और लम्बे समय तक विचार नहीं करना चाहिए? क्या इस पर भी पुनर्विचार नहीं करना चाहिए कि किसने 'विधवा-विवाह' को प्रश्रय देने का निर्णय लिया? इस पर विचार इतिहासकार और समाजशास्त्री करें, परन्तु साहित्यिक लोगों को क्या यह देखने की कोशिश नहीं करनी चाहिए कि कहानी, उपन्यास, नाटक और कविता में क्या-क्या परिवर्तन हुए? किसी घटना का प्रभाव उस समय के लेखकों की बुद्धि और चेतना पर कैसा पड़ा? 'सौन्दर्यशास्त्र' में क्या-क्या बदलाव आए? हमें इन चीजों पर अधिक गौर करना चाहिए। इतिहासकारों को ग्रंथ-रक्षागृह के सहयोग से शोध करना चाहिए। वे सुधारों और जातीयता के विषय में लिखेंगे। उन्हें विवेकानन्द और दयानन्द के विषय में अपने विचारों को प्रकट करना चाहिए। हमारी रुचि लेखकों और उनके कार्यों से सम्बन्धित होना चाहिए। हम देखने का प्रयत्न करेंगे कि उनकी बुद्धि और चेतना में क्या परिवर्तन आया और तब हमें देखना चाहिए कि 'अंग्रेजी' और अन्य उत्प्रेरकों की क्या भूमिका थी।

अंग्रेजी साहित्य का लगाव हिन्दी के साथ बेहद रोचक है। उन दिनों शेक्सपियर का 'मर्चेंट ऑफ वेनिस' बहुत प्रसिद्ध था। इसका अनुवाद भी हुआ, लेकिन उस समय तक किसी ने 'किंग लियर' या 'हैमलेट' नहीं पढ़ा था। 'मैकबेथ' मुख्य था। ये सारे अनुवाद अपरिपक्व और बेस्वाद थे। तत्कालीन अनुवादकों को इससे अधिक और कुछ नहीं मिला। वास्तव में जो अंग्रेज यहाँ आए थे, वे शेक्सपियर को भारत लेकर

नहीं आए। 'डिस्कवरी ऑफ इंडिया' में नेहरू जी ने लिखा है कि भारत में अंग्रेज दो रूपों में आए : एक, 'ईस्ट इंडिया कम्पनी' के रूप में और दूसरे, 'शेक्सपियर' के रूप में। नेहरू का यह विचार बहुत दुर्भाग्यपूर्ण है और अपने देश को शत्रुओं के हाथ में बेचने जैसा है। यह दर्शाता है कि उनका इतिहास का ज्ञान कितना उथला था। वे जो कह रहे हैं, वह बिलकुल तथ्यों से परे है। शेक्सपियर को भारत कौन लेकर आया? शेक्सपियर के पहले किए गए अनुवादों और बच्चन तथा दूसरे लोगों द्वारा किए गए अनुवादों के बीच भिन्नताओं का एक संसार है। अंग्रेजी के अस्सी वर्षों के अध्ययन के बाद अंग्रेजी के विद्वान पैदा हुए और उन्होंने शेक्सपियर को एक अलग रूप में जानने का प्रयास किया। विक्टोरियन इंग्लैंड वाले हमारे ऊपर विक्टोरियन नैतिकता डालना चाहते थे। वे अंग्रेजी कविताओं के सार को नहीं हटा सके और महान रोमांटिक चीजों को संगृहीत किया। 20वीं शताब्दी में हमने स्वयं रोमांटिक कवियों को खोजा, रवीन्द्रनाथ और निराला जैसे कवियों ने यह काम किया।

अंग्रेजी शिक्षा हमें केवल भाषा ही सिखलाती है और वह भी एक भ्रष्ट भाषा, जिसके फलस्वरूप आज बहुत-से लोग उसी प्रकार की अंग्रेजी लिखने की कोशिश करते हैं और दावा करते हैं कि यही वास्तविक अंग्रेजी है। हाल ही में हमें अमरीकियों ने एक नई तरह की अंग्रेजी सिखाई। इसलिए मैं कहना चाहता हूँ कि अंग्रेजी शिक्षा का कोई महत्त्व नहीं है। जब मैं यह कहता हूँ तो लोग कह सकते हैं कि आप इसे नहीं समझ सकते, क्योंकि आप अंग्रेजी नहीं जानते हैं। यह विद्वानों तथा अंग्रेजी के अध्यापकों का उत्तरदायित्व है कि वे न्याय करें कि आज स्वतंत्र भारत में वैसी ही अंग्रेजी है, जैसी 19वीं शताब्दी में थी?

हमारे विद्वान जिन संस्कृत नाटकों को भुला चुके थे,19वीं शताब्दी में उसकी पुन:प्राप्ति में उस समय के संस्कृत कॉलेजों के योगदान पर ध्यान देना चाहिए। हालाँकि वे विद्वान ब्रिटिश लोगों से प्रभावित थे। उस समय संस्कृत कॉलेज बनारस, मद्रास, कलकत्ता और पुणे में स्थापित हो चुके थे। संस्कृत विद्वानों द्वारा नाटकों के महत्त्व को पहचानना और अभिनय द्वारा लोकप्रिय बनाना, उल्लेखनीय कार्य है। हमें यह भूलना नहीं चाहिए कि हमारे यहाँ के अधिकांश पुराने लेखक—चाहे वे हिन्दी के हों या गुजरात के—आज के लेखकों से अच्छी संस्कृत जानते थे। केरल और गुजरात में संस्कृत पांडित्य की सम्पन्न परम्परा थी। गोवर्धनम् संस्कृत के अच्छे विद्वान थे और शायद नरमद भी। उस युग के हिन्दी लेखक भारतेन्दु, बालकृष्ण भट्ट और महावीर प्रसाद द्विवेदी भी संस्कृत के विद्वान थे। विभिन्न आधुनिक भारतीय भाषाओं के विकास में संस्कृत लेखकों द्वारा किये गए योगदान का हमें सही-सही मूल्यांकन करना चाहिए। कालिदास के शब्दों में कहना हो तो मैं इसे 'अभिज्ञानकाल' कहना पसन्द करूँगा। आप इसे 'प्रत्यभिज्ञान' युग भी कह सकते हैं। यह युग हमारी लम्बी अवधि की भूल को सुधारने का युग है। हम नहीं

कह सकते कि पहले हम विस्मृतियों में खोए हुए थे। वस्तुत: हम अज्ञानी थे। 'नूनम् अबोधपूर्वम् तत् चेतसा: स्मृति'। हम अपनी अज्ञानता से व्याकुल थे। 'अभिज्ञान' एक विपरीत नाम है। इस शब्द का अंग्रेजी में एक निश्चित शाब्दिक अर्थ नहीं हो सकता है। यह अस्मिता नहीं है। मैं एक बार फिर कहता हूँ कि यह निश्चित रूप से अस्मिता नहीं है, बल्कि 'अभिज्ञान' है। क्योंकि 19वीं शताब्दी वह रंगभूमि है जहाँ स्मृति की चेतना-प्राप्ति का नाटक अनेक तरीके से विभिन्न भारतीय भाषाओं में प्रस्तुत किया गया।

[2]

अब तक मैंने जो कुछ कहा, उससे एक बात तो अब तक स्पष्ट हो गई होगी कि भारतीय सन्दर्भ में जिसे हम रेनेसां कहते हैं, वह विशुद्ध कोरी कल्पना है। आगे यह और स्पष्ट होगा कि 19वीं शताब्दी का रेनेसां भारतीय साहित्य में विचारपूर्वक उत्पन्न एक मिथ्या है, जिससे कभी-कभी हमें वास्तविकता का सन्देह हो जाता है। आज जरूरत इस बात की है कि हम झूठी गाथाओं की इस प्रक्रिया का सूक्ष्म विश्लेषण करें और फिर इसके पीछे छिपे इतिहास को देखने का प्रयत्न करें। हमें यह जानकर आश्चर्य होगा कि भारतीय साहित्य के इतिहास का एक अध्याय 19वीं शताब्दी—जिसे हम भारतीय जागरण का इतिहास मानकर पढ़ते हैं, वह पूर्णत: एक कल्पना है। इस कल्पना को यथार्थ की शक्ल देने में किन-किन लोगों की भूमिका रही? दूसरा प्रश्न यह है कि भारतीय सन्दर्भ में इस जागृति को काल्पनिक क्यों कह रहे हैं? यदि मैं इसके लिए एक उदाहरण प्रस्तुत करूँ तो आप स्वत: समझ जाएँगे।

आजकल लोग गुजरात के गौरव और सम्मान की बात करते हैं और बहुत सारे लोग इस पर गर्व करते हैं। हमें विचार करना चाहिए कि गुजरात का जो इतिहास हमें गर्व करने का विचार देता है, वह उपन्यास-सम्बन्धी विवेचनाओं से पैदा हुआ है। जैसे कन्हैयालाल माणिकलाल मुंशी का 'गुजरातनो नाथ', 'जय सोमनाथ', 'पृथ्वीवल्लभ' ने हमारे संस्कारों में धीरे-धीरे प्रवेश पा लिया। इस इतिहास के निर्माण में उपन्यासों की बड़ी भूमिका रही है। क्या गुजरात सचमुच वैसा ही है, जैसे उसके उपन्यासों के ऐतिहासिक शब्दों में कन्हैयालाल माणिकलाल मुंशी के 'नवलकथा' में है? हमें यह नहीं भूलना चाहिए कि वह उपन्यास द्वारा लिखित इतिहास है, जो कुछ नहीं, कोरी कल्पना है। हालाँकि यह एक सुन्दर कल्पना है, जो वास्तविकता जैसी प्रतीत होती है। हम इसमें इस प्रकार मध्यस्थ हैं कि कल्पना एक वास्तविकता हो चुकी है। हम यह भूल जाते हैं कि यह एक कल्पना है और कल्पना प्रत्येक व्यक्ति को बहुत अधिक मोहित करती है। आज

इस कल्पना का लोगों के समूह द्वारा आदान-प्रदान किया जा रहा है। हम गलती से इस काल्पनिक रचना और विद्वत्ता को वैज्ञानिक समझते हैं, लेकिन यह सदैव सौन्दर्यरूपक नहीं होती है।

साहित्यिक आलोचना भी उपन्यास हो सकता है। उदाहरण के लिए शेक्सपियर ने साहित्यिक आलोचना के फार्म में लिखा है। शेक्सपियर ने इसे किस सीमा तक बदला और यह अब भी बदल रहा है, यह अंग्रेजी के अध्येता जानते हैं। इसलिए 19वीं शताब्दी में जो उपन्यास गुजरात में लिखा गया, वह बंगाल और महाराष्ट्र में भी लिखा गया। बंगाल के लेखकों ने अपना उपन्यास महाराष्ट्र और राजस्थान के आधार पर लिखा। 'एन्नाल एंड एंटीक्विटीज ऑफ राजस्थान' 19वीं शताब्दी में कर्नल टोड ने लिखा। रमेश चन्द्र दत्त अपनी पुस्तक 'इकोनॉमिक हिस्ट्री ऑफ इंडिया' के लिए भी विख्यात हैं, जिन्होंने 'रामायण' और 'महाभारत' के दोहों का संक्षिप्त अनुवाद किया। उनकी दो और किताबें हैं, जिनका बाद में अनेक भारतीय भाषाओं में अनुवाद हुआ। एक पुस्तक है : 'महाराष्ट्र : जीवन-प्रभात', और दूसरी है : 'राजपुर : जीवन-सन्ध्या'। रमेश चन्द्र दत्त बंगाल के थे। उसी समय बंकिमचन्द्र भी उपन्यास लिख रहे थे। 'दुर्गेशनन्दिनी' की तरह उनके अधिकांश उपन्यासों में बंगाल की कहानियाँ नहीं हैं। ये उपन्यास लिखे तो गए बंगाल में लेकिन इनकी कहानियाँ राजस्थान से सम्बन्धित हैं, 'आनन्द मठ' और 'कपाल-कुंडला' बंगला भाषा का उपन्यास है, परन्तु उनके ऐतिहासिक उपन्यास राजस्थान और महाराष्ट्र से प्रेरित हैं।

'महाराष्ट्र : जीवन-प्रभात' और 'राजपुर : जीवन-सन्ध्या' में 'प्रभात' और 'सन्ध्या' अर्थपूर्ण हैं। वे शिवाजी के नेतृत्व में मराठों की बढ़ती शक्ति की घटना को नये जीवन-प्रभात की तरह देख रहे थे। राजस्थान की आगामी घटनाएँ उन्हें राजपुर के इतिहास की गोधूलि-बेला के समान प्रतीत हुईं। आप इसे 'मराठा-शक्ति' का उदय और राजपुर-शक्ति का पतन कह सकते हैं। इस तरह का इतिहास उसी युग के दौरान लिखा गया। इस तरह का इतिहास हिन्दी में भी लिखा गया। इस सन्दर्भ में किशोरीलाल गोस्वामी के कामों को देखना समीचीन होगा। मराठी में भी इस तरह के इतिहास लिखे गए। मलयालम में 'मार्तंड वर्मा' का इसी प्रकार का इतिहास है। 19वीं शताब्दी का 'पुनर्जागरण' फिर से लिखा गया इतिहास है, जो वास्तव में इतिहास नहीं, कल्पना है। इसलिए जैसाकि मैंने पहले कहा कि इटली के जागरण ने वास्तविक स्थान नहीं ग्रहण किया था, यह जैकब बर्चर्ड की एक कल्पना थी और इसके बाद हम स्वयं कल्पनाओं की सुन्दर दुनिया में खो गए।

आजकल लोग ग्रैब्रियल गार्सिया मार्क्वेज के उपन्यास 'एकान्त के सौ वर्ष' में जादुई यथार्थवाद देख रहे हैं। वे भूल गए हैं कि हमारे ऐतिहासिक उपन्यासों में इतिहास की उत्पत्ति जादुई यथार्थवाद के रूप में की गई है। अब हम 19वीं शताब्दी के ऐतिहासिक कार्यों को इतिहास के रूप में देखते हैं। परन्तु वास्तव में 19वीं

शताब्दी एक सुन्दर कल्पना है और यह प्राय: सभी भारतीय भाषाओं की कल्पना है। साहित्यिक इतिहासकार तथा आलोचकों ने उपन्यासों की सहायता से इस कल्पना को उत्पन्न किया। कल्पना सदैव वास्तविक की अपेक्षा अधिक आकर्षक और शक्तिशाली होती है। एक पुस्तक है : 'पावर एंड मिथ', जिसका शीर्षक मेरे तर्क को बल प्रदान करता है। सवाल यह है कि इस कल्पना को उत्पन्न किसने किया? कौन लोग थे इसके पीछे? ब्रिटिश एशियायियों ने सबसे पहले इस पर विचार किया था। हममें से अधिकांश लोगों ने डेविड कोप्ट की पुस्तक 'ब्रिटिश ओरिएंटलिज्म एंड द बंगाल रेनेसां' पढ़ी है। इस पुस्तक में उन्होंने कल्पना करनेवाले उन लोगों के बारे में बताया है। उन्होंने बताया है कि इस तरह की कल्पना की शुरुआत बंगाल के 'एशियाटिक सोसाइटी' से प्रारम्भ हुई थी। यह एक ऐसे व्यक्ति ने किया जिसने ब्रिटिश शासन की शुरुआत की और भारतीय अर्थ-व्यवस्था को विध्वंस किया। इस व्यक्ति का नाम वॉरेन हेस्टिंग्स था।

उदयप्रकाश ने 'वॉरेन हेस्टिंग का साँड' नाम से एक कहानी लिखी है। इस कहानी को पढ़कर पता लगाया जा सकता है कि जादुई यथार्थवाद कैसे उत्पन्न हुआ। वॉरेन हेस्टिंग्स वही शासक था जिसने भारत के ऊपरी प्रान्त को जीत लिया था। वास्तव में वॉरेन हेस्टिंग्स ने लॉर्ड क्लाइव के बाद भारत के अधिकांश भागों पर जीत हासिल की थी। वह ज्ञान का संरक्षक भी था। उसी के समय में विलियम जॉन ने बंगाल में 'एशियाटिक सोसाइटी' की स्थापना की थी। उसने वहाँ से 'एशियाटिक सोसाइटी जर्नल' प्रकाशित किया और कालिदास के 'अभिज्ञानशाकुन्तलम्' का अनुवाद किया। विलियम जॉन ने 'मनुस्मृति' का भी अनुवाद किया। चूँकि वह एक वकील था इसलिए वह यह बात जानता था कि इसका अनुवाद क्यों महत्त्वपूर्ण है। इस लिहाज से भी यह गौर करने लायक बात है कि बाद में महाराष्ट्र में डॉ. अंबेडकर के अनुयायियों द्वारा जलाया गया। इस प्रकार एक तरफ वॉरेन हेस्टिंग्स ने विध्वंसात्मक कार्य किये, तो दूसरी ओर पश्चिमी एशिया को जानने का मार्ग प्रशस्त किया। एशियाई विद्वानों का एक समुदाय जिसमें विल्सन, कोलब्रुक आदि शामिल थे, ने आगे चलकर 'वेद', 'मनुस्मृति' और 'अभिज्ञानशाकुन्तलम्' आदि हमारे प्राचीन ग्रंथों का अध्ययन किया। फिर उसकी सहायता से मिथकों को गढ़ा। उन्होंने पूर्वी भारत का एक रहस्यवादी बिम्ब गढ़ा, जो पहले से ही पश्चिमी आँखों को जादूगर, सपेरों तथा साधुओं की भूमि प्रतीत होती थी। पश्चिमी लोग अभी भी भारत को साधु, भिखारी, सपेरों और जादूगरों की धरती मानते हैं।

भारत की रचना एक कल्पना की तरह की जा रही थी और काल्पनिक भारत के प्रतिबिम्ब का निर्माण हमारी आँखों के सामने किया जा रहा था। एडवर्ड सईद ने अपना 'ओरियंटलिज्म' बाद में लिखा, जिसमें उन्होंने पूर्वी रहस्यवाद का जो सावधानी से निर्माण किया गया था, उसे खुले रूप में पेश किया। ये पौराणिक

कथाएँ, ये मिथक बिलकुल निर्दोष हों, ऐसा भी नहीं है। हमारे शासक, हमारे देश का सुन्दर व जादुई चित्र बना रहे थे। परन्तु सुन्दर चित्रों के नीचे शोषण की जमीन तैयार हो रही थी। एक नई मिथकीय कहानियाँ गढ़ी जा रही थीं और इसकी आड़ में वॉरेन हेस्टिंग्स ईस्ट इंडिया कम्पनी के व्यापारियों की सहायता से नील के व्यापार पर पकड़ जमा रहा था। इतना ही नहीं, बंगाल और बिहार के बाद वह उत्तर को जीतने के लिए आगे बढ़ रहा था। दक्षिण में आक्रमण की तैयारी करके पश्चिमी भाग तथा बन्दरगाहों पर कब्जा करने के लिए बम्बई और मद्रास से पैदल गया। इस तरह हमें मानसिक रूप से दास बनाया जा रहा था। विडम्बना देखिए कि हम लोग इसके बाद भी प्रसन्न थे और यह सोचकर गर्व का अनुभव करते थे कि देखो, हम इतने महान हैं कि हमारी महानता का अध्ययन करके ब्रिटिश लोग हमारी कीर्ति गा रहे हैं।

प्रेमचन्द की एक कहानी है : 'मंगनी का सुखसाज'। प्रतिष्ठा का यह भाव भी उधार लिया गया था और इसकी उत्पत्ति ओरियंटलिज्म द्वारा की गई थी। उन्होंने अकेले इसे पैदा नहीं किया था। सबसे निचली श्रेणी थी दासता, जिसमें दास मालिक के लिए काम करता था। पहला काम उन्होंने यह किया कि बनारस में संस्कृत कॉलेज की स्थापना की जिसमें उन दिनों प्रिंसिपल ब्रिटिश लोग ही हुआ करते थे। उन्हीं दिनों ग्रिफिन ने ऋग्वेद का अंग्रेजी में अनुवाद किया और यह अनुवाद आज भी सबसे अच्छा अनुवाद माना जाता है। इसमें उन्होंने संस्कृत के पंडितों की सहायता ली। इसका प्रयोग वे विधि एवं न्याय में करना चाहते थे। आज कहा जाता है कि ब्रिटिश ने कानून का राज स्थापित करके एक अविस्मरणीय कार्य किया। आखिर कानून का अर्थ क्या है? जहाँगीर के दरबार में एक घंटा लगा रहता था। लोग रस्सी खींचते थे तो घंटा बज उठता था। इसके बाद बादशाह खुद आकर शिकायत सुनता था। इस प्रकार बादशाह के पास न्यायिक शक्ति भी थी। वास्तविक शक्ति राजा के पास नहीं होती थी। राजा तो मुकुट धारण करके राजनीतिक शक्तियों का लाभ उठाता था। सेना का संचालन वह कर सकता था, लेकिन नियम के सम्मान में और धर्मशास्त्र के अनुसार न्याय राज-पुरोहित करता था।

याद करिए, जब शकुन्तला आई और उसे पहचानने की बात जब अधूरी रह गई, तो पंडितों की एक सभा हुई और वहाँ यह विचार किया गया कि न्यायसंगत क्या है? न्याय की शक्ति राजा के हाथ में नहीं होती थी, मगर वह धर्मशास्त्र और न्यायसंहिता की मदद से निर्णय लेता था। वह अपना निर्णय स्वयं नहीं कर सकता था। ऐसे मामलों में तो उसका न्याय स्वीकार नहीं किया जाता था। परन्तु मुगल काल में स्थितियाँ बदल चुकी थीं। जरूरत पड़ने पर राजा पंडित को बुलाता था। यह माना जाता है कि अंग्रेजों ने समानता के आधार पर कानून बनाए। कानून की नजर हर व्यक्ति पर समान है—चाहे उसका सम्बन्ध किसी जाति, धर्म या लिंग से

हो। आज के इतिहासकार गर्व से लिखते हैं कि 19वीं शताब्दी में पहली बार आदमी को समानता का अधिकार मिला—चाहे सम्पत्ति-विवाद हो, हत्या या कोई अन्य अपराध, न्याय आईपीसी यानी भारतीय दंड संहिता के अनुसार होता था, जो आज भी उसी रूप में विद्यमान है और उसमें आजादी के बाद भी कोई खास परिवर्तन नहीं आया है। यह सब अंग्रेजों की देन है।

इस प्रक्रिया में हम यह भूल गए कि पहले पंडित और मौलवी मुकदमा सुनने के लिए हाजिर होते थे और एक पंच चुनते थे। यह सिद्ध करने के लिए कि वे न्याय धर्मशास्त्र और हदीस के अनुसार कर रहे हैं। ब्रिटिश लोगों ने भारतीय परम्परा को पुनर्जीवित किया। उपनिवेशवादियों ने जो कुछ किया, उसकी परम्परा हमारे यहाँ पहले से मौजूद थी। हमारे लोग न्याय और दंड देने के मामले में कुशल थे। वॉरेन हेस्टिंग के समय में इसलिए कानून बनाने के मामले में पंडितों और मौलवियों की सहायता ली गई। अंग्रेजों ने उनकी सहायता ज्यादा ली। आज जो 'पद्म पुरस्कार' दिये जाते हैं, वह पुरानी परम्परा के अनुसार ही है। उन दिनों भी ऐसे ही पुरस्कार दिये जाते थे; बस, उनके नाम अलग-अलग हैं। संस्कृत के पंडित और हिन्दी के विद्वान 'महामहोपाध्याय' के नाम से सम्मानित किये जाते थे। 'शम्स-उल-उलेमा' का बहुत गहरा अर्थ है। शम्स का मतलब होता है सूर्य और उलेमा का अर्थ होता है विद्वान। इस प्रकार शम्स-उल-उलेमा का अर्थ होता है : 'विद्वानों के बीच सूर्य'।

कुछ मिथक मदरसों और संस्कृत कॉलेजों में भी बने। संस्कृत कॉलेजों की स्थापना तीन महाप्रान्तों में हुई—कलकत्ता, बम्बई और मद्रास। बाद में बनारस में भी संस्कृत कॉलेज स्थापित किया गया। पौराणिक कथाओं को बनानेवाले एशियायियों ने शिक्षा की एक नई शाखा शुरू की, जिसे 'ओरियंटलिज्म' या 'ओरियंटल लर्निंग' के नाम से जाना गया। यह उस 'ओरियंटलिज्म' के विरुद्ध था, जिस 'ओरियंटलिज्म' को लेकर एडवर्ड सईद ने लिखा है। तत्कालीन संस्कृत कॉलेजों में अंग्रेजों ने ऐसे मिथक इसलिए गढ़े, ताकि सैनिक विजय को स्थायी विजय में बदला जा सके।

असल में 'ओरियंट' शब्द इतना प्रचलित हुआ कि कुछ संस्थानों के नाम ही 'ओरियंटल' के नाम से रखा गया। मसलन 'स्कूल ऑफ ओरियंटल एंड अफ्रीकन स्टडीज' (एसओएएस), 'इंडोलॉजी' और 'ओरियंटलिज्म' शब्द 19वीं शताब्दी की कल्पना है। यद्यपि 'ऑक्सीडेंटल', 'ओरियंटल' शब्द का विलोम है, फिर भी यह न ही सुना गया, न उपयोग किया गया। हममें से कोई 'ऑक्सीडेंटल' कॉलेज से नहीं आया है। लेकिन कैम्ब्रिज यूनिवर्सिटी के एशियायी विभाग में हिन्दी और संस्कृत पढ़ाई जाती है। लंदन यूनिवर्सिटी में 'स्कूल ऑफ ओरियंटल एंड अफ्रीकन स्टडीज' (एसओएएस) है, जिसमें उन्होंने अफ्रीका को ओरियंट से दूर रखा हुआ है। ओरियंट में एशिया और केवल भारत ही शामिल है। उपनिवेशी शासकों ने भारत को तो अपना उपनिवेश बनाया, मगर वे चीन को अपना उपनिवेश नहीं बना सके।

वस्तुत: अफीम-युद्ध के दौरान वे व्यापार में आए, इसलिए चीन को अपना उपनिवेश नहीं बना सके। सिनो-जापान युद्ध के बाद 1935 के आसपास चीन केवल कुछ ही समय के लिए जापान का उपनिवेश बना था। 'ओरियंटल', 'ओरियंटलिज्म' और 'ओरियंट' शब्द इतने विख्यात हुए कि इनके नाम पर दुकान, बैंक, पत्रिका और प्रकाशन गृहों तक के नाम रखे गए। अंग्रेजी में 'ओरियंट' इतना प्रसिद्ध हुआ कि आज भी हमारे देश के विभागों और अकादमिक प्रशिक्षण कॉलेजों में 'ओरिएंटेशन' प्रोग्राम करवाया जाता है। 'ओरियंट' और 'ओरियंटलिस्ट' के द्वारा अंग्रेजों ने प्रस्ताव रखने की कोशिश की कि हमारे आगमन के साथ ही यहाँ नये युग का आरम्भ हुआ।

उन्होंने बंगाल के स्वर्ण-युग को खोजा। वास्तविकता यह है कि भारत को 'सोने की चिड़िया' कहा जाता था और अंग्रेज यहाँ सोने की चिड़िया पकड़ने आए थे। यह उनके लिए आवश्यक था कि वे इस सोने की चिड़िया को अपने अधिकार में रखें। हम यह सुनकर खुश होते रहे कि हम सोने की चिड़िया हैं जबकि यह सुन्दर चिड़िया इस बात से अनजान थी कि धीरे-धीरे उसका गला रेता जाएगा। यह इसलिए कहा गया क्योंकि भारत का अतीत सुनहरा है। यह स्वर्ण-युग कौन-सा युग था? इतिहास की किताबें हमें बताती हैं कि यह गुप्तकाल था, लेकिन क्या हमने कभी सोचा है कि गुप्तकाल ही क्यों स्वर्णकाल था, अशोक का काल क्यों नहीं? गुप्तकाल सुधारों का काल था। दूसरी ओर अशोक ने धर्म का राज्य स्थापित किया, जो भारत से लेकर अफगानिस्तान, श्रीलंका तक छाया हुआ था। अशोक का राज्य पहला भारतीय साम्राज्य था। गुप्त मध्यदेश से बाहर कभी नहीं जा सके। अशोक का साम्राज्य चन्द्रगुप्त मौर्य के साम्राज्य से बड़ा था, लेकिन गुप्तकाल को ही स्वर्ण काल कहा गया। क्योंकि इस काल में हिन्दुओं का उत्थान हुआ। यह बौद्ध और जैन के विरुद्ध ब्राह्मणों का उद्धारक था। यह बहुत कुछ उसी के अनुरूप है, जैसे कन्हैयालाल माणिकलाल मुंशी के 'साम्राज्यों का युग' में गुप्त-वंश के युग को भारत के इतिहास में श्रेष्ठ बताया गया है।

अंग्रेजों ने अतीतकालीन भारत पर इसलिए लिखा कि वे ऐसा करके यह सिद्ध करना चाहते थे कि हमारे इतिहास का स्वर्ण-युग विक्टोरिया काल था। हममें से बहुत लोगों ने औपनिवेशिक युग के सोने और चाँदी के सिक्के देखे होंगे, जिसमें रानी विक्टोरिया और जॉर्ज पंचम का—एक राजा और रानी के रूप में चित्र अंकित है। इसका यह अभिप्राय है कि दोनों यूनाइटेड किंगडम के राजा-रानी थे, लेकिन वे भारत के सम्राट और सम्राज्ञी थे। मुझे 1935 में जॉर्ज पंचम का वह चित्र याद है, जिसमें वे सिंहासन पर बैठे हैं। उन दिनों हम लोग स्कूल में एक गीत गाते थे : 'चिरंजीवी राजा-रानी हमारे'। हम लोगों को राजा और रानी अंकित सिक्का दिया गया और यह महसूस कराया गया कि भारत में स्वर्ण-युग इन्हीं के कारण आया। इस प्रकार 19वीं शताब्दी नया स्वर्ण-युग था या हम लोग जिसे रेनेसां के नाम से जानते हैं?

स्पष्ट हो गया होगा कि रेनेसां चारों तरफ चेतना-प्राप्ति का केन्द्र रहा है। लेकिन प्रश्न है कि इस चेतना-प्राप्ति का साधक या प्रतिनिधि कौन था? क्या यह ब्रिटिश सम्राट या ब्रिटिश राजा-रानी थे? इतिहास का प्रतिनिधि कौन था? मैंने संक्षेप में जागृति से सम्बन्धित चीजों पर तर्क करने की कोशिश की है और अब आप समझ गए होंगे कि यह परियों की कहानी या काल्पनिक कथा थी। इसलिए मैंने इस रेनेसां को एक कल्पना कहा और कल्पना ब्रिटिश शासनकाल के विद्वानों द्वारा गढ़ा गया, जिन्हें हम औपनिवेशिक कहते हैं। पहले यह बहुत चर्चित नहीं था, लेकिन आजकल यह बहुत प्रचलित है और हम इस प्रक्रिया में शामिल हैं। यदि हम इसमें शामिल नहीं होते तो यह कभी नहीं होता। हमने अपने-आप मान लिया कि यह पुनर्जागरण, चेतना-प्राप्ति तथा जागरण था और 19वीं शताब्दी में हमने पुन: अपने सुनहरे अतीत को पाया। हमें लगा कि हम अपने अतीत को प्राप्त कर रहे थे, लेकिन हमारी स्मरणशक्ति बिलकुल स्थिर अवस्था में थी और हमारा विवेक एक स्पष्ट दिशा की ओर अग्रसर था। इन सभी को किसने प्रभावित किया? यह तत्कालीन अध्यापकों द्वारा किया गया। इसलिए मैंने कहा, पुनर्जागरण एक कल्पना है और यह 'ओरियंटलिज्म' द्वारा रचा गया, जिसमें हम भी शामिल थे। रमेश चन्द्र दत्त, बंकिम और कन्हैयालाल माणिकलाल मुंशी का ऐतिहासिक लेख इसके एक भाग हैं। ब्रिटिश लोग अकबर के समय को स्वर्ण-युग कहें।

कुछ लोग हिन्दू पुनर्जागरण पर बात करते हैं। हम यह न भूलें कि उस वक्त बहावी आन्दोलन चल रहा था तथा मुसलमानों का स्वर्णिम अतीत के विषय में बिलकुल अलग विचार थे और वे इसकी रचना फिर से कर रहे थे। इसी असाधारण विषय के महत्त्व पर कुछ विद्वान लिख चुके हैं। इसको लेकर इकबाल अहमद और एजाज अहमद ने थोड़ा-बहुत लिखा है। तारिक अली ने भी मुस्लिम इतिहास के विषय में लिखा है। उनकी एक किताब 'जिहाद' भी आ चुकी है। एडवर्ड सईद ने अपनी किताबों में मुख्य रूप से मिस्र और फिलिस्तीन के बारे में लिखा है। टामस मुनरो ने अपनी किताब में अकबर के बारे में जो लिखा है, उसका शीर्षक है : 'इंडिया अंडर अकबर'।

उन्हीं दिनों एक नया शब्द गढ़ा गया—हिन्दुइज्म। यह शब्द उसी युग की कल्पना है। मैं नहीं समझता कि 'इज्म' प्रत्यय द्वारा उन्होंने कुछ चीजों को एक विचारधारात्मक रूप दिया, जो केवल एक धर्म था। धर्म समान विचार नहीं रखता था। जैसाकि 'रिलीजन' रखा। लेकिन मैं इसके विस्तार में नहीं जाना चाहता। इसके साथ उन्होंने एक पद 'हिन्दू भारत' का परिचय दिया, जो साफ तौर पर निर्दोष और हानिरहित प्रतीत होता है। यह 'हिन्दू भारत' क्या है? वे दो पदों का परिचय देते हैं : 'हिन्दू इंडिया' और 'हिन्दुइज्म'। क्या 'भारत' अपने-आपमें पर्याप्त नहीं था?

नई कल्पना ने इतिहास को तीन बन्द डिब्बों में बाँटकर रख दिया : 'हिन्दू भारत', 'मुस्लिम भारत' और 'ईसाई भारत'। ये सभी नाम इतने निर्दोष और हानिरहित नहीं थे। इसी के फलस्वरूप वीर सावरकर ने 'हिन्दुइज्म' का पक्ष लिया जो उन दिनों बहुत प्रसिद्ध हुआ। हमने सोचा कि हम स्वयं को एक नया नाम दे रहे थे। लेकिन वास्तविक तथ्य यह था कि हमने इसे दूसरों से उधार लिया। यहाँ यह गौरतलब है कि नाम देना एक खतरनाक प्रक्रिया है।

यदि कोई शासन करना चाहता है, तो उसे नया नाम देना चाहिए। बाइबिल में कहा गया कि ईश्वर ने संसार की रचना की और तब प्रत्येक चीजों को एक नया नाम दिया। सेंट जॉन्स के अनुसार 'गोस्पेल' में कहा गया—प्रारम्भ में शब्द था और शब्द ईश्वर था। उसका क्या अर्थ है? जंगल में असंख्य पेड़ होते हैं, झाड़ियाँ होती हैं। वे सुरक्षित हैं। आप उन्हें पहचानकर उसे प्रयोग करना सीखते हैं, तो वे आपके अपने हो जाते हैं। आप उन्हें उगा सकते हैं। इसलिए जब लोग पालतू कुत्ता खरीदते हैं, तो उसे नया नाम देते हैं। जब एक बच्चा पैदा होता है, तो उसका नामकरण संस्कार करते हैं। तब तक वे सबके लिए ईश्वर का वरदान होता है। इसलिए हिन्दू भारत जैसे एक काल्पनिक पद के द्वारा उन्होंने देश को दो भागों में विभाजित किया। वे यह परिभाषा देते हैं कि हिन्दू, मुस्लिम, सिख, ईसाई—सभी धर्मों के लोग हिन्दुओं की तरह ही हैं और यह 'हिन्दू भारत' है। इस आधार पर रेनेसां स्वयं दो भागों में बँटा : 'हिन्दू जागरण' और 'मुस्लिम जागरण'।

हमें इस तरह के मिथकीय कार्यों और शब्द-निर्माण के पीछे छिपी राजनीति पर गौर करना चाहिए। जैसाकि हेनरी जेम्स ने अपने उपन्यास 'हाउस ऑफ फिक्शन' में कहा है कि हमें कालीन के पीछे देखने की कोशिश करनी चाहिए, बजाय उसकी सुन्दरता की प्रशंसा करने के। पीछे देखने पर हमें यह पता चलेगा कि यह कालीन किस धागे से बना हुआ है। इसी प्रकार 19वीं शताब्दी के रेनेसां-रूपी सुन्दर कालीन के पीछे देखना चाहिए। हमने केवल इसके एक पक्ष की सुन्दरता को देखा है। इसलिए इस कल्पना की गहराई से परीक्षा करनी चाहिए, और उन तथ्यों की भी, जो इसके लिए जिम्मेदार थे।

1857 का विद्रोह बहुत सारी कल्पनाओं में से एक है, जो उसी युग में हुआ था। कई ब्रिटिश विद्वान इस पर लिख चुके हैं। यह विद्रोह मुख्यत: भारत के उत्तरी भागों तक ही सीमित रहा। उत्तर प्रदेश और बिहार गायों की अधिकता के लिए जाना जाता था—सबसे गम्भीर संघर्ष इन्हीं दो प्रान्तों में हुआ। दिल्ली और कानपुर में जो कुछ हुआ, उसके बारे में ब्रिटिश लोगों ने मिथ्या प्रचार किया। बाद में पता चला कि कुछ घटनाएँ इतिहास में कभी घटित ही नहीं हुईं। 1857 का विद्रोह हुआ, लेकिन यह विद्रोह कैसा था, जिसे उन्होंने राजद्रोह कहा और हमने इसे पहला स्वतंत्रता-संग्राम? वीर सावरकर ने 1857 को यह नाम दिया और कार्ल मार्क्स भी

इससे सहमत थे। हमें भली भाँति यह परीक्षा करने का प्रयत्न करना चाहिए कि किस प्रकार 1857 की कल्पना की रचना हुई।

हमारे देश में अंग्रेजी पढ़े-लिखे लोग पूरी तरह इन काल्पनिक बातों से सहमत हैं। यदि कोई लंदन की 'इंडिया हाउस लाइब्रेरी' में रखे उस युग के दस्तावेजों को पढ़े, तो उसकी राय यह बनेगी कि भारतीय बेहद असभ्य और क्रूर थे। उसकी गहराई में यदि कोई जाए तो पता चलेगा कि कानपुर में कई विद्रोही पकड़ लिये गए थे और वहाँ हुए संघर्ष में चार-पाँच सौ अंग्रेज मारे गए थे, जिनमें औरतें और बच्चे भी शामिल थे, जिन्हें बाद में कुएँ में फेंक दिया गया। जब वे पकड़े गए तो अंग्रेजों ने उन्हें खून चाटकर साफ करने को कहा। उसके बाद फाँसी पर लटका दिया।

अंग्रेज भारतीय लोगों को फाँसी देने से पहले उन्हें बुरी तरह अपमानित करते थे। अजीब बात यह है कि वह हमें असभ्य कहते हैं, जबकि वे स्वयं घोर अमानवीय और असभ्य थे। वे लोग भारतीयों के साथ जंगली जानवरों जैसा बर्ताव करते थे। सन् 1857 की मिथ्या बात से यह सिद्ध करने का प्रयास किया गया कि भारतीय इतने असभ्य और निर्दयी थे कि अंग्रेज औरतों और बच्चों तक के साथ निर्दयतापूर्ण व्यवहार किया। इस प्रकार उन्होंने 1857 के एक मिथक को पैदा किया जो कई नामों से आज जाना जाता है : 'गदर का विद्रोह', 'सिपाही विद्रोह', 'राजद्रोह' और 'स्वतंत्रता के लिए किया गया प्रथम संघर्ष', इत्यादि।

यहाँ यह बात ध्यान देने लायक है कि जब एक कल्पना उत्पन्न हुई तो उसके विपरीत एक दूसरी कल्पना भी निर्मित हुई। दोनों कल्पनाओं के बीच जब टकराव हुआ, तो विश्व स्तर के बुद्धिमान भी प्रभावहीन हो गए। उदाहरण के लिए 1957 में जवाहरलाल नेहरू के शासनकाल के दौरान जब '1857 का शताब्दी समारोह' हुआ था, उस समय यह अनुभव किया गया कि इस पर एक पुस्तक लिखनी चाहिए और पुस्तक लिखने का जिम्मा इतिहासकार एस.एन. सेन को दिया गया। एक विमर्श इस बात को लेकर भी हुआ कि लिखने के बाद इस पुस्तक का शीर्षक क्या रखा जाएगा—इसे 'विद्रोह', 'राजद्रोह' कहना चाहिए या 'प्रथम स्वतंत्रता-संग्राम', जैसाकि वीर सावरकर ने कहा था? जब विद्वान वैज्ञानिक भी बन जाए, तो बहुत समस्या पैदा होती है। कई अंग्रेजी के विद्वानों ने इस पर सोचा तो बहुत अच्छा, लेकिन शीर्षक नहीं सोच पाए, अन्ततः मिस्टर सेन ने सुझाव दिया कि इसे केवल '1857' ही कहा जाए। इस प्रकार भारत सरकार द्वारा यह पुस्तक '1857' नाम से प्रकाशित हुई।

19वीं शताब्दी के पुनर्जागरण साहित्य से सम्बन्धित विचार-विमर्श में जब कोई भाग ले, तो वह इसे केवल 19वीं शताब्दी कह सकता है। इसी वजह से मैंने इशारा किया कि कल्पित बातों के बनाने की इस प्रक्रिया को समझना बहुत अहम् है। तभी हम इसकी सही विवेचना कर पाएँगे। अंग्रेजों ने 19वीं शताब्दी की अपने

ढंग से प्रशंसा की, तब हमने विपरीत रुख अख्तियार किया, जिसे आप राष्ट्रवादी सोच कह सकते हैं। इसके कारण हमने सोचा कि उन्होंने हमें अपमानित किया, नीचा दिखाया तो हमें 1857 की घटनाओं को ओजस्वी ढंग से वर्णन करना चाहिए।

हिन्दी के सुप्रसिद्ध आलोचक डॉ. रामविलास शर्मा ने 1857 पर एक मोटी किताब लिखी है, जिसका संशोधित संस्करण भी प्रकाशित हो चुका है। आपको मालूम है, उस पुस्तक में उन्होंने क्या लिखा है? उन्होंने लिखा है : 1857 की क्रान्ति फ्रांस और रूसी क्रान्ति का मूल है। 1857 की क्रान्ति इतनी गौरवपूर्ण थी कि उस समय भारतीय इस प्रकार के महान आदर्श—जैसे स्वतंत्रता, समानता और बन्धुत्व भूल गए, मानो वे समाजवादी या मार्क्सवादी हों! उन्होंने कहा है कि समाजवादी क्रान्ति का जो बीज 1917 में रूसी क्रान्ति में फूट पड़ा, उसका उत्स 1857 में भी मौजूद था। इसे उन्होंने सैद्धान्तिक तरीके से सिद्ध भी किया है।

इसलिए मैंने कहा कि जब एक विद्वान वैज्ञानिक भी बन जाए और वकीलों की तरह किसी भी दलील से अपनी बात सिद्ध करने का प्रयत्न करे, तो वह किसी भी तरीके से यह बात मनवाना चाहेगा कि उसका मुवक्किल निर्दोष है। एक औसत वकील ऐसा करता है। वह यह दलील देता रहता है कि उसका मुवक्किल न केवल निर्दोष है, बल्कि वह एक अपूर्व प्राणी है। वह उसे देवतुल्य ठहराने का प्रयास करता है। ब्रिटिश विद्वानों ने 1857 की घटना को असभ्य कहकर विवेचना की, तो डॉ. रामविलास शर्मा ने आगे चलकर यह विचार प्रस्तुत किया कि 1857 की क्रान्ति एक ओजस्वी क्रान्ति थी। फ्रांसीसी तथा रूसी क्रान्ति के मूल में थी। कभी-कभी चेला अपने गुरु से भी बहुत आगे चला जाता है। रामविलास जी का इससे तात्पर्य यह है कि रूसियों ने जो काम 1917 में किया, उसे भारतीयों ने 1857 में ही कर दिखाया। सवाल यह है कि तब 1857 में समाजवाद भारत में खुद क्यों नहीं आया? 1858 में यह प्रावधान पास हुआ कि अब हमें ईस्ट इंडिया कम्पनी के अधीन नहीं रहना होग़ा। शासन की बागडोर अब सीधे रानी विक्टोरिया के पास होगी। मगर हमारी अधीनता अभी तक जारी है। इसका यह मतलब है कि हम अधिक समय तक व्यापारिक कम्पनी के अधीन नहीं रहे, बल्कि खुद ही सम्राज्ञी के अधीन हो गए।

जैसाकि मैंने पहले कहा है, 19वीं शताब्दी में एक विपरीत जागरण हुआ, जो वास्तव में विपरीत रेनेसां नहीं, बल्कि समानान्तर रेनेसां था। हमारे देश का एक अत्यन्त प्रशंसनीय बिम्ब उपस्थित किया गया, यद्यपि उस भारत की दशा ऐसी प्रशंसा योग्य नहीं थी। हमने एक तरफ अपने साहित्यकारों को गौरवान्वित किया, तो दूसरी तरफ इंग्लैंड का सम्मान किया। उदाहरण के लिए यदि भारतेन्दु ने अच्छे नाटक लिखे, तो हमने उन्हें भारत का शेक्सपियर कहना शुरू किया। 'फसाना-ए-आजाद' की तुलना 'डॉन क्विकजोट' से की गई। कई लोगों ने यह कहकर 'सरस्वतीचन्द्र' की प्रशंसा की कि यह एक अच्छा उपन्यास है। परन्तु यदि कोई

कहे कि यह 'वार एंड पीस' से महान है, तो यह अतिशयोक्ति होगी। सम्भव है कि कुछ लोग फिर भी इसे उसी के बराबर खड़ा करके देखें। कहना न होगा कि अतिशयोक्ति केवल अलंकार नहीं है, यह बुद्धिमान लोगों के समय काटने का एक साधन भी है। इस प्रकार वास्तविक पुनर्जागरण के उत्तर में हमने 19वीं शताब्दी के जागरण को गौरवान्वित किया।

प्राचीन भारत के बारे में सबसे पहले लिखनेवाले महान इतिहासकार दामोदर धर्मानन्द कोसाम्बी की एक किताब है : 'मिथ एंड रियलिटी'। हालाँकि वे विद्वान तो गणित एवं सांख्यिकी के थे लेकिन इतिहास के भी महान ज्ञाता थे। उन्होंने हार्वर्ड में अध्ययन किया था। उनके पिता धर्मानन्द जाने-माने मराठी लेखक और संस्कृत के ज्ञाता थे। उन्होंने अहमदाबाद में गांधी जी के साथ कुछ दिन बिताए थे। उन्होंने भी साहित्य की आलोचना के क्षेत्र में प्रशंसनीय कार्य किया है। उन्होंने भर्तृहरि के तीन 'शातकों' का सम्पादन किया। वे कहा करते थे कि यदि कोई प्राचीन भारत के इतिहास को जानना और समझना चाहता है, तो आधुनिक भारत के गाँवों में जाए, वह आज भी आर्य-सभ्यता के जैसे हैं। उन्होंने निरन्तरता के कुछ रूप को वैदिक काल के पाँच हजार साल पुराने गाँवों को आधुनिक गाँवों में महसूस किया। महाराष्ट्र के गाँवों में उन्होंने घूमकर देवी-देवताओं की मूर्तियों को देखा, फिर उसके तारतम्य को स्थापित करके समझने का प्रयास किया कि किस प्रकार खेतों को जोता और सींचा जाता था। उनका विश्वास था कि आधुनिक गाँवों में अध्ययन से उनके पूर्वकाल के अवशेष और पाँच हजार साल पुराने इतिहास को जाना जा सकता है। यद्यपि कोसाम्बी ने नृतत्त्वशास्त्र और पुरातत्त्वविज्ञान की नियमित शिक्षा प्राप्त नहीं की थी, इसके बावजूद 'मिथ एंड रियलिटी' में संकलित उनके निबन्ध वैज्ञानिक अध्ययनों के आधार पर लिखे गए हैं।

यदि रेनेसां मिथ्या है तो इतिहास क्या है? जब हम इसके स्वाभाविक तत्त्वों को देखें तो क्या हम इस जागरण को इतिहास कहें? आप जानते हैं कि वास्तविक इतिहास को देखना इतना क्यों महत्त्वपूर्ण है। यदि इन दिनों इतना बहुत अधिक नारी उत्थान हो गया है, तो गुजरात, कश्मीर और दिल्ली में क्यों बलात्कार की इतनी अधिक घटनाएँ घट रही हैं? यदि हम हिन्दू-मुस्लिम के बीच भाईचारे को लेकर इतने अच्छे थे, तो क्यों आज दंगों में निर्दयतापूर्वक एक-दूसरे की जान लेते हैं? उन दिनों यदि हमने वास्तव में जातीयता को त्याग दिया था, तो दलितों पर अन्याय क्यों किये गए? यदि राजा राममोहन राय ने सती-प्रथा के विरुद्ध कठोर कानून पारित करवाया था, तो 20वीं शताब्दी में राजस्थान के देवराला में रूपकुँवर सती की घटना क्यों हुई? 19वीं शताब्दी में ही यदि हम सभी समस्याओं का समाधान कर चुके थे तो भारत जैसा था, वैसा ही क्यों रह गया? गांधी जी को इतना कठिन परिश्रम क्यों करना पड़ा? यदि क्रान्ति के द्वारा हम अंग्रेजों को खदेड़ना चाहते थे, तो फिर से

गुलाम क्यों बन गए? 1857 के बाद लम्बे समय तक हम पराधीन रहे, यहाँ तक कि अपने अधिकारों की तरह 1947 में भी हम स्वतंत्रता प्राप्त नहीं कर सके और हमें मात्र शक्ति के स्थानान्तरण मात्र पर संतोष करना पड़ा। यह सभी परिलक्षित करते हैं कि 1857 में हमने कोई असाधारण क्रान्ति नहीं की थी।

राजा राममोहन राय, ईश्वरचन्द्र विद्यासागर के अलावा और जिन लोगों की हमारी इतिहास में प्रशंसा की गई है, असलियत यह है कि उन्हें बहुत अधिक सफलता नहीं मिली। इन आन्दोलनों की शुरुआत में शहरी मध्यम वर्ग में वास्तव में कुछ सुधार हुआ, लेकिन यह ऐसी क्रान्ति नहीं थी जिसे हम पुनर्जागरण कहें, प्रशंसा करें। इस प्रकार यदि कोसाम्बी की दृष्टि से बात करें, तो हमें साफ तौर पर लगेगा कि जो कुछ वर्तमान भारत में हम आज देख रहे हैं, वह 19वीं शताब्दी में भी था। वर्तमान की सहायता से हम अतीत में जा सकते हैं। यदि हम पीछे देखें तो जो हमारी आँखों के सामने रहता है, वह भाग हमें रंगीन और सुनहरा दिखाई देता है, तो कुछ ऐसी भी घटनाएँ होती हैं जिनके बारे में हम बात नहीं करना चाहते, यानी मीठा-मीठा खा और कड़वा-कड़वा थू!

हमारे यहाँ के विद्वान पुनर्जागरण पर ही इतना अधिक ध्यान देते हैं कि यदि हम उसे पढ़ें तो अतीत के विषय में जानने की हमारी लालसा और बढ़ जाती है। हमें यह अनुभव कराया गया कि सम्पूर्ण भारत रामकृष्ण, विवेकानन्द और दयानन्द जैसे महापुरुषों की मंडली है। हमें यह भी अनुभव कराया गया कि औरतों की दशा बहुत अच्छी थी और जातीयता को प्राणघातक मान लिया गया था। इसके अलावा कुछ चीजें भी इस दौरान घटित हुईं जिसके बारे में हम बात नहीं करते। एक हिन्दी-भाषी प्रान्त में दयानन्द का जूतों की माला से स्वागत किया गया था। जब 'आर्यसमाज' और 'ब्रह्मसमाज' मौजूद था, उसी समय 'सनातन धर्मसभा' और 'भारत धर्मसभा' भी स्थापित हुआ। दयानन्द शास्त्रार्थ में हरा दिये गए। कट्टरपंथी और रूढ़िवादी लोगों ने नये विचारों का विरोध किया। बाद में ब्रह्मसमाज भी अत्यधिक पुरातनपंथी हो गया। राजा राममोहन राय के बारे में कहा जाता है कि जब वे मृत्यु-शय्या पर थे तो उन्हें भागीरथी के तट पर लाया गया। उनके चारों तरफ खड़े लोगों ने उनसे पूछा कि वे लोग उनके लिए क्या कर सकते हैं? तो उन्होंने अपने पूरे शरीर पर राधाकृष्ण लिखने को कहा। राधाकृष्ण लिखते समय जब उनके कान के पास थोड़ा स्थान छूट गया तो उन्होंने वहाँ भी लिखने के लिए कहा। जिन लोगों ने धार्मिक सुधार के लिए विद्रोह किया, वे अत्यधिक पुरातनपंथी निकले। आन्दोलन के अन्तिम दिनों में ब्रह्मसमाज के अनुयायी हठधर्मी हो गए थे। बाद में बहुत सारे ब्रह्मसमाजी कम्यूनिस्ट और मार्क्सवादी हो गए।

सन् 2002 में हरियाणा में अनेक दलितों को जिन्दा जला दिया गया। उन्हीं दिनों गाय की भी हत्या हुई। आज भी लोगों का मानना है कि गाय को पवित्र मानना

चाहिए। 19वीं शताब्दी में गौ-हत्या पर वाद-विवाद इतना बढ़ गया कि हिन्दी प्रान्त में लोगों ने हिन्दी का पक्ष लेते हुए गौ-हत्या का विरोध किया। उन्होंने नागरी लिपि और हिन्दी का चित्रण बिलकुल नम्र गऊ की तरह किया, तो उर्दू के पक्षधर ने गौ-हत्या का पक्ष लिया। हिन्दी के पक्षधरों ने वाद-विवाद को गौ-हत्या के विरुद्ध और भाषा-साहित्य से सम्बन्धित प्रश्नों से जोड़ा। यह सब इस सीमा तक बढ़ गया कि एक तरफ जहाँ शरत्चन्द्र वेश्याओं के प्रति सहानुभूति प्रदर्शित करने के लिए 'श्रीकान्त' नाम से उपन्यास लिख रहे थे, वहीं दूसरी तरफ हिन्दी-संसार में उर्दू को वेश्याओं की भाषा के रूप में देखा जा रहा था।

19वीं शताब्दी में जातिगत क्रान्ति हुई, लेकिन इसके विरुद्ध प्रतिक्रिया-स्वरूप एक प्रतिक्रान्ति भी विकसित हो गई। यह एक विपरीत जागरण था। आधुनिक भारत में विभिन्न प्रकार की विचारधाराएँ एक साथ रहती हैं। यदि कुछ धर्मनिरपेक्ष लोग हैं, तो कुछ साम्प्रदायिक भी हैं। आपको क्या लगता है कि 19वीं शताब्दी में साम्प्रदायिकता नहीं थी? विचारधाराओं का संघर्ष नहीं था? इसलिए रेनेसां के बारे में एकपक्षीय दृष्टिकोण नहीं रखना चाहिए। विद्वानों को सम्पूर्णता में इस जटिल मुद्दे को देखना चाहिए। प्राय: विद्वान अत्यधिक स्पष्टीकरण के दोष से मुक्त नहीं हो पाते। स्पष्टीकरण और अत्यधिक स्पष्टीकरण, दोनों गलत है। रेनेसां को हमें अत्यधिक सरल बनाने का प्रयास नहीं करना चाहिए। इस घटना की जटिलता, आधुनिकता और अत्याधुनिकता बहुत हैं और प्रभावशाली भी हैं। वे केवल हिन्दुत्व में ही नहीं, बल्कि इस्लाम और ईसाइयत में भी दिखाई देती है। ऐसे में हमें पुराने लेखों और ग्रंथों पर विश्वास करना चाहिए।

जॉक देरिदा ने एक मनोरंजक निबन्ध लिखा है, जिसका शीर्षक है : 'आर्काइव फीवर'। इस 'आर्काइव फीवर' का प्रयोग परतंत्रों के इतिहास-लेखन में किया जाता है। इसलिए मैं कहता हूँ कि हमें इतिहास को बहुत सावधानी से देखना चाहिए। हमें उन सुधार-विरोधी तत्त्वों को देखने का भी प्रयत्न करना चाहिए जिसे हम 'समाज-सुधार' कहते हैं। उन दिनों भी रूढ़िवादी लोग थे। भारतेन्दु हरिश्चन्द्र ने अपने एक निबन्ध में इस शब्द का प्रयोग किया है। जब हम कुछ लोगों को कंजरवेटिव कहते हैं, तो हमें इंग्लैंड के इतिहास की रोशनी में एक बार देखना चाहिए। लेबर कंजरवेटिव और लिबरल जैसे शब्दों का प्रयोग हमारे देश में भी होता रहा है। आज जब हम अपने राजनीतिक दलों को परिभाषित करते हैं या जब किसी को कंजरवेटिव या लिबरल कहते हैं, तो ब्रिटिश संसदीय प्रणाली के शब्दकोश से शब्द उधार लेते हैं। सौभाग्य से टोरी शब्द जिसका बार-बार प्रयोग होता था, अब इसका प्रयोग बहुत कम हो गया है। जैसे लिबरल डेमोक्रेट और रिपब्लिकन जैसे शब्दों से अपने-आपको दूर रखना चाहिए। स्वयं को परिभाषित करने के लिए हमें अपना शब्द प्रयोग करना चाहिए। कंजरवेटिव या लिबरल का हमारे सन्दर्भ में कोई प्रयोग नहीं है। मेजॉरिटी

और माइनॉरिटी जैसे शब्दों का प्रयोग बिलकुल अर्थहीन है, क्योंकि हमारे देश में यदि एक समुदाय एक स्थान पर बहुमत में है, तो दूसरे स्थान पर वह अल्पसंख्यक है। इसके साथ ही अब तो बहुमत का अर्थ भी काफी बदल चुका है। किसी चीज को परिभाषित करने के लिए जिन पारिभाषिक शब्दों का हम प्रयोग करते थे, इन दिनों उसका झुकाव सरलता से ज्यादा जटिलता की ओर है। कबीर कहा करते थे :

मेरा-तेरा मनुआँ कैसे एक होई रे।
मैं कहता हौं आँखिन देखी,
तू कहता कागद की लेखी,
मैं कहता सुरझावनहारी,
तू राख्यौ उरझाई रे।

अभी 19वीं शताब्दी के लिए रेनेसां शब्द का प्रयोग करने के बजाय हम इसे सरलतम शब्दों में रखते हैं। मैं इसे 'अभिज्ञान युग' कहना पसन्द करूँगा। मैं युवा विद्वानों से आह्वान करता हूँ कि वे उन गलतियों को न दोहराएँ जो हमारी पीढ़ी ने किये हैं। चीजों को खुली आँखों से देखने, पुराने मिथकों को समाप्त करके इतिहास को नये तरीके से समझने और नये इतिहास को रचने की जरूरत है। अंग्रेजी के विद्वानों को दूसरे की अपेक्षा अधिक सुविधा थी। उनके पास अंग्रेजी भाषा द्वारा प्राप्त ज्ञान का विशाल आकाश था। भारतीय भाषाओं के विद्वानों को गँवार हो जाने का डर ज्यादा था। आज की अंग्रेजी को पूरब और पश्चिम में नहीं बाँटा गया है। इसकी अपेक्षा उत्तर-औपनिवेशिक काल की अंग्रेजी अधिक लचीली है और उसमें खुलापन भी अधिक है। चूँकि मेरा सम्बन्ध हिन्दी से है, इसलिए कह रहा हूँ कि हिन्दी और गुजराती के विद्वानों से मैं बहुत उम्मीद नहीं करता। लेकिन अंग्रेजी के भारतीय विद्वानों से मेरी बहुत उम्मीदें हैं। जब वे अपने साहित्य का अध्ययन करेंगे तो उन्हें भारतीय रेनेसां की वास्तविकता और मिथक के बहुत-से नये अर्थ मिलेंगे, जो अब तक हिन्दी और गुजराती के विद्वानों की जानकारी से दूर है।

स्मृतियों का रंगमंच : उन्नीसवीं शताब्दी

भारतीय नवजागरण पर बहुत-कुछ लिखा गया है। लिखा जा रहा है। पिछले दो दशकों से यह देश जिस समुद्र-मंथन की प्रक्रिया से गुजर रहा है, उससे एक बार फिर यह अपने अतीत की परीक्षा कर रहा है। इस परीक्षा की प्रक्रिया में निकट अतीत सामने है। मेरा संकेत उन्नीसवीं शताब्दी की ओर है, जो उपनिवेशवादी युग के नाम से जानी जाती है, उस पर और भी गम्भीरता और गहराई से विचार करने से है। इस बीच संस्कृति, साहित्य, इतिहास, प्राचीन इतिहास, राजनीति, अर्थतंत्र आदि अनेक क्षेत्रों में कार्य करनेवाले विद्वान अंग्रेजी के अलावा भारतीय भाषाओं में लिख रहे हैं। आप सभी विद्वान इन कार्यों में से बहुत-कुछ से परिचित हैं। उन्हें दुहराने और स्मरण दिलाने की आवश्यकता मैं नहीं समझता। ऐसा करना आपकी मेधा का, आपके ज्ञान का और आपकी स्मृति का अपमान होगा। भारतीय इतिहास की उन्नीसवीं शताब्दी मुझे स्मृतियों के रंगमंच के रूप में दिखाई देती है। अंग्रेजी में एक विदुषी महिला ने 'अभिज्ञान शाकुन्तल' का अनुवाद करते हुए उसे 'द थिएटर ऑफ मेमोरी' कहा है। मैं यह रूपक जान-बूझकर एक नाटक से ले रहा हूँ। वह कवि कुलगुरु कालिदास का विश्व-विश्रुत नाटक 'अभिज्ञान शाकुन्तलम्' है। उस नाटक के स्मरण का एक विशेष प्रयोजन है, जो शीघ्र ही आपके सम्मुख प्रकट होगा। महाराज विश्वनाथ सिंह हिन्दी के आधुनिक युग में 'आनन्द रघुनन्दन' नाटक के लेखक के रूप में याद किए जाते हैं। 'आनन्द रघुनन्दन' हिन्दी का पहला नाटक है।

उन्नीसवीं शताब्दी हिन्दी साहित्य में जिस बात के लिए विशेष रूप से याद की जाती है, वह यह कि हमारा ही साहित्य है जिसमें आधुनिक युग का आरम्भ नाटकों के द्वारा हुआ था और हिन्दी के जनक, अद्‌भुत प्रतिभा के धनी भारतेन्दु हरिश्चन्द्र ने अपने नाटकों से इस नये युग का शुभारम्भ किया था। इसलिए इस युग में साहित्य और संस्कृति के केन्द्र में 'चाक्षुष यज्ञ' कहा जानेवाला नाटक है। मुझे यह बेहतर लगता है कि उन्नीसवीं शताब्दी को उसी नाटक के बहाने स्मरण करें। मित्रो, मैंने उन्नीसवीं शताब्दी को 'अभिज्ञान शाकुन्तल' के आधार पर स्मृति का रंगमंच कहा है। महाराज दुष्यन्त गान्धर्व विवाह करके शकुन्तला को भूल गए थे। भूलने की उन्हें गहरी पीड़ा हुई थी। धीवर के द्वारा मछली के

पेट से महाराजा को दी हुई मुद्रिका मिली तो एकदम झटका लगा। विस्मरण की पीड़ा से मुक्त हुए, लेकिन स्मरण की पीड़ा से ग्रस्त हुए। अन्ततः पुनर्मिलन हुआ। फिर प्रत्याभिज्ञान हुआ, अभिज्ञान हुआ। शकुन्तला को पहचाना और इस प्रकार 'अभिज्ञान शाकुन्तल' नाटक बना।

यह स्मरण की पीड़ा और स्मृति के उल्लास का नाटक है। उन्नीसवीं शताब्दी, जिसे कुछ लोग पुनर्जागरण कहते हैं और कुछ लोग नवजागरण, एक तरह से देखें तो उन्नीसवीं शताब्दी में भारतीय मानस की स्थिति क्या दुष्यन्त की-सी ही नहीं थी? भारत अपने गौरवशाली अतीत को भूल बैठा था, जान-बूझकर भूला था या किसी शाप के कारण, इस पर विवाद हो सकता है। महाभारत में 'शकुन्तलोपाख्यान' के अनुसार किसी शाप के वश नहीं, जान-बूझकर भूला था। महाकवि कालिदास के 'शकुन्तला' नाटक के अनुसार दुर्वासा के शाप के कारण भूला था। भारत अपने अतीत को किसी शाप के कारण भूला था। वह कौन-सा शाप था? उस अदृश्य या अशरीरी शक्ति को हम नहीं जानते, भूला था, यह तथ्य है। उस भूल की करुण कहानी उस समय के प्राच्य विद्याविद्, जिन्हें 'ओरिएंटलिस्ट' या 'ओरिएंटल स्कॉलर' कहते हैं, जो भारत में आ करके हमारे अतीत की खोज कर रहे थे, उनमें से बहुतों ने कहानी लिखी है। उसी कहानी में से एक यह है कि अशोक की लाट जब मिली तो उस लाट पर लिखे अभिलेख की छाप पंडितों को दिखाई गई। दुख की बात यह है कि धर्मलेख को पढ़नेवाला एक भी पंडित नहीं मिला। हम लोग इस हद तक भूल गए थे कि अशोक का धर्मलेख जिस लिपि में लिखा गया था, जिस भाषा में लिखा गया था, उसको पढ़नेवाले, बतानेवाले पंडित ही नहीं मिले। प्राचीन अवशेष भूमि के अन्दर टीलों के रूप में पड़े हुए थे। कभी वे सीता की रसोई कहलाते थे और कभी हनुमान-टीला कहे जाते थे। खोजने पर मालूम हुआ कि उन्हीं के भीतर इतना बड़ा साँची का स्तूप छिपा हुआ है। पूरा-का-पूरा सारनाथ छिपा था। हड़प्पा, मोहेनजोदड़ो इसी तरह के टीलों के रूप में थे। एक-एक चीज किस तरह खोजी गई और खोजने के बाद इसके बारे में जाननेवाले, बतानेवाले लोग नहीं थे, उनको पता ही नहीं था। हजारों साल का इतिहास या तो पोथियों में पड़ा हुआ था या खँडहरों में बिखरा हुआ था, जो टीलों के रूप में दिखाई पड़ता था। यह गौरवशाली अतीत विस्मृत हो चुका था। अतीत ही नहीं विस्मृत हुआ था, बल्कि स्वयं भारतवासी जिस पराभव की पीड़ा से गुजर रहे थे, समुद्र पार से आनेवाले अंग्रेजों द्वारा 'प्लासी', फिर 'बक्सर' और एक के बाद एक लड़ाइयों में हारते गए। हम लोग अपनी याददाश्त भी खो बैठे। भूल गए थे कि हम कौन हैं? यह वह देश था, जहाँ 'अहम् ब्रह्मास्मि' कहनेवाले लोग मौजूद थे। मैं ब्रह्म हूँ। जीव यही भूल बैठा था कि वह जीव भी है, ब्रह्म हो तो दूर की बात है। पराधीनता या पराभव की यह

सीमा थी कि वह स्वाभिमान भी लगभग खो बैठा था। सहसा वह स्वाभिमान चोट खाकर 1857 ईसवी के मशहूर भारतीय स्वाधीनता-संग्राम में जागा। महासमर में उसने सिर उठाया, लड़ा, लगा कि आजादी मिल जाएगी, पर देखते-देखते हाथों से फिसल गई। फिर ऐसा दमन हुआ कि कलकत्ता से लेकर दिल्ली की ग्रांड ट्रंक रोड से गुजरनेवाले आसानी से देख सकते थे कि पेड़ों पर लाशों की लड़ी लटकी थी। गिद्ध और कौए मँडराते रहे। महीनों तक यह दमन-चक्र चला था। इसलिए मैंने कहा कि उन्नीसवीं शताब्दी एक ऐसा अद्‌भुत रंगमंच था, नाटक था, जो अपने अतीत-गौरव, आत्मसम्मान, स्वाभिमान का विस्मरण कर चुका था। यह आकस्मिक नहीं है। विस्मरण और स्मरण का द्वन्द्व या डाइलेक्टिक्स इस देश में अचानक नहीं हुआ।

सबसे पहले हमारा ध्यान कालिदास के नाटक 'अभिज्ञान शाकुन्तल' पर गया। उन्नीसवीं शताब्दी में सभी भारतीय भाषाओं में यह पहली पुस्तक थी, जिसका सबसे पहले सबने अनुवाद किया। बंगला में विद्यासागर ने इसका गद्यानुवाद किया, आगरे के पास के राजा लक्ष्मण सिंह ने पहला हिन्दी अनुवाद 1857 के आसपास किया था। फिर मराठी में हुआ, मलयालम में हुआ। मराठी में पहली बार 1880 में 'शकुन्तला' नाटक खेला गया। 'अभिज्ञान शाकुन्तल' ही क्यों खेला गया? और विचित्र बात है कि यह पहली पुस्तक थी, जिसके कारण यूरोप ने भारत को जाना था। विलियम जोन्स ने कई अनुवाद किये, लेकिन पहला महत्त्वपूर्ण अनुवाद 'अभिज्ञान शाकुन्तल' का किया। 'कुमारसम्भव', 'विक्रमोर्वशीयम्' या 'मेघदूत' का नहीं। जोन्स के बाद मोनियर विलियम ने 1855 में अनुवाद किया, लेकिन जोन्स के अनुवाद का महत्त्व है। यह अनुवाद जर्मन विद्वानों को और कवियों को आकृष्ट कर सका। जो नाटक यूरोप के कवि और नाटककार गेटे की दृष्टि-पथ पर सबसे पहले आया और गेटे ने जिसे देखकर कहा था—यदि तुम स्वर्ग की सुषमा को और धरती की शोभा को एकत्र देखना चाहते हो तो 'शाकुन्तलम्' को देखो। पूरा यूरोप उससे अभिभूत हुआ था। यह वही नाटक है, जो उन्नीसवीं शताब्दी में सबसे पहले सभी भारतीय भाषाओं में लेखकों और रचनाकारों का ध्यान आकृष्ट करता है। उन्हें मालूम नहीं था कि गेटे को भी यह पसन्द आया है। अनुवाद हुआ है और उस अनुवाद का रिसेप्शन कैसा हुआ, इसकी पूरी जानकारी उस समय नहीं थी। यह बीसवीं शताब्दी में लोगों को मालूम हुआ। गेटे ने छन्द में इसकी प्रशंसा की थी। गद्य नहीं लिखा था, कविता लिखी थी। इसका संस्कृत में अनुवाद किया गया और बहुत-से पंडित लोग इसको संस्कृत-कथन या उक्ति के रूप में आज भी उद्धृत किया करते हैं।

मैं जान-बूझ करके इस बात का इसलिए उल्लेख कर रहा हूँ। उस युग के एक दूसरे बड़े दार्शनिक थे, जिन्होंने विश्व इतिहास की गति और प्रगति, उसके भूत

वर्तमान और भविष्य के चक्र की गाथा लिखी है—हीगेल। हीगेल ने विश्व इतिहास की गति की दिशा क्या होगी, इसे अपने इतिहास-दर्शन में बताने की कोशिश की है कि यूरोप का उसमें क्या स्थान है और यूरोप के अलावा भारत और चीन जैसी प्राचीन सभ्यताएँ उसमें क्या स्थान रखती हैं और भविष्य में क्या स्थान होगा। हीगेल एक तरह से साम्राज्यवादी यूरोप की विजय-यात्रा की गाथा लिखता है। उस इतिहास में जहाँ पूर्वी देश चिरकाल तक पराधीन और गुलाम रहने के लिए अभिशप्त हैं, वहाँ की पूरी गाथा लिखी है। उस पूरी गाथा का जिक्र न करके मैं आज के विषय से सम्बद्ध एक तथ्य का उल्लेख करना चाहता हूँ। मैं नहीं जानता कि आप लोगों में से कितने उससे परिचित हैं। भारतवासियों के विषय में हीगेल ने कहा है कि यह भुलक्कड़ों का देश है। इसमें यह व्यंग्य छिपा हुआ है कि जिसे ये बहुत ज्यादा प्रेम करते हैं, उसी को भूल जाते हैं। दुष्यन्त शकुन्तला को भूला था, इस एक रूपक को हीगेल समूचे भारत की मानसिकता के बारे में लागू करते हैं कि यह उन लोगों का देश है, यह उस जाति के लोग हैं, जो भुलक्कड़ हैं, भूल जाते हैं। यह कहा था एक परदेशी ने, पराये ने कहा था, लेकिन गैर भी अगर कड़वा सच कहते हैं तो उसे कम-से-कम सुनना तो जरूर चाहिए और सुन करके उसकी रोशनी में आत्म-परीक्षण करना चाहिए।

हीगेल ने जो कहा, उस समय के भारतीय उसे नहीं जानते थे। विडम्बना यह है कि आज के भारतीय भी उसे नहीं जानते। मेरे जैसे अल्पज्ञ आदमी को कई जगहों पर बताना पड़ता है कि हीगेल ऐसा कह गया है। अक्सर इस व्यक्ति ने बहुतों से पूछा है। यह पंक्ति, यह शब्द किसी ने न देखा, न सुना, न पढ़ा इसीलिए मैंने धृष्टता की है आप विद्वानों के सम्मुख कि यदि सचमुच हम भूलनेवाले हैं तो कम-से-कम याद दिलाने पर इसे याद तो कर लें।

मैंने कहा कि उन्नीसवीं सदी विस्मरण की पीड़ा और स्मरण के उल्लास का रंगमंच है। हम वेदों को, उपनिषदों को भूल गए थे। हम महाभारत, रामायण को भूल गए थे। हम कालिदास को भूल गए थे। गौरवशाली अतीत किसी जाति को, किसी संस्कृति को, किसी सभ्यता को स्वाभिमान देता है, शक्ति देता है, आगे बढ़ने की क्षमता देता है, प्रेरणा देता है। हम उसे भूल बैठे थे और भूलने की सजा हमने पाई। इसीलिए उन्नीसवीं शताब्दी में आधुनिक भारतीय भाषाओं में आप देखें तो लगभग बंजर-काल है, जिसमें रचनाएँ बहुत कम लिखी गई हैं। हिन्दी के इतिहास को याद करें तो रीतिकाल का यह अन्तिम दौर था। उन्नीसवीं सदी के आरम्भ में बुझती हुई शिखा के रूप में इसी क्षेत्र के यानी बुन्देलखंड में एक बड़े कवि थे पद्माकर, लेकिन फिर भी विन्ध्य-प्रदेश में राजाओं के आश्रय में कई कवि थे जो रचनाएँ जरूर कर रहे थे, लेकिन जिसे हमारे यहाँ प्रचलित शब्दों में कहा जाता है कि ये उड्गन लोगों में से थे। सूर और तुलसी का युग तो समाप्त हो चुका था। पंडितराज

जगन्नाथ के बाद संस्कृत के क्षेत्र में दूसरा कोई कवि, कोई प्रतिभा फिर हुई नहीं। दर्शन का दौर समाप्त हो चुका था। न्याय का युग समाप्त हो चुका था। काव्य का, नाटक का दौर समाप्त हो चुका था। ऐसे दौर के बाद सहसा हम देखते हैं कि उस विस्मरण से जागे भले ही इसमें निमित्त अंग्रेजी राज और 1857 की गोलियाँ बनी हों, भले ही विदेश से आनेवाले प्राच्य विद्याविद् ओरिएंटल स्कॉलर बने हों और वे ओरिएंटल स्कॉलर जब भारत के खँडहरों की खोज कर रहे थे तो हमारे लिए नहीं, अपने लिए खोज कर रहे थे। यह खोज उन्नीसवीं शताब्दी के यूरोप में रोमांटिक उत्थान का कारण बनी थी। शेली की कविताओं में ओरिएंटेशन जिस रूप में आता है, अंग्रेजी के विद्वान जानते होंगे।

कीट्स के बारे में अभी हाल ही में खबर आई है कि वे ईस्ट इंडिया कम्पनी में नौकरी करने के लिए भारत आना चाहते थे। 'टाइम्स ऑफ इंडिया' में एक न्यूज छपी थी, वे अपनी प्रेयसी टेनी ब्राउन के कारण और क्षय बीमारी के कारण नहीं आ सके। फ्रांस का, जर्मनी का, इंग्लैंड का रोमांटिक उत्थान ओरिएंटलिस्टों द्वारा इस पूर्वी संसार की खोज का परिणाम है। ये यूरोप के लोग स्वीकार करते हैं। उस खोज से लाभ तो उन्होंने उठाया, लेकिन आप जानते हैं कि कभी-कभी अपना घर जब लुटता है तो लूटपाट में दूसरे सम्पत्ति ले जाएँ लेकिन जो रहनेवाले अपना खोते हैं, वे और कुछ नहीं पाते हैं, तो कम-से-कम एक चेतना पाते हैं और वह चेतना हमने इस आघात से, इस चोट से प्राप्त की और हम पुनः अपने अतीत को याद करने लगे। हर स्मृति दोहराती नहीं है। स्मृति में वही बात ज्यों-की-त्यों याद नहीं आती है, जिसे कहें कि कुछ बातें बदल-बदल गईं। पहले का घटित आप जब याद करते हैं तो वह आपके द्वारा फिर निर्मित होता है। मनोवांछित होता है। उस स्मृति में थोड़ी भावुकता होती है। कभी-कभी उसमें अतिरिक्त महिमा-मंडन भी होता है। उस स्मृति में अगर कड़वाहट हुई, तल्खी हुई तो जरूरत से ज्यादा उसकी समीक्षा भी होती है। आलोचना भी होती है। कभी-कभी लगता है कि एकदम भूल जाएँ और हम उसे खारिज भी कर देते हैं।

'कामायनी' में मनु महाप्रलय के बाद चट्टान पर बैठे हुए उस देव-सभ्यता को जब याद करते हैं, जो महाप्रलय में नष्ट हो चुकी थी, 'तो लगता है कि विस्मृति या अवसाद घेर ले नीरवता, बस चुप कर दे'। हम उसे याद नहीं करना चाहते हैं, भूल जाना चाहते हैं। 1947 में देश के विभाजन के साथ जो खून-खराबा हुआ, जिसमें लोग पंजाब में बेघर होकर यहाँ और कुछ लोग यहाँ से उजड़कर एक ऐसे पवित्र देश में रहने की आशा लेकर गए, जिसकी सजा आज भी भुगत रहे हैं। कराची में जो रोज मुहाजिरों के दंगे हुआ करते हैं, उनको सजा दी जाती है। कौन याद करना चाहता है उस दर्द को, उस पीड़ा को, उस अत्याचार को? वह इतना गहरा था कि हम उसे भूलना चाहते हैं। चाहते हैं कि न होता तो अच्छा था। न याद आए तो

अच्छा है। इसलिए उस अतीत को याद करने में दोनों स्थितियाँ थीं। भावुकतावश वह बहुत सुन्दर लगने लगा।

अंग्रेजी में एक कवि ने लिखा है कि 'हार्ड मेलोडीज आर स्वीट बट दोज अनहर्ड आर स्वीटर'। सुने हुए गीत मधुर होते हैं, लेकिन अनसुने और मधुर होते हैं। अनसुने यानी जो बीत चुके हैं, उसे सुना तो नहीं जा सकता है। जिसे सुना नहीं है, जिन्हें देखा नहीं, वे आज बहुत अच्छे मालूम होते हैं। जिन लोगों ने उन नेताओं को नहीं देखा है, सम्भव है कि वे आप लोगों में से कुछ को बहुत अच्छे लगते हों। इतने अच्छे उन लोगों को नहीं लगते थे, जिन लोगों ने जब वे जिन्दा थे तो उन्हें देखा था। यह भी हो सकता है कि आपको इतने बुरे लगें क्योंकि आज के लोगों को जब हम देखते हैं तो कहते हैं कि वे भी तो ऐसे ही रहे होंगे और फिर जरूर चाहते हैं कि उन्हें न याद करें।

उन्नीसवीं शताब्दी में जो स्मरण है, जिसे हम नवजागरण कहते हैं, उस बेला में हम लोगों को एक स्वर्ण-युग दिखाई पड़ा—चमकता हुआ। वह स्वर्ण-युग किसी को वेदों वाला स्वर्ण-युग दिखाई पड़ता था। जब वर्तमान में सोने के दर्शन नहीं हुए तो कहा, उन्नीसवीं सदी में सोने के सिक्के थे। अब तो मेरा खयाल है कि चाँदी के भी गायब हो गए। हमने तो कम-से-कम रानी विक्टोरिया कलदार देखा है और आज भी कुछ घरों में होंगे, जो शादियों पर चढ़ाए जाते थे। उनके बारे में कहा जाता था कि इसमें चाँदी शत-प्रतिशत तो नहीं, लेकिन शत से कुछ ही कम हुआ करता था। इसलिए जब वर्तमान में सोना नहीं दिखाई पड़ता है तो आदमी यादों में सोने को याद करता है। भूखे आदमी को छप्पन प्रकार के व्यंजन सपने में दिखाई पड़ते हैं, इसलिए वैदिक युग स्वर्ण-युग मालूम होता है। कण्व का आश्रम, शकुन्तला का आश्रम बिलकुल स्वर्ण की तरह मालूम होता था। हम लोगों को उसमें भनभनाते हुए मच्छर और तैरते हुए मेढक नहीं सुनाई पड़ते थे। आदमी को खा जानेवाले बाघों के दर्शन नहीं होते थे। लगता था, सर्वत्र मृग ही छलाँग लगा रहे हैं। एक भी मच्छर और मेढक वहाँ नहीं होता। वहाँ तो बारहों मास कोयल ही बोला करती थी। दाढ़ी-वाढ़ी बढ़ाए हुए ऋषियों को नहाने को पानी मिलता था कि नहीं मिलता था? वे सर्दियों में सचमुच नहाते थे या नहीं नहाते थे और कड़ाके के जाड़े में आग उन लोगों को तापने को मिलती थी या नहीं मिलती थी? स्वर्ण-युग ही दिखाई पड़ता था। 'मधुच्छरन्ति सिंधवः'—दूध-दही की नदियाँ बहती दिखाई पड़ती थीं, स्वर्ण-युग चमकता हुआ दिखाई पड़ता था। लोग लहालोट थे, और तो और, इतने बड़े ज्ञानी स्वामी दयानन्द सरस्वती कहते थे कि उसी को लौटा ले आओ।

कुछ लोगों ने कहा कि नहीं, उससे और अच्छा युग है, जब राजा जनक थे, याज्ञवल्क्य थे, भरद्वाज थे। लगता था कि उपनिषदों के काल में सारा भारतवर्ष ही

जैसे विश्वविद्यालय था। चौबीस घंटे और कोई काम लोगों को नहीं था, केवल ब्रह्म-चिन्तन ही किया करते थे। वे भूल जाते थे कि ब्रह्म-चिन्तन करते समय एक आदमी से एक स्त्री जब सवाल पूछने लगी, तो कहने लगे कि तेरा सिर गिर जाएगा अगर तू सवाल पूछेगी। 'यत्र नार्यस्तु पूज्यन्ते रमन्ते तत्र देवता:'—यहाँ नारियाँ पूजी जाती थीं, कोई नारी सती नहीं होती थी, किसी स्त्री के साथ बलात्कार नहीं किया जाता था। कोई दरबार से तिरस्कृत, ठुकराई नहीं जाती थी। किसी बेटे ने अपने बाप के कहने पर माँ का गला नहीं काटा था, यद्यपि सब कुछ हुआ। वैदिक युग स्वर्ण-युग था, उपनिषद् स्वर्ण-युग था। बाद में लोगों ने कहा कि इनकी तिथि वगैरह का कुछ पता नहीं है, इसलिए जब गुप्तकाल की समुद्रगुप्त की कथाएँ, चन्द्रगुप्त विक्रमादित्य की कथाएँ, उज्जयिनी और तमाम चीजें मालूम हुईं तो यह भी कहा गया कि स्वर्ण-मुद्राएँ मिली हैं।

शादियों-ब्याहों में अंग्रेजों को गिन्नी भेंट करनेवाले हम लोग खरीदकर एक गिन्नी दिया करते थे, सोना बहुत महत्त्वपूर्ण था। इसी सोने की चमक में, सात समुद्र पार से अंग्रेज इस देश में सोना लूटने आए थे और हम लोग अपने अतीत में स्वर्ण-युग ढूँढ़ रहे थे। सारा अतीत स्वर्णिम दिखाई पड़ता है तो इतना महिमा-मंडित किया हम लोगों ने कि शायद वे युग उतने सुन्दर न रहे होंगे, जितने हम लोगों ने अपनी स्मृति के सहारे गढ़ा। अंग्रेजों ने सोचा कि अच्छा बहाना है। कुछ दिनों तक इन सालों को इसी स्मरण में डूबे रहने दो। स्वर्ण-युग में डुबाने में अंग्रेजों की भी भूमिका बहुत अधिक है।

'गोल्डेन एज' हमारे ब्रिटिश ओरिएंटलिस्ट ने खोजा था और जब एशियाटिक सोसाइटी स्थापित हुई तो वहाँ के संस्कृत पंडितों ने वहाँ से अनुवाद करा कर भेजा था। स्वर्ण-युग की कल्पना गढ़ने में, उसके प्रति हमें मुग्ध करने में काफी कहानियाँ और रंग-रोगन उन्होंने लगाया, जिसका प्रयोजन वही था कि स्वर्णिम अतीत में डूबे हुए भारतीय अपना वर्तमान और भविष्य अंग्रेजों के हाथ रहने दें। वे राज-काज करें और हम सपना देखें। मैंने कहा कि यही नहीं था। बड़ा आसान होता अगर अतीत के गौरव का बोध ही होता। ऐसे भी युवक अंग्रेजी पढ़कर पैदा हुए जो अतीत को गरिमामय नहीं मानते थे।

इसी पुनर्जागरण के समय कलकत्ते में हिन्दू कॉलेज कायम हुआ जिसमें एक अध्यापक था—'द रीबियो'—यंग बंगाल का प्रतिनिधि। विद्रोह के लिए वह गो-मांस लेकर सार्वजनिक रूप से दिखाता था और बताता, 'हम गो-मांस खाते हैं, आप खा सकते हैं।' यह इसलिए कि पुराने लोग चिढ़ें। उस यंग बंगाल ने, जिसके नेता हिन्दू कॉलेज के अध्यापक द रोबियो थे, कहा कि बकवास है हमारा अतीत। सम्पूर्ण अतीत को उन्होंने खारिज किया, रिजेक्ट किया, तिरस्कृत किया। कहा कि प्रदर्शन लायक कुछ है ही नहीं। उन्होंने कहा कि हमें अपने वर्तमान और भविष्य के बारे

में सोचना चाहिए। यह दूसरा छोर था और नाटक तभी होता है, जब दो नितान्त विरोधी स्वरों में तनाव हो। इसीलिए उन्नीसवीं शताब्दी का नवजागरण दिलचस्प है। दो छोर हैं, अतीत सुनहला है—अतीत घृण्य है, तिरस्करणीय। इन दो छोरों के बीच अतीत के बारे में कई दृष्टियाँ थीं। एक को प्राचीन भारत का अध्यात्म बहुत आकर्षित करता था। दूसरे को वही अध्यात्म भारत के विनाश का कारण मालूम होता था। एक के लिए प्राचीन विवेकवाद, बुद्धिवाद बड़ी चीज है, जहाँ उपनिषदों में कहा गया : 'सत्यमेव जयते'। महाभारत के शकुन्तलोपाख्यान में, शकुन्तला ने राजा के द्वार पर आकर कहा था कि मैं कुछ नहीं चाहती, तुमने प्रतिज्ञा की थी। जब गान्धर्व विवाह किया था तो मैंने शर्त रखी थी कि मेरा बेटा युवराज होगा और तुम्हारे बाद गद्दी पर बैठेगा, सिंहासनस्थ राजा होगा और तुमने स्वीकार किया था। इसलिए आज मैं आई हूँ। तुमने वचन दिया था। सत्य की रक्षा करो, सत्य की जय होनी चाहिए। मैं सत्य की लड़ाई लड़ने के लिए आई हूँ। मैं कोई दया माँगने नहीं आई। यहाँ तक उसने कहा कि मैं तुम्हारे जैसे झुट्ठे आदमी के साथ रहना भी नहीं चाहती। मैं जा रही हूँ। यह रहा तेरा बेटा, इसे तुम्हें गद्दी देनी पड़ेगी अर्थात सत्यमेव जयते—जहाँ सत्य के लिए वे लोग लड़ते थे। इसलिए लोगों ने कहा कि भारत की परम्परा केवल अध्यात्म की नहीं है।

भारतीय ब्रह्मविद्या में सत्य बड़ी चीज है। सत्य ही ब्रह्म है, सत्य ही ईश्वर है, सत्य की जय होनी चाहिए और सत्य के लिए बुद्धि-विवेक बड़ी चीज है। विवेक पर जो खरा उतरे, वह सच और जो खोटा उतरे, वह झूठ, गलत और तिरस्करणीय है। गौतम बुद्ध ने कहा कि वेद को मैं प्रमाण नहीं मानता, बुद्धि को प्रमाण मानता हूँ, इसीलिए वे लोग बौद्ध कहे गए। बौद्ध माने इंटेलेक्चुअल, जो बुद्धि और विवेक पर किसी चीज की परीक्षा किया करते थे। महापंडित राहुल सांकृत्यायन ने कहा था कि किसी बात को इसलिए सच मत मानो कि इसे कहनेवाले लोग बहुत बड़े-बूढ़े थे। इसे आर्ष ग्रंथों में कहा गया है, यह बहुत दिनों से चली आ रही है, इसलिए कोई बात मानने योग्य नहीं हो जाती। पुरानी पोथियों में कहा गया है, बड़े-बूढ़े लोग कहते आए हैं, यह प्रमाण नहीं है। आजकल के जमाने में बड़े-बूढ़े लोग अक्सर गलत कहते हैं और कहना चाहिए, ज्यादा बेईमान दिखाई पड़ते हैं। सारे देश को एक बहुत बड़ा-बूढ़ा चकमा देता चला जा रहा है और वह देश का सर्वोच्च राजनीतिज्ञ है। वह कोई युवक नहीं है। इसलिए नौजवान बुद्ध ने कहा था कि कोई बात इसलिए सच नहीं हो जाती कि बड़ी उम्र वाले कह रहे हैं। जो कह रहा है, उसकी उम्र इतनी लम्बी है। हमारे यहाँ साधु-महात्मा इसीलिए पूजनीय हो जाते हैं। महात्मा जी की तो उम्र का पता नहीं होता कि ये सौ साल के हैं या डेढ़ सौ साल के हैं, हजार साल के होंगे। अगर उम्र ही प्रमाण होती तो रीवा की जो चट्टानें हैं, वे जियोलॉजिस्ट के मुताबिक तो मेरा खयाल है कि हजारों मिलियन साल पुरानी

होंगी। फिर वही सच कहेंगी। उम्र से नहीं जाँचा जाता सच। बुद्ध ने कहा कि बुद्धि और विवेक से परीक्षा करके देखो। यह भी हमारी परम्परा है।

उन्नीसवीं शताब्दी में लोगों ने, खास तौर से बंगाल ने, महाराष्ट्र ने भले ही नवजागरण में उपनिषदों का आधार लिया हो, गीता का आधार लिया हो, लेकिन हिन्दी प्रदेश ही ऐसा है, जहाँ उपनिषद् और वेदान्त के अलावा अतीत से जो बहुमूल्य विरासत ली थी, वह गौतम बुद्ध की ली थी और इसमें आगे बढ़कर योगदान करनेवाले महापंडित राहुल सांकृत्यायन थे, जिन्होंने बुद्ध के वचन को उस नवजागरण में एक नये रत्न के रूप में लिया। इसीलिए उन्नीसवीं शताब्दी के भारतीय नवजागरण में एक ओर अध्यात्मवाद-रहस्यवाद को अपनी महत्त्वपूर्ण विरासत मानने की परम्परा दिखाई पड़ती है, तो कुछ लोगों को बुद्धिवाद और विवेकवाद की परम्परा सबसे मूल्यवान दिखाई पड़ती है। बुद्धिवाद-विवेकवाद के आधार पर खड़े लोग 'क्रिटिकल इनसाइडर' थे। 'क्रिटिकल इनसाइडर' मैं उनको कहता हूँ जो अपनी पुरानी परम्परा को मूल में पढ़ते हैं। उन्नीसवीं शताब्दी के संस्कृत के पंडितों को बहुत ध्यान से पढ़िए। आज के पंडितों को देखकर, जो धर्म-संसद में जाते दिखाई पड़ते हैं और राजनीतिज्ञों के इशारे पर तंत्र-मंत्र करते दिखाई पड़ते हैं, उन्नीसवीं शताब्दी के पंडित इन पंडितों से अलग थे, जो ईसाई पादरियों से लोहा लेते थे। ईसाई पादरी हमारे शास्त्रों को, स्मृति-ग्रंथों को, वेद को, उपनिषद् को, पुराण को चुनौती देते थे। ये लोग अपना धर्मव्रत खूब जानते थे।

आप अच्छी तरह से जानते हैं कि ईसाई पादरी समाज में आज भी जो 'सेमिनरी' होती है, उसमें जिनका धर्मान्तरण करना होता है, उनको अपने धर्म ग्रंथ की तो दीक्षा ही दी जाती है, उनके शास्त्र की कमजोरियाँ भी बताई जाती हैं और तब दीक्षित कर दिया जाता है। जो पहले बड़े-बड़े शास्त्रार्थ होते थे, इन शास्त्रार्थों में हमारे देश के पंडित अपने शास्त्र का सहारा लेकर अपनी कमजोरियों को स्वीकार करते हुए अपना पक्ष प्रभावी ढंग से रखते थे। ऐसे पंडितों में राममोहन राय एक थे, जो संस्कृत, अरबी, फारसी आदि अन्य भाषाएँ दक्षता से जानते थे। विद्यासागर उसी दक्षता के साथ जानते थे। काशी के पंडितों की तो एक पूरी परम्परा है—शिवकुमार शास्त्री से लेकर गंगाधर शास्त्री तक। अनेक शास्त्रार्थियों को आप पढ़ें, जिसकी अन्तिम महत्त्वपूर्ण कड़ी हिन्दी के प्रेमी लेखक और कवि थे महामहोपाध्याय पंडित रामावतार शर्मा और पंडित चन्द्रधर शर्मा 'गुलेरी', जिन्होंने 'उसने कहा था' नाम की अमर कहानी लिखी है। वे संस्कृत के जितने बड़े पंडित थे, अंग्रेजी उतनी ही जाननेवाले। 'गुलेरी रचनावली' से उसका कुछ अन्दाज लग सकता है। पंडित रामावतार शर्मा की मेधा और प्रतिभा विरल थी और साथ ही उनकी पुरानी परम्परा और रूढ़ियों की धज्जियाँ उड़ानेवाली वृत्ति थी। उन्होंने संस्कृत में एक अद्भुत उपन्यास लिखा था और फिर हिन्दी में लिखा : 'मुद्गरानन्द आख्यान'—बाण की

शैली में। उसमें था कि स्वामी मुद्गरानन्द छींक दें तो उसमें से हाथी निकल पड़ते थे। एक फैंटेसी लिखी थी। विष्णु शास्त्री चिपलूणकर और महादेव गोविन्द रानाडे आगरकर आदि थे, जिनको मैंने 'क्रिटिकल इनसाइडर' कहा। ये इनसाइडर कोई बाहर से आए हुए उपरफट्टू पंडित नहीं थे, अपनी पूरी परम्परा से छके हुए थे। उनकी नसों और रगों में रक्त की तरह से ज्ञान-परम्परा और शास्त्र-ज्ञान रहता था। ये लोग क्रिटिकल थे। आलोचनात्मक दृष्टि से देखते थे। इन लोगों ने कहा : 'ठीक है, कुछ चीजें हमारे यहाँ ठीक नहीं हैं।' सती-प्रथा पर उन्होंने विचार किया कि ऊपर से देखने में अच्छा लगता है कि स्त्री पति के साथ मर जाए, वरना विधवा रहने पर उसका जीवन दुखद होगा, लेकिन उन्होंने मिताक्षरा दाय भाग में जहाँ उत्तराधिकार का निर्णय किया गया है, कहा कि स्त्रियों को जलाने की प्रथा उत्तराधिकारी के झगड़े के कारण है।

बंगाल में विधवाओं को जिन कारणों से जलाया जाता था, उसमें वह पतिव्रत का उच्च आदर्श नहीं था। महत्त्वपूर्ण थी पारिवारिक सम्पत्ति, जिसके कारण जलाया जाता था। राजा राममोहन राय ने जब देखा, विद्यासागर ने देखा तो कहा कि स्मृति ग्रंथों में जो लिखा है, उसके कारण यह हो रहा है, इसे छोड़ो। उन्हीं लोगों ने देखा कि हमारे यहाँ वर्ण-व्यवस्था गुण 'कर्म' विभागशः बताई गई थी, लेकिन बाद में चलकर जो जाति-व्यवस्था बनी और जातीयता का एक तंत्र उत्तरकाल में बना जिसमें वर्ण-व्यवस्था का पतन हुआ, जिसमें घोर अमानुषिकता है। अपने ही बीच से कुछ लोगों को हम शूद्र ही नहीं, अति शूद्र कहते हैं, अछूत समझते हैं, यह ठीक नहीं है। यह अमानुषिक है। इसलिए इसमें सुधार करना चाहिए।

स्वामी दयानन्द जैसे विद्वान भी जब वेद का सहारा लेते थे और इसका खंडन करते थे, तब उसका आधार यही हुआ करता था। इन्हीं लोगों ने कहा कि हमारे देश में स्त्रियों के बारे में, जिस देश में गार्गी मैत्रेयी जैसी वैदिक ऋषियों के तुल्य देवियाँ हुआ करती थीं, आज उसी देश में स्त्रियों को शिक्षा नहीं दी जाती है। स्त्रियाँ वेद न पढ़ें, यह जो कहा गया है, यह बाद का विधान है, गलत विधान है। क्यों न पढ़ें? इसीलिए इन लोगों ने स्त्री-शिक्षा पर जोर दिया।

उन्नीसवीं शताब्दी में परम्परा के जाननेवाले पंडितों ने मंथन करके शास्त्रों के प्रति एक आलोचनात्मक रुख रखा। 'संग्रह त्याग न बिनु पहिचाने'—तुलसीदास जी ने ठीक कहा कि संग्रह और त्याग बिना पहचान के न करना चाहिए। पहचान करके क्या संग्रह करने लायक है और क्या छोड़ देने लायक है, यह अपने-पराये के भेद बिना करना चाहिए। उन्होंने कहा कि पहले हम लोगों को स्वयं अपनी आलोचना करके अपना घर ठीक करना चाहिए।

विचित्र बात यह है और उल्लेखनीय है कि पराजय के क्षणों में ही हम आत्मालोचन करते हैं। विजय के उल्लास में आम तौर से आत्मालोचन की घड़ियाँ

नहीं आतीं। 1857 की गहरी पराजय और दमन के बाद इस देश की मनीषा की स्थिति यह थी कि हमने उस पराजय में अन्तरावलोकन किया, आत्म-समीक्षा की, अपनी कमजोरियाँ पहचानीं और उस प्राचीन के मूल्यांकन के द्वारा हम नई परिस्थितियों के सम्मुख चुनौतियों को स्वीकार करते हुए नई चीजों को लेने को तत्पर हुए। बहुत पहले वराहमिहिर की 'बृहद्संहिता' में, जो ज्योतिष का महान ग्रंथ है, उसमें होड़ाचक्र का विधान है। जो होड़ाचक्र आजकल जन्मकुंडली में बनाया जाता है, उसमें वराहमिहिर ने कहा कि यह जो दैत्य कहलाता है, होड़ाचक्र में यह म्लेच्छों की चीज है, फिर भी लेने योग्य है और ले लेना चाहिए, ले लिये उन्होंने। आज भी हम लोगों के यहाँ ज्योतिष के अच्छे पुराने पंडित शाकद्वीपीय ब्राह्मण होते हैं। शाकद्वीपीय ब्राह्मण हमारे यहाँ कहते हैं कि जिस तरह से हिदसाँ हमने बनाया और यवनों ने लिया, उसी तरह से यदि पश्चिम वालों ने कोई नई चीज बनाई है तो हमें ले लेना चाहिए, यह भी हमारी परम्परा रही है।

हमारी ही परम्परा में एक ओर यदि कहा गया है कि समुद्र-पार नहीं जाना चाहिए तो दूसरी ओर हमारे लोग जावा, सुमात्रा, श्रीलंका ही नहीं, चीन, मंगोलिया, जापान कैसे पहुँचे थे? वे वहाँ गए और अपना सांस्कृतिक वर्चस्व फैलाया। लोगों ने कहा कि ये गलत बातें चल पड़ी हैं, छोड़ देनी चाहिए। समुद्र-पार में कोई अच्छी चीज हो तो लेना चाहिए, चाहे वह दुश्मन के यहाँ ही हो। दुश्मन की कारतूस को लेकर झगड़ा हुआ था। 1857 में कहा गया कि उसमें चर्बी लगी है तो कारतूस नहीं लेंगे, लेकिन बन्दूक तो ले ही सकते हैं। बन्दूक से लड़नेवाले आदमी से लड़ने के लिए बन्दूक ही तो चाहिए। बन्दूक का मतलब है—टेक्नोलॉजी और टेक्नोलॉजी का मतलब है साइंस।

उन्नीसवीं शताब्दी में आप देखें कि विज्ञान के प्रति झुकाव बढ़ता है। विचित्र बात है कि पुराने पंडित विज्ञान के ग्रंथों का अनुवाद कर रहे हैं, किताबें लिखी जा रही हैं। महावीर प्रसाद द्विवेदी की 'सरस्वती' में नियमित रूप से विज्ञान की कोई-न-कोई नई खोज छपती है। कहीं दूसरी जगह भी छपती थी तो वे तत्काल 'सरस्वती' में सूचना देते थे। जगदीश चन्द्र बसु को नोबल पुरस्कार मिला नई खोज के लिए। उन्होंने दिखाया कि पौधों में भी जान होती है। आप देखें कि जगदीश चन्द्र बसु पर द्विवेदी जी ने लगातार तीन लेख लिखे। बिना किसी विदेशी मदद के जगदीश चन्द्र बसु ने अपनी प्रयोगशाला बनाई, जिसमें एक भी यंत्र बाहर से नहीं लिया गया था, स्वयं बनाया था। द्विवेदी जी ने इस पर अभिमान करते हुए लिखा था। विज्ञान, टेक्नोलॉजी, उद्योग—ये सारी चीजें लेकर हम लोग अतीत के अध्यात्म को साइड शिक्षा के रूप में लेते हैं, जो अच्छा है। थोड़ी अध्यात्म की चर्चा कर लेनी चाहिए। नहा-धोकर थोड़ा मुन-मुन, भुन-भुन कर लेने में कोई हर्ज नहीं। विश्व में भारत आगे बढ़े, इसलिए जरूरी है कि टेक्नोलॉजी और उद्योग को

अपना लेना चाहिए। लोगों को व्यापार की ओर बढ़ाना चाहिए। भारतेन्दु हरिश्चन्द्र अग्रवाल थे। बनिया लोग हिसाब-किताब में बड़े तेज होते हैं। उनकी पत्रिका में विज्ञापन छपा करते थे विदेशी माल के बारे में। यद्यपि वे स्वदेशी का आदर किया करते थे, लेकिन उनका माल समुद्र-पार पहुँचे, बिके, इसकी चिन्ता भी होती थी। आज जो ग्लोबलाइजेशन हो रहा है, वह अलग है। उन्नीसवीं शताब्दी में वाणिज्य-व्यापार पर गहरी नजर लोगों की थी। स्वदेशी की चर्चा करते हुए भी। मोटे तौर से यही है उन्नीसवीं शताब्दी का भारतीय नवजागरण, जिसे मैंने 'विस्मरण और स्मरण का एक नाटक' कहा है।

उन्नीसवीं शताब्दी का नवजागरण समूचे भारत में—कहीं ज्यादा, कहीं कम—मौजूद है। इससे फर्क नहीं पड़ता कि पहले महाराष्ट्र में हुआ या पहले बंगाल में हुआ। पहले जहाँ भी हुआ, इसी से कहीं का पुनर्जागरण बड़ा नहीं हो जाता। मैं पहले पैदा हुआ हूँ इसलिए कोई प्रतिभाशाली नौजवान जो यहाँ डिग्री कॉलेज में पढ़ता हो, उससे योग्य नहीं हो जाऊँगा। मैथमेटिक्स में नौजवान रामानुजम् ने जो खोजा था, जिसकी एवज में लम्बी उम्र में भी हार्डी साहब नहीं खोज पाए। बंगाल में अगर पहले नवजागरण हुआ तो बंगाल के लोगों को तनकर चलने की जरूरत नहीं है। उनको इसमें भी तन के चलने की जरूरत नहीं है कि अफगान वार जीतनेवाली आर्मी का नाम बंगाल आर्मी था। नाम था बंगाल आर्मी, लेकिन लड़नेवाले हिन्दुस्तानी लोग हुआ करते थे। बंगाल में मुहावरा चलता था कि कलकत्ते में माचिस बेचकर खाएगा और काबुल की लड़ाई में जाएगा। बंगालियों के रिक्रूटमेंट को लेकर बहुत सारे मजाक चलते हैं, जिसे यहाँ कहने की जरूरत नहीं है।

सच्चाई यह है कि आज के विद्वानों को पता नहीं है कि नवजागरण पहले बंगाल में हुआ था, महाराष्ट्र में हुआ था या पंजाब में हुआ था। पंजाब के बारे में तरह-तरह की कहानियाँ कही जाती हैं। पंजाब तो गुरुओं का देश है। वहाँ उन्नीसवीं शताब्दी के समस्त साहित्यकारों ने भाई वीर सिंह से प्रेरणा ली। उन्हें किसी ने पढ़ा हो तो वे आधुनिक पंजाबी साहित्य के जनक के रूप में जाने जाते हैं। वे पंजाब के उस नवजागरण के प्रमुख थे। उसी तरह से गुजरात में हुआ था, वैसे ही आन्ध्र प्रदेश में हुआ तथा कर्नाटक में हुआ। इसी शताब्दी में दलितों और किसानों के लिए संघर्ष हुआ, जिस परम्परा में आगे चलकर बाबा साहब अंबेडकर जैसा नायक पैदा हुआ। यह गौरव महाराष्ट्र को है। बंगाल में महात्मा फुले जैसा कोई पैदा नहीं हुआ। हिन्दी प्रदेश में भी नहीं हुआ। इसीलिए तो हिन्दी प्रदेश दुर्भाग्यवश दलितों के नाम की गलत राजनीति में उलझा है। महाराष्ट्र को महात्मा फुले मिले थे, इसीलिए महाराष्ट्र को बाबा साहब अंबेडकर मिले। आपको जब पहले कोई नहीं मिला तो आज बौने-फूहड़ नेता मिलेंगे। इतिहास भी वही देता है, जिसके लायक आप होते हैं। अर्थ यह कि अखिल भारतीय रूप में नवजागरण को देखना चाहिए।

अनेक पंडित कहते हैं कि उन्नीसवीं शताब्दी में जो जागरण हुआ, उसे नवजागरण कहना चाहिए, रेनेसाँ नहीं कहना चाहिए। रेनेसाँ तो एक ही हुआ है और वह इटली में हुआ और वहाँ तेरहवीं-चौदहवीं शताब्दी में हुआ। खामखाँ अंग्रेजी की नकल करके उन्नीसवीं शताब्दी में जो घटित हुआ, उसको हम लोग अंग्रेजों की नकल पर रेनेसाँ या नवजागरण कह रहे हैं। उनसे मेरा नम्रतापूर्वक निवेदन होगा कि हे मित्रो, आप राष्ट्र या राष्ट्रवाद का जिक्र मत कीजिए। आप आधुनिकता और आधुनिकीकरण का भी जिक्र मत कीजिए। मॉडर्निटी, मॉडर्नाइजेशन, नेशनलाइजेशन, नेशनलिज्म का रेनेसाँ की ही तरह यूरोप के इतिहास में जन्म हुआ था। रियलिज्म की चर्चा मत कीजिए। आप अपने यहाँ रोमांटिसिज्म की चर्चा मत कीजिए। इससे कोई फर्क नहीं पड़ता कि रेनेसाँ, राष्ट्रवाद, आधुनिकतावाद आदि के कॉन्सेप्ट यूरोपीय इतिहास के प्रभाव से बने। 'उपजहिं अनत अनत छवि लहहीं', कोई संकल्पना कहीं एक जगह पैदा होती है। अगर उसमें सत्य के अंश होते हैं तो कहीं भी प्रभाव डालती है। विज्ञान के बारे में रिलेटिविटी को स्वीकार करने में कहीं कोई कठिनाई नहीं होती। न्यूटन की फिजिक्स थियरी अपनाने में कोई कठिनाई नहीं होती। वह भी तो पश्चिम का है। मीठा-मीठा गप, कड़वा-कड़वा थू। इंजन चलाने के लिए न्यूटन का सिद्धान्त लेंगे लेकिन अपनी सांस्कृतिक विरासत के विश्लेषण के लिए रेनेसाँ को लेना हो तो कहेंगे कि वह यूरोपीय है। यह गैर-भारतीय मनोवृत्ति है, जिसे मैं कहता हूँ कि यह वह दकियानूसी चीज है, जिसको हमारी परम्परा बहुत पहले से तिरस्कृत करती रही है। उपयोगी को ग्रहण करने की परम्परा यहाँ पुरानी है। आखिर शंकराचार्य ने बौद्धों के बारे में कहा था कि दूध अगर कुत्ते की खाल से बने हुए पात्र में रखा है तो दूध ले लेना चाहिए और पात्र फेंक देना चाहिए। क्या दूध लेना आप बन्द कर देंगे कि प्लास्टिक की थैली में आ रहा है? सोने-चाँदी के बर्तनों में दूध अगर आपके पास है तो पियो। मिट्टी के बर्तन में अगर आप पिएँगे, तो सोंधी गन्ध आती है। आप जो सुई लिया करते हैं, प्लास्टिक वगैरह में ही इंजेक्शन की सुइयाँ बन्द रहती हैं। इन सबके साथ वैसा ही व्यवहार होगा। इसी प्रकार के अबुद्धिकर, अतिरेकवाद को रेनेसाँ ने ठुकराया था। रेनेसाँ की संकल्पना भले ही विश्व के दूसरे भू-भाग में पैदा हुई हो, पर वह संकल्पना यदि हमारे इतिहास को समझने में सहायक होती है तो लेने में कोई हर्ज नहीं है। ध्यान यह रहे कि कॉन्सेप्ट लें तो कॉन्सेप्ट को लागू करते समय आँख मूँदकर उन्नीसवीं शताब्दी के भारत को चौदहवीं शताब्दी का इटली न बना दें। भारत भारत रहे अपने सारे वैशिष्ट्य के साथ और हम कहें कि यह हमारा भारतीय नवजागरण है, जो इटली के नवजागरण से अलग है, विशिष्ट है। हम कहें कि इटली में हुआ होगा उस तरह का नवजागरण, यहाँ किसी ब्रूनो को जलाया नहीं गया था। यहाँ किसी गैलीलियो को जेल की सजा नहीं हुई। यहाँ किसी कैपलर

को दंडित नहीं होना पड़ा। यह हमारा नवजागरण था। किसी ने राममोहन राय को गोली नहीं मारी। विद्यासागर को उनके विचारों के लिए किसी ने कत्ल नहीं किया। यह भारतीय नवजागरण है।

हमने नवजागरण के बारे में लोगों से बहस की, विरोध किया, उनके विचारों को सुना और उसके आधार पर जो लोग आगे बढ़ना चाहते थे, बढ़ने की प्रेरणा दी। इस नवजागरण के बारे में यदि लोग कहें कि यह अंग्रेजों की देन है तो बहुत सारी चीजें अंग्रेजों की दी हुई हैं। पूरी-की-पूरी न्याय-प्रणाली और अदालतें मौजूद हैं। कहाँ इस तरह थीं पहले? लॉ ऑफ एविडेन्स कहाँ हुआ करता था? कहाँ गवाह गुजरते थे और कहाँ सिविल और फौजदारी के अलग-अलग मुकदमे होते थे? इंडियन पिनल कोड कहाँ थे? कचहरी का चक्कर लगाते-लगाते आपके जूतों के तल्ले घिस गए। अदालतें ले लीं अंग्रेजों की, लेकिन यदि डिकेन्स के उपन्यासों से और शेक्सपियर के नाटकों से प्रेरणा लेकर यहाँ नये ढंग के उपन्यास और नाटक लिखे गए तो क्या आप नहीं लेंगे? छोड़ो अदालतें, छोड़ो कचहरियों को, इसलिए कि अंग्रेजों के साथ हम लोगों ने और उन्नीसवीं शताब्दी के लोगों ने इसका स्वागत किया था। अंग्रेजों के कारण कम-से-कम एक कानून व न्याय-व्यवस्था, लॉ एंड ऑर्डर कायम हुआ। सबने एक स्वर से तारीफ की है। अंग्रेजों के आने के पहले, चाहे राजा-महाराजा, नवाब या मुगल बादशाह जो भी रहे हों, उनके जमाने में कानून और व्यवस्था का राज नहीं था। राजा नाराज हो गया तो किसी की बेटी को उठवा ले जाएगा और किसी को चार खून माफ है। बहुत-से राजाओं के लिए प्रसिद्ध था, कोई राजा कितना बड़ा है, इसकी माप इस बात से की जाती है कि किसको कितने खून माफ हैं। यह था राज। अंग्रेज गोली मारते थे तो झूठी ही सही लेकिन व्यवस्था थी। मुकदमा चलाकर, जुर्म साबित करके, तब गोली मारते थे। न्याय का नाटक ही सही था, जो नाटक आज तक चल रहा है। उस न्याय-व्यवस्था में कहाँ त्रुटि है? कहाँ कमी है? —यह दूसरा प्रश्न है। 'लॉ एंड ऑर्डर' नाम की एक चीज कायम हुई जो उपनिवेशवादी थी। मैं कहना चाहता हूँ कि हमारा नवजागरण पश्चिम की देन नहीं है, पश्चिम निमित्त है।

विज्ञान के लोग जानते हैं, कैटेलीटिक एजेंट होता है जो लगभग उसी तरह होता है, जैसे हम लोग दही जमाने के लिए कभी-कभी दूध में एक ताँबे का सिक्का डाल देते हैं। विश्लेषण करने पर मालूम होता है कि दही में ताँबे का कोई तत्त्व पहुँचने नहीं पाता। टी.एस. इलियट ने उदाहरण दिया है कैटेलीटिक एजेंट का। एक तार दो गैसों के बीच में जलाए तो तीसरा पदार्थ बनता है, लेकिन जो प्लेटिनम का तार आप उसमें जलाते हैं, उसका कोई भी एलीमेंट, कोई भी कम्पोनेंट उसमें नहीं हुआ करता। अंग्रेजी राज एक कैटेलीटिक एजेंट के रूप में था। कैटेलीटिक एजेंट निमित्त बनता है। कभी-कभी परिवार में कोई बाहर का आदमी आ जाता

है। उसके आने मात्र से हम लोगों के बीच बीती नौ पीढ़ियों के रिश्ते बन जाते हैं। एक छोटा बच्चा जैसे ही पैदा होता है घर में, तो उस दिन से जिस पति-पत्नी से पैदा हुआ है, उस बच्चे के कारण पति-पत्नी का रिश्ता तो बदलता ही है, उसके दादा से उसके बेटे की और स्वयं दादी का आपसी रिश्ता एकदम से बदल जाता है, तीसरा रूप ले लिया करता है। बाहर का आनेवाला एक तीसरा आदमी स्वयं हमारे आपसी रिश्ते बदल सकता है। इसी तरह अंग्रेज निमित्त बने, उनके कारण ऐसी बहुत-सी चीजें सूझीं।

अंग्रेजों के आने के साथ ही एक नये ढंग का नाटक हमारे यहाँ लिखा जाने लगा। एकदम से बिलकुल नई विधा उपन्यास का उदय तो कायदे से उपनिवेश के अनुभव का ही नतीजा है। 'दुर्गेशनन्दिनी' बंकिम ने लिखा और बंकिम धुआँधार इतिहास लिखते थे। इसी बघेलखंड में होगा हिन्दी का पहला उपन्यास जिसे 'परीक्षा-गुरु' कहा जाता है। मेरी नजर में विजयराघव गढ़ के ठाकुर जगमोहन सिंह ने 'श्यामा-स्वप्न' नामक उपन्यास लिखा था। विस्मरण और स्मरण की थीम का अद्‌भुत उपन्यास है। कवित्वपूर्ण मालूम होता है, कथात्मक कम है। शायद आप जानते होंगे, जगमोहन सिंह के पिता 1857 की लड़ाई में अंग्रेजों के खिलाफ लड़े थे और उनको उस समय कैद कर लिया गया था। कहते हैं कि उनको अंडमान भेजा गया। वहीं रहस्यात्मक तरीके से उनकी मृत्यु हुई। मृत्युदंड दिया गया था या किसी जंगल में घूमते हुए मर गए, विवादास्पद है। जगमोहन सिंह को कोर्ट ऑफ लॉर्ड के अन्दर लिया गया। और उन्हें बनारस पढ़ने के लिए अंग्रेज बहादुर ने भेजा। ऐसा लगता है कि बाद में उन्होंने नौकरी भी की, मध्य प्रदेश के विभिन्न भागों में तहसीलदार रहे। जगमोहन सिंह ने अपने पिता की स्मृति को जिलाए रखा। 1857 की क्रान्ति में भाग लेने का एहसास उनको था। 'श्यामा-स्वप्न' उपन्यास में एक आदमी को कैद करके तहखाने में डाले जाने का प्रसंग है। नायक को अद्‌भुत स्वप्न आते हैं। उपन्यास प्रेम-कथा है। एक निम्न जाति के आदमी को ब्राह्मण की लड़की से प्रेम होना बताया जाता है और लगभग इसी समय जो एक अर्द्ध-विक्षेप की अवस्था होती है, जिसमें आदमी को लगता है कि सारी दुनिया दुश्मन है और जैसे उससे बदला लेना चाहती है, आक्रमण करना चाहती है। 'श्यामा-स्वप्न' रात के चार प्रहर में देखे हुए दुःस्वप्नों की कहानी है। एक फैंटेसी है। प्रेम को आधार बनाकर एक नये ढंग का उपन्यास लिखा गया।

संकेत में कहना चाहूँगा, उन्नीसवीं शताब्दी के उपन्यासों को आजकल के विद्वान उपन्यास मानने के लिए ही तैयार नहीं हैं। यथार्थवादी उपन्यास भी मूलतः राष्ट्रीय रोमांस हैं। वे राष्ट्रीय रोमांस पराभव या राष्ट्रीय पराधीनता से बदला लेने की भावना से लिखे गए हैं। ये पश्चिम और पूर्व, भारत और यूरोप की भिड़न्त की कहानी फैंटेसी के रूप में कहते हैं, जिसका सबसे ज्वलन्त उदाहरण है बंकिमचन्द्र

का 'कपाल कुंडला'। 'कपाल कुंडला' तांत्रिक की कहानी होते हुए भी व्यंजना से भरा है। इसमें जो युवती स्त्री है, जंगली लड़की, वह जैसे भारत है, जो इनोसेंट है। वह आश्रम की रहनेवाली, आधुनिक सभ्यता की टीम-टाम और नगर-सभ्यता से दूर है। वह वर्जित है, स्वायत्त है और कैसे वह नगर से सम्पर्क होने के बाद विद्रोह कर उठती है और अन्त में हत्या करती है। बंकिम के उपन्यासों में 'आनन्द मठ' की चर्चा राजनीतिक रूप में ज्यादा हुई। आप ध्यान से पढ़ें तो बंकिमचन्द्र का ज्यादा महत्त्वपूर्ण—कला की दृष्टि से भी और अपने गूढ़ार्थ में भी—उपन्यास 'कपाल कुंडला' है। आपमें से अगर किसी ने 'कपाल कुंडला' फिल्म देखी हो तो पता चलता है कि क्यों फिल्मकार ने 'कपाल कुंडला' को ही फिल्म के लिए चुना था, 'आनन्द मठ' को नहीं।

उन्नीसवीं शताब्दी का नवजागरण एक सांस्कृतिक जागरण है, जिसकी अभिव्यक्ति भाषा में, कलारूपों में, नाटकों में, उपन्यासों में, कविताओं में हुई। चित्रों में हुई। आज भी भारतीय मानस में उस नवजागरण के बने हुए चित्र कैलेंडर के रूप में धरोहर हैं। रवि वर्मा उस दौर के सबसे महत्त्वपूर्ण चित्रकार हैं, जिन्होंने पुराणों की सारी स्त्रियों की, जिनकी हम लोगों के मन में स्मृति है, जैसे—सरस्वती की, दुर्गा की, सीता की, फिर राम-कृष्ण-दुष्यन्त के चित्र बनाए। दुष्यन्त की जो छवि हमारे मन में बसी हुई है, वह राजा रवि वर्मा के बनाए हुए चित्रों की है। घरों में बहुत दिनों तक वह लगाई रहती थी और अब भी बहुत-सी किताबों में छपी है।

उन्नीसवीं शताब्दी का नवजागरण भारतीय संगीत के पुनर्जागरण की भी कहानी है। मित्रो, हर देश अपनी पहचान दो ही चीजों से बनाता और सुरक्षित रखता है : संगीत और भोजन से। उसी से आदमी का टेस्ट पहचाना जाता है। आज फिल्मों में और टेलीविजन के धारावाहिकों में जो नया फास्ट संगीत आया है, जिसकी अभ्यस्त हमारी नई पीढ़ी होती जा रही है, यह बड़े सांस्कृतिक प्रदूषण का कारण है। कोई भी देश अपना संगीत भूलकर पराया संगीत अपना ले तो समझ लीजिए, अपनी अस्मिता खो बैठा। भारत में उन्नीसवीं शताब्दी में विष्णु दिगम्बर पलुस्कर उसी नवजागरण की देन हैं, जिन्होंने खोज-खोजकर अपने संगीत की सारी राग-परम्परा को सुरक्षित रखा, लिपिबद्ध किया, फिर स्वर-लिपि तैयार की, जिसमें एक से एक बढ़कर गायक हुए। ध्रुपद की ही परम्परा नहीं, बल्कि खयाल गायकी की परम्परा की रक्षा हुई, वरना हम लोग केवल कव्वाली और ठुमरी-दादरा ही गाते रह जाते।

उन्नीसवीं शताब्दी संगीत की शताब्दी है। उन्नीसवीं शताब्दी में प्राचीन भारतीय संगीत हिन्दी-भाषी प्रदेशों में, हमारे राजघरानों में, काशी में, प्रयाग में, मथुरा में, वृन्दावन में जीवित रहा, जो हमारी पहचान, हमारी अस्मिता का सबसे स्पष्ट आधार है। चित्रों में मिलावट हो सकती है, भाषा में मिलावट हो सकती है, साहित्य-रूपों में

हो सकती है, अकेला भारतीय संगीत है जिसे लाख रविशंकर कोशिश करें, लेकिन सितार सितार रहेगा, सरोद सरोद रहेगा। इसकी नकल आप पियानो से नहीं कर सकते हैं। आप इसकी नकल किसी वाद्य यंत्र से नहीं कर सकते हैं। इसी से संगीत की प्रतिष्ठा हुई थी। जैसे गणित को क्वीन ऑफ आल साइंसेज कहते हैं, उसी तरह कलाओं में संगीत का दर्जा है। इसको नाद ब्रह्म कहते हैं। भारत की आत्मा भारत के संगीत में है। संतों ने, गुरुओं ने भजन बनाए हों, सब किये हों, लेकिन आज भी गुरुद्वारों में जो गुरुवाणी गाई जाती है, वह रागी ही गाते हैं, क्लासिकीय राग-रागिनियों में गाते हैं। निजामुद्दीन की दरगाह में आप सुनेंगे तो ढोलक पर वही फरीद बाबा की गायकी होगी। निजामुद्दीन दरगाह पर एक ओर ढोलक पर ढमढम करते हुए कव्वाली के स्वर में गायन और दूसरी ओर हरमिन्दर साहब से आए हुए लोगों ने रागबद्ध बाबा फरीद को गाया, तो लगा कि यह आध्यात्मिक अनुभव है।

कुल बात यह है कि उन्नीसवीं शताब्दी सांस्कृतिक नवजागरण का प्रतीक है। इसने साहित्य और कला के साथ जो मूल सांस्कृतिक चेतना और आत्मा है, इसे जगाया।

[अवधेश प्रताप सिंह वि.वि., रीवा में महाराजा विश्वनाथ सिंह स्मृति भाषणमाला के तत्त्वावधान में दिया गया व्याख्यान 'वसुधा : अंक-38' में प्रकाशित। लिप्यन्तरण : प्रवेश तिवारी]

गांधी : जीवन की सच्चाइयाँ और सहनशीलता

मैं उन सौभाग्यशाली लोगों में हूँ, जिन्होंने गांधी जी को देखा था। सम्भव है, आपमें से कुछ लोग होंगे, जिन्होंने गांधी जी को देखा होगा। 1941 में काशी हिन्दू विश्वविद्यालय के रजत जयन्ती के अवसर पर गांधी जी काशी आए थे और उसी साल मैं हाईस्कूल में दाखिला लेने के लिए गाँव से काशी आया था। तब महामना मालवीय जी जीवित थे। उनको कुर्सी पर बैठाकर लाया गया था। वे चल नहीं सकते थे। एक ही बात याद है, जब गांधी जी बोलने के लिए खड़े हुए, अपार भीड़ लगी हुई थी। गांधी जी ने पूछा—(अन्दाजा उनको था) 'क्या मेरी आवाज आप लोगों तक पहुँच रही है?' तो लोगों ने कहा : 'नहीं।' गांधी जी ने कहा कि 'यह कैसे सुन लिया?' यह चुटकी ली उन्होंने और भाषण दिया। कहा कि महामना की झोली में कुछ रखकर जाओ। उस समय राधाकृष्णन् वाइस चांसलर थे। लोग बड़ी ऊँची-ऊँची बातें कर रहे थे, व्यावहारिक बातें उन्होंने कीं। अन्त में यह कहा कि जो आए हैं यहाँ, महामना की झोली में कुछ डालकर जाएँ। चलेगा कैसे यह विश्वविद्यालय? यह व्यावहारिक बुद्धि थी। वे ठहरे थे शिवप्रसाद गुप्त जी के 'सेवा उपवन' में। वहीं ठहरते थे। गंगा जी के किनारे। बोले, सुबह-सुबह वहाँ से टहलते हुए निकला कि विश्वविद्यालय को अब देख लूँ टहलते-टहलते। इधर से निकला तो देखा कि फाटक पर बाहर ऊपर अंग्रेजी में 'बनारस हिन्दू यूनिवर्सिटी' लिखा हुआ है। इसका नाम 'काशी हिन्दू विश्वविद्यालय' नागरी में क्यों नहीं लिखा हुआ है? उसी के बाद से बदल दिया गया उसे। उस पर पट्टी लगाकर फिर 'काशी हिन्दू विश्वविद्यालय' लिखा गया। यही दो बातें गांधी जी की मुझे अब भी याद हैं। उसके बाद उनके दर्शन का कोई मौका नहीं मिला। मैं बधाई दूँगा अपनी हिन्दी अकादमी को, जिसकी लोग आलोचना करेंगे कि हिन्दी अकादमी साहित्य की अकादमी है और गांधी जी, जिनका साहित्य से कोई लेना-देना नहीं है, उनकी दो किताबें छापीं और किताबें भी छापीं तो कोई कहानी, उपन्यास, आलोचना की नहीं छापीं, 'हिन्द स्वराज', जिसका दूर-दूर तक कविता से सम्बन्ध नहीं है। वैसे भी आलोचकों की कमी नहीं है। फिर भी इस साहस की दाद देनी चाहिए कि यह पहला कार्यक्रम एक नया तंत्र है।

हिन्दी अकादमी गांधी से नहीं शुरू करेगी तो किससे करेगी? यदि गांधी न होते तो हिन्दी राजभाषा न होती। सब अंग्रेजियत वाले थे। जवाहरलाल नेहरू सौ जन्म तक नहीं करते। इसलिए हिन्दी वालों को ऋणी होना चाहिए कि गुजराती-भाषी होते हुए भी गांधी पहला आदमी था कांग्रेस में, जिसने शुरू से समझ लिया था कि इस देश की भाषा होगी, तो हिन्दी होगी। गांधी न होते तो न होती हिन्दी। इसलिए कृतघ्न होंगे हम कि गांधी से शुरू नहीं करेंगे। 'हिन्द स्वराज' की चर्चा हुई। निश्चय ही वह बहुत महत्त्वपूर्ण दस्तावेज आज भी है। उल्लेख किया गया कि स्वराज तो हमें मिल गया। स्वराज और विकास का बहुत नाम लिया जा रहा है। विकास किस लाइन पर होगा? 1945 में जब जवाहरलाल नेहरू से उनका पत्र-व्यवहार हुआ होगा तो उन्होंने कहा कि स्वराज मिल रहा है, देखेंगे कि भारत कैसा बनाना चाहते हो तुम। और जवाहरलाल ने साफ कहा कि आपके 'हिन्द स्वराज' में जिसकी परिकल्पना है कि मशीनरी नहीं होगी, यह नहीं होगा। हम उसकी एक बात भी नहीं मानते। गांधी जी बोले, मैं आज भी दृढ़ हूँ। वह एक ही बुनियाद है जो उसी के अनुसार होगा। मशीन की सभ्यता विनाश की ओर ले जाएगी, जिसकी चरम परिणति एटम बम के रूप में है। उस दस्तावेज को उन्होंने तब लिखा था, जो आज भी बहुत रेलीवेंट है वह।

लंदन से लौटते हुए पानी के जहाज पर बहस के रूप में किताब लिखी गई है। उस समय सावरकर और कई जो सशस्त्र क्रान्ति करनेवाले लोग थे, उनसे उन्होंने बहस की थी। उनकी बहादुरी की वे दाद देते थे कि ये जान लेते हैं तो जान देना भी जानते हैं इसलिए वे बहादुर हैं। बहादुरी के वे प्रशंसक थे। लेकिन उनके विचारों को एकदम गलत समझते थे। और जो मशीन से पैदा होनेवाली, कल-कारखानों से पैदा होनेवाली नई सभ्यता बन रही थी, सोचते थे, रास्ता यह विनाश का रास्ता है, हमारा दूसरा होगा। किताब उन्होंने 1909 में लिखी थी और पानी के जहाज पर लिखी थी और दक्षिण अफ्रीका में रहते हुए लिखी थी। भारत आने के बाद 16 साल बाद लगभग 1925 में 'सत्य के प्रयोग' अथवा 'आत्मकथा' उन्होंने लिखी। आत्मकथा लिखने की परम्परा थोड़ी-बहुत पहले भी मिलेगी। बनारसी दास ने 'अर्धकथा' के नाम से पहले आत्मकथा लिखी थी। वे जैन थे। रवीन्द्रनाथ ठाकुर की अपने बचपन की स्मृतियों वाली किताब है। आत्मकथा रवीन्द्रनाथ ने नहीं लिखी। कई लोगों ने लिखी है। जवाहरलाल नेहरू ने भी आत्मकथा लिखी। दोनों को मिला करके देखिए। गांधी जी की आत्मकथा से मिलाकर देखिए तो असलियत का पता चलेगा। बचपन में हमारे पिताजी के घनिष्ठ गांधीवादी मित्र थे कामताप्रसाद विद्यार्थी, जिनके कारण मैंने नमक सत्याग्रह आन्दोलन देखा था। बच्चा था, कंधों पर बैठकर गया था। वहीं उनके यहाँ गांधी की किताबें भी रहती थीं। जवाहरलाल नेहरू की 'विश्व इतिहास की झलक' वगैरह वहाँ थी। इसे बहुत पहले पढ़ा था। एक कच्ची उम्र में और बड़ा पाप-बोध जगा था। एक घटना उस आत्मकथा में थी। उस समय

समझ तो क्या होती! उसमें वह अध्याय, जिसमें पिता की मृत्यु और दोहरी शर्म। मैं चकित था कि यह आदमी, यह लिख सकता है खुल करके कि मेरे पिता मर रहे थे और मैं अपनी बीवी के साथ सोया हुआ था। ऐसी कोई बात जवाहरलाल ने अपनी आत्मकथा में लिखी है? है हिम्मत? यह बात मुझे याद रह गई थी। यह आदमी? यह साहस? सबके सामने खुल करके अपने को रख सकता है। यह कन्फेशन है, जिसे कहते हैं कि वह ईसाइयत की परम्परा में था। न भूलिए कि बहुत गहरी छाप गांधी पर टॉल्स्टॉय की थी।

'हिन्द स्वराज' लिखते हुए और सच पूछिए तो भारत में टॉल्स्टॉय के प्रति उनके साहित्य को पढ़ने का रुझान गांधी ने पैदा किया। यह 'कन्फेशन' वाली चीज थी। यह हिन्दू धर्म में नहीं है। हमारे यहाँ कई संकल्प करते हुए आप यह नहीं कहते कि अपने पाप को स्वीकार करते हैं। 'ओरिजनल सिन' की परिकल्पना ईसाइयत से गांधी ने ली थी। और यह 'कन्फेशन' करना खुल करके, पाप को स्वीकार और तभी आप पाप से लड़ेंगे। इसलिए यह पारदर्शिता मेरे मन पर गहरी छाप छोड़ गई थी। इस किताब की बाकी गूढ़ गम्भीर बातों को भी मैं पढ़ रहा हूँ। मैं बहुत कृतज्ञ हूँ कि इसका पुनर्मुद्रण करके सुलभ करवाया गया। पिछले दो दिनों से मैं आत्मकथा को पढ़ रहा हूँ। समाजशास्त्री आनन्द कुमार ने कहा था कि इसका नाम 'सत्य के प्रयोग' नहीं होना चाहिए। 'पुरुषार्थ प्रकाश' होना चाहिए था। प्रकाश शब्द तो 'सत्यार्थ प्रकाश' में भी है। प्रकाश और प्रयोग में क्या अन्तर है, यह देखिए। मिला करके देखिए। हमारे यहाँ के लोग जो संस्कृत के पंडित हैं, जानते हैं कि चार पुरुषार्थ होते हैं—धर्म, काम, अर्थ और मोक्ष। इसमें सत्य नहीं है पुरुषार्थ। एक पुरुष के नाते भौतिक जीवन की जो चीजें हैं जिसमें धर्म है, अर्थ-कामना, काम यानी शादी-ब्याह करके संतान उत्पन्न करना, अन्त में मोक्ष में जाना। गांधी को इनमें से किसी से मतलब नहीं था। धर्म से मतलब पूजा-पाठ करना और कर्मकांड करना आदि। इसलिए धर्मशास्त्र जिस रूप में समझा जाता है, गांधी जी का उससे कोई मतलब नहीं था। धर्म का उनका अपना अर्थ था। गांधी ने सत्य पर इसलिए इतना जोर दिया कि हमारे यहाँ तो बकायदा लिखा हुआ है—सत्यमेव जयते। सत्य के अर्थ अलग-अलग हैं। क्या अर्थ हैं अलग? सोचिए।

गांधी जी ने 'सत्यार्थ प्रकाश' नहीं लिखा, 'सत्य के प्रयोग' लिखे और प्रयोग कभी विफल नहीं होता। मैं समझता हूँ कि प्रयोग में अन्तिम कुछ नहीं होता। अज्ञेय जी ने प्रगतिवाद के समानान्तर प्रयोगवाद चलाया। एक प्रयोग किया, दूसरा-तीसरा प्रयोग किया। इसका एक गहरा सम्बन्ध साइंस से है। विचित्र बात है कि गांधी जी का सम्पूर्ण कर्म जो है, वह एक वैज्ञानिक की तरह था। आन्दोलनों में, बाकी चीजों में भी प्रयोग किये उन्होंने। गांधी जी के पहले जो कांग्रेस कमेटी थी, साल भर में एक बार मिलना, कुछ प्रस्ताव पास करना। उस कांग्रेस का ढाँचा बदल दिया उन्होंने।

संघर्ष की लड़ाई के इतने रूप बदले उन्होंने, जो शायद ही दुनिया के किसी देश में किया गया हो। इसलिए स्वयं प्रयोग किया उन्होंने नये से नये। बड़ी ही दिलचस्प कथा है, जिसे आत्मकथा न कह करके उन्होंने 'सत्य के प्रयोग' कहा है। प्रयोग करने के लिए जरूरी है आत्मज्ञान। इस पूरी आत्मकथा में मैं देख रहा था कि पूरे भारत का भ्रमण किया उन्होंने। उन पर जो फिल्म बनी है, उसमें कहा गया था कि भारत के बारे में कहने जा रहे हो तो पहले भारत को जाकर देखो। इसी आत्मकथा में काशी गए तो क्या देखा उन्होंने, शान्तिनिकेतन भी गए वे। मसूरी वगैरह की तरफ गए। पूरे भारत का भ्रमण किया उन्होंने। पूरे भारत को देखकर उन्होंने कहा कि जिस देश के बारे में बात करने, लड़ने के लिए आया हूँ तो इंच-इंच पहले उसे जान तो लूँ, देख तो लूँ, तभी तो उसके बारे में बात कर सकता हूँ। एक वैज्ञानिक की तरह से प्रयोग करना, जहाँ जिसके लिए हम काम करनेवाले हैं, उसका भूगोल कैसा है? उसका समाज कैसा है? उसमें कौन लोग हैं और करने के लिए हम कैसे काम करेंगे? कमेटी तो होती नहीं थी। यह पूरी आत्मकथा नागपुर कांग्रेस तक है। 1920 से 1925 तक। और उन्होंने लिखा है कि कुछ चीजें मैंने छोड़ भी दी हैं जानबूझ करके। उसके बारे में क्यों नहीं लिखा है, बताया है। उसके बारे में इसलिए नहीं लिखा कि मेरा जीवन सार्वजनिक है। हर चीज लोगों को मालूम है, उसको लिखने की जरूरत नहीं है। जो नहीं मालूम है, वही लिखा है। अब जानने के बाद मैं देख रहा था कि दिलचस्प है कि कैसे उन्होंने आश्रम, कहाँ बनाना है साबरमती आश्रम, बनाने के लिए उस आश्रम का रूप क्या होगा? किस तरह से आश्रम में हरिजन शामिल किया उन्होंने? वहाँ कैसे खाना बनेगा, कौन बर्तन धोएगा? वह आश्रम नहीं था बल्कि अगले भारत का सपना भी था। देश कैसे बनाओगे जब तुम आश्रम नहीं बना सकते? इसलिए वह यहाँ शुरू हुई प्रयोग की चीज थी। आत्मकथा यह नहीं है, यह सत्य के प्रयोग है। सत्य के प्रयोग जब उन्होंने कहा तो जीवन में उस सत्य को ब्रह्मज्ञान न समझ लिया जाए। हरिजन जैसे आए, हरिजनों में दिलचस्पी कैसे हुई? चोटी क्यों रखनी चाहिए, क्यों नहीं रखनी चाहिए, सबका वर्णन इसमें है। क्योंकि जनेऊ सभी नहीं पहन सकते हैं तो जनेऊ पर क्या अधिकार हो सकता है? इसलिए क्या छोड़ा? कैसे-कैसे छोड़ा? क्यों छोड़ा? स्त्रियों को आश्रम में जगह किस प्रकार मिली? जात-पाँत के विरुद्ध तो आश्रम एक प्रयोगशाला थी उनकी। कैसे वैज्ञानिक अपनी प्रयोगशाला में प्रयोग करता है? फिर इस प्रयोग को प्रयोगशाला के बाहर और समाज में करता है। इसलिए सम्पूर्ण जीवन गांधी जी की एक प्रयोगशाला था।

मेरा आपसे निवेदन है कि इस पुस्तक को बूँद-बूँद की तरह पढ़िए। इसका मनन कीजिए, जिससे यह भी मालूम होगा कि सत्य की तलाश करते हुए गांधी राजनीति में क्यों गए थे। लोग गांधी जी को आस्तिक और नास्तिक कहते हैं। गांधी जी अपने-आपको आस्तिक कहते हैं। लेकिन वे आस्तिक भी विचित्र प्रकार के थे :

'सत्य से भिन्न कोई परमेश्वर है, ऐसा मैंने कभी अनुभव नहीं किया। इन प्रकरणों के पन्ने-पन्ने से यह प्रतीति हुई है कि सत्य का एक मात्र मार्ग अहिंसा ही है। यदि नहीं तो मैं इस प्रयत्न को व्यर्थ समझता हूँ। प्रयत्न चाहे व्यर्थ हो किन्तु वचन व्यर्थ नहीं है। मेरी अहिंसा सच्ची होने पर भी कच्ची है। हिम्मत होनी चाहिए कहने की। अतएव हजारों सूर्यों को इकट्ठा करने से भी जिस सत्य-रूपी सूर्य के तेज का पूरा माप नहीं निकल सकता है, सत्य की मेरी झाँकी ऐसे सूर्य की केवल एक किरण के दर्शन के समान ही है। यह कविता है। आज तक के अपने प्रयोगों के अन्त में मैं इतना ही कह सकता हूँ कि सत्य का सम्पूर्ण दर्शन सम्पूर्ण अहिंसा के बिना असम्भव है। ऐसे व्यापक सत्य नारायण के प्रत्यक्ष दर्शन के लिए जीवन मात्र के प्रति आत्म और प्रेम परम आवश्यक है। अहिंसा की परिभाषा है आत्मवत् प्रेम। आत्मवत् प्रेम की परम आवश्यकता है और जो मनुष्य ऐसा करना चाहता है, वह जीवन के किसी भी क्षेत्र से बाहर नहीं जा सकता। यही कारण है कि सत्य की मेरी पूजा मुझे राजनीति में खींच लाई है। क्यों राजनीति में खींच लाई है? गुफा में नहीं ले गई है। जो मनुष्य यह कहता है कि धर्म का राजनीति के साथ कोई सम्बन्ध नहीं है, वह धर्म को नहीं जानता। जो धर्म के नाम पर खून-खराबा करते हैं, वे कहीं ज्यादा राजनीति में डूबे हुए लोग हैं। ऐसा कहने में मुझे संकोच नहीं होता और न ऐसा कहने में मैं ऐसा अभिनय करता, बिना आत्मशुद्धि के जीवन के साथ ऐक्य सध ही नहीं सकता। जीवन के साथ जो ऐक्य है, वह आत्मशुद्धि के द्वारा है। प्रगति के लिए आवश्यक है कि सत्य के प्रयोग अपने जीवन की प्रयोगशाला में परिवार से शुरू करें। परिवार से शुरू करके समाज की ओर हम बढ़ते हैं।'

मैं समझता हूँ कि इस आत्मकथा की रुचि गांधी जी के व्यक्तिगत जीवन की घटनाओं में, उनकी यात्राओं में नहीं है। कुछ लोग ऐसे थे जो गांधी बनने के लिए अपने सारे दाँत तुड़वा लिये थे। कुछ लोग गांधी जी की नकल करने लगे। गांधी इन चीजों को पसन्द नहीं करते थे। यह अन्धानुकरण है। अपने जीवन में जो सम्भव छोटा से छोटा काम भी हम कहीं से कर सकें तो मैं समझता हूँ कि गांधी जी के कदमों पर दूर तक दौड़ें भले न, लेकिन अपने जीवन में स्वयं अपना परिष्कार तो हम कर ही सकते हैं। 'सत्य के प्रयोग' के माध्यम से गांधी जी ने जो हिन्द स्वराज का अपना सपना देखा है, उसके लिए आत्म-परिष्कार सबसे अच्छा मार्ग है।

[हिन्दी अकादमी, दिल्ली की एक संगोष्ठी में दिया गया भाषण,
'इन्द्रप्रस्थ भारती' के जनवरी-मार्च, 2010 अंक में प्रकाशित]

राष्ट्रवाद, सम्प्रदायवाद और धर्मनिरपेक्षतावाद

मैं सबसे पहले अपने मन का सन्देह व्यक्त करना चाहता हूँ। क्या सम्प्रदायवाद का जवाब आज राष्ट्रवाद है? दूसरी बात यह है कि जिस सम्प्रदायवाद के जवाब के रूप में 'सेकुलरिज्म' की विचारधारा को रखा गया है और हिन्दी में जिसे 'धर्म-निरपेक्षता' कहते हैं, क्या सम्प्रदायवाद को खत्म करने का यह दूसरा हल भी आज कारगर है? एक लेखक और साहित्य के विद्यार्थी होने के नाते मैंने जो इस पर अनुभव किया है, वह आपके सामने रखना चाहता हूँ।

हमारे देश में सम्प्रदायवाद और राष्ट्रवाद—दोनों का जन्म एक साथ हुआ है। मोटे तौर पर यह समझा जाता है कि उपनिवेशवादी दौर में अंग्रेजी साम्राज्यवाद के विरुद्ध संघर्ष करते हुए इस देश में राष्ट्रीय चेतना का विकास हुआ और उस राष्ट्रीय चेतना के मजबूत होने के साथ ही हमने सन् 1947 में आजादी प्राप्त की। और क्योंकि दुनिया में साम्राज्यवाद अभी पूरी तरह खत्म नहीं हुआ है, वह नवउपनिवेशवाद के रूप में आज भी मौजूद है, इसलिए उस राष्ट्रीय चेतना और विचारधारा की आवश्यकता हमें आज भी है। ऐसा इसलिए भी कि हम ब्रिटिश उपनिवेशवाद को साम्राज्यवाद की संतान मानते थे और इसके जवाब में राष्ट्रवाद को रखते थे। 1947 के बाद आज तक, जब भी साम्प्रदायिक दंगे होते हैं तो आप देखते ही हैं कि उनके पीछे विदेशी ताकतों—बाहरी ताकतों का हाथ बताया जाता है और इसके जवाब में हम बार-बार राष्ट्रीय एकता और राष्ट्रवाद का नाम लेते हैं। अत: इसकी जाँच की जानी चाहिए कि सन् 1947 के पहले सम्प्रदायवाद से लड़ने का जितना कारगर विकल्प राष्ट्रवाद था, क्या सन् 1947 के बाद भी वह उतनी ही ताकतवर विचारधारा है या हो सकती है?...लेकिन जैसाकि मैंने कुछ शुरू में ही कहा, हमारे इतिहास में राष्ट्रवाद और सम्प्रदायवाद—दोनों एक ही साथ पैदा हुए हैं कि कहीं दोनों एक ही सिक्के के दो पहलू तो नहीं हैं?—इसकी भी जाँच की जानी चाहिए। ऐसा मैं इसलिए कह रहा हूँ कि राष्ट्रीय चेतना के विकास के साथ-साथ इस देश में पहली बार, धर्म के आधार पर दो बड़े धर्मों को माननेवाले जन-समूहों को एक नाम दिया गया। दोनों को अपनी 'पहचान' (आइडेंटिटी) बनाने की चिन्ता हुई : 'हिन्दू आइडेंटिटी' और 'मुस्लिम आइडेंटिटी'। जिसे हम उन्नीसवीं सदी का 'नवजागरण'

कहते हैं, उस नवजागरण में 'हिन्दू नवजागरण' और 'मुस्लिम नवजागरण', ये दोनों साथ-साथ घटित हुए और इन दोनों नवजागरणों के साथ ही हमारे देश में राष्ट्रीय चेतना और राष्ट्रवाद का भी विकास हुआ। हमारा राष्ट्रीय आन्दोलन उसी नवजागरण की संतान है। इसलिए 'राष्ट्रवाद' और 'हिन्दू जातीयता' और 'मुस्लिम कौसियत'—ये साथ-साथ पैदा हुईं। प्रो. रोमिला थापर का एक बहुत महत्त्वपूर्ण लेख 'मॉडर्न एशियन स्टडीज' में प्रकाशित हुआ है। उसमें बताया गया है कि आज जिसे हम लोग 'हिन्दू कम्यूनिटी' या 'मुस्लिम कम्यूनिटी' कहते हैं, यह 'रचना', यह 'कंसट्रक्शन' उन प्राच्य-विद्याविदों का है जिन्होंने उन्नीसवीं शताब्दी में वेदों की खोज की, उनका सम्पादन किया, जिन्होंने इस देश की पुरातात्त्विक अनुसन्धान की बुनियाद रखी, जिन्होंने संस्कृति पर लिखा, संस्कृत भाषा पर लिखा। उन्होंने पहली बार, जो आस्थाओं, विश्वासों, मिथकों का एक पुंज था, जिसे हम 'श्रुति-धर्म', 'स्मृति धर्म' के रूप में जानते थे, वैदिक संस्कृति, पौराणिक संस्कृति, बौद्ध, जैन, शैव अथवा विभिन्न मजहबों, सम्प्रदायों आदि-आदि के रूप में जानते थे—उन सबको समेटकर 'हिन्दू' नाम देने की परिकल्पना बहुत कुछ उन्नीसवीं शताब्दी के उन प्राच्यविद्या-विशारदों की वह 'निर्मिति' है जिसे हमारे देश के देशभक्ति और स्वाधीनता चाहनेवाले, नेक इरादेवाले लोगों ने ज्यों का त्यों स्वीकार कर लिया। 'गर्व से कहो, हम हिन्दू है'—यह भावना इसी से पैदा हुई।

ठीक इसी तरह 'मुस्लिम कम्यूनिटी' भी एक 'निर्मिति' है। साहित्य का विद्यार्थी होने के नाते मैं जानता हूँ कि मलिक मुहम्मद जायसी या कबीर या रीतिकाल के कवि बिहारी वगैरह भी उस दौर के लोगों के बारे में लिखते हैं तो तुर्क कहते हैं, पठान कहते हैं, 'हिन्दू तुरकन भई लराई।' ये बाहर से आनेवाली और इस्लाम को माननेवाली कौमों और जातियों को भी सैयद, पठान, मुगल, तुर्क आदि नामों से याद करते हैं। इन सबको मिलाकर—ये सब मुस्लिम हैं और ये हिन्दुओं के विरुद्ध बनी-बनाई 'कम्यूनिटी' हैं, इस तरह की 'निर्मिति' बहुत पुरानी नहीं है। यह भी लगभग उतनी ही नई है जितनी कि हिन्दू। 'इमेजिनरी रेलिजस कम्यूनिटी' शब्द का इस्तेमाल इसी अर्थ में एंडर्सन ने किया है। ये 'काल्पनिक धार्मिक जातियाँ' जिसे हम आज एक ऐतिहासिक तथ्य मानकर चल रहे हैं, उसी उपनिवेशवाद की देन हैं। उसी उपनिवेशवाद की प्रेरणा से इस 'निर्मिति' को हमारे यहाँ के देशभक्त लोगों ने अपनी 'पहचान' के लिए ज्यों का त्यों स्वीकार कर लिया। इन देशभक्त लोगों ने यह समझा कि इससे राष्ट्रवाद मजबूत होगा और इससे विकसित राष्ट्रीय चेतना हमारी स्वाधीनता में सहायक होगी।

लेकिन इतिहास का एक दूसरा भी सबूत है। जब से यह राष्ट्रवाद चला और हिन्दुओं-मुसलमानों को मिलाने का प्रयास शुरू हुआ, तभी से इस देश में साम्प्रदायिक दंगे भी शुरू हुए। बनारस में पहला साम्प्रदायिक दंगा भैरव की लाट को लेकर

सन् 1808 में हुआ। ज्ञान पांडेय ने इस बारे में विस्तार से लिखा है। उसके पहले भले ही विश्वनाथ का मन्दिर तोड़ा गया हो, ज्ञानवापी की मस्जिद बनी है लेकिन उसको लेकर दंगा नहीं हुआ। दंगा हुआ लाट भैरव के स्थान को लेकर जो केन्द्र में नहीं है, अलइपुर की तरफ है। विस्तार में न जाकर मैं कहना चाहता हूँ कि राष्ट्रवाद के उदय के साथ ही हिन्दू कौम, मुस्लिम कौम की धारणा का जन्म लेना, साम्प्रदायिक दंगे, कलह और हिन्दू-मुस्लिम संघर्ष की शुरुआत का कारण है जिनकी अन्तिम परिणति सन् 1947 में हुई। आज हम जिस राष्ट्रपिता का जन्मदिन मना रहे हैं, वे भी उसी साम्प्रदायिकता के हाथों देश-विभाजन के बाद शहीद हुए, जिनके जीवन का महत्त्वपूर्ण और सबसे महत्त्वपूर्ण कार्यक्रम था—साम्प्रदायिकता को दूर कर राष्ट्रीय एकता कायम करना। उन राष्ट्रीय एकता को कायम करने के लिए उन्होंने सभी धर्मों की प्रार्थनाओं को अपनी प्रार्थना-सभा में शामिल किया—सभी धर्मों के प्रति उनका समभाव रखना और इस राष्ट्रीय एकता की सुरक्षा के लिए इतनी दूर तक जाना कि 'खिलाफत आन्दोलन' में भाग लेना...। कुछ लोग आज भी कहते हैं कि 'खिलाफत आन्दोलन' में भाग लेना किसी भी तरह जायज नहीं ठहराया जा सकता क्योंकि वह आन्दोलन, जैसी भी खलीफा की शासन-प्रणाली थी, उसके विरुद्ध जो लड़ाई चल रही थी, उसके समर्थन में लड़ने का तो कोई मतलब ही नहीं था।

मैं कहना यह चाहता हूँ कि 1947 में राष्ट्रवाद साम्प्रदायिकता के विरुद्ध भले ही एक कारगर हथियार माना जाता रहा हो लेकिन वह असफल साबित हुआ और हम लोग उस राष्ट्रीय एकता के आधार पर साम्प्रदायिक एकता और सद्भाव कायम नहीं कर सके। सम्प्रदायवाद दूर नहीं किया जा सका, बावजूद इसके कि उस दौर के जितने भी राष्ट्रवादी नेता थे, उनकी नीयत पर शक नहीं किया जा सकता। वे ईमानदार थे और धार्मिक विद्वेष उनमें नहीं था। यही नहीं, बल्कि स्वयं 'भारतीय राष्ट्रीय कांग्रेस' भी 1947 के पहले (छिटपुट साम्प्रदायिक विचारों वाले लोग उनमें भले ही रहे हों) व्यापक राष्ट्रीय मंच के रूप में धार्मिक विद्वेष या साम्प्रदायिकता के बाहर से उतनी प्रभावित नहीं थी। इसलिए पहली बात कि अगर राष्ट्रवाद और राष्ट्रीयता इतना समर्थ अस्त्र है कि सम्प्रदायवाद का मुकाबला कर सके तो 1947 के पहले भी वह असफल हुआ। लेकिन असफल हो जाने से ही कोई विचारधारा गलत साबित नहीं हो जाती। कहा जा सकता है कि वह विचारधारा सही थी, कामयाब नहीं हुई। मैं कहना चाहता हूँ कि 1947 के बाद क्या यह वही राष्ट्रवाद है या उसमें कोई परिवर्तन हुआ है? बहुत-से लोग राष्ट्रवाद को हियेलिजन आइडिया के समान एक तरह से 'अ हिस्टॉरिकल कैटेगरी' समझते हैं। समझते हैं कि यह देशातीत, काल से परे एक ऐसी विचार-प्रणाली है जिसको इतिहास के सन्दर्भों में बाँधकर देखना उचित नहीं है। समझते हैं कि राष्ट्रवाद एक अमोघ अस्त्र है। लेकिन सन् 1947 के बाद हमारे देश में राष्ट्रवाद का विकास

जिस रूप में हुआ है, संक्षेप में उसकी स्थिति कुछ यों है। इन 42 वर्षों में राष्ट्रवाद शासक वर्गों के निरन्तर सत्ता में बने रहने के लिए, अपना शासन कायम रखने की एक विचारधारा बनकर रह गया है। 1947 के पहले राष्ट्रवाद जितनी व्यापक भारतीय चेतना की अभिव्यक्ति करता था, उतनी भी अभिव्यक्ति नहीं कर रहा है। इस बीच जब-जब शासक वर्ग की सत्ता खतरे में पड़ी है—आर्थिक विकास के जनतांत्रिक अधिकारों के प्रदान करने के, जनता की आम जरूरतों को हल करने के, जो भी राष्ट्रीय निर्माण के हित में अपेक्षित कार्य हो सकते हैं, उन्हें हल करने में जितनी नाकामयाबी मिलती गई है—राष्ट्रवाद उसको 'कवर-अप' करने के लिए, तरह-तरह के बहाने ढूँढ़ने के लिए एक विचारधारा की तरह शासक वर्गों द्वारा इस्तेमाल किया जाता रहा है।

मित्रो, यह कोई नई बात नहीं है। दुनिया के दूसरे देशों में भी राष्ट्रवाद का सहारा बार-बार लिया गया है जबकि उनके यहाँ वैसा खतरा नहीं था, जैसा खतरा हमारे देश में शासक-वर्ग का रहा है। मार्गेट थैचर ने इस दौर में राष्ट्रवाद का सहारा लिया है, रेगन ने राष्ट्रवाद का सहारा लिया है। अपने शासन को मजबूत करने के लिए, अपनी असफलताओं को ढँकने के लिए; आर्थिक, राजनीतिक और सामाजिक संकटों से अपनी जनता का ध्यान हटाने के लिए राष्ट्रवाद एक ऐसा नारा रहा है, जिसका सहारा दुनिया की दूसरी ताकतें बराबर लेती रही हैं।

हमारे यहाँ इन 42 वर्षों में जब भी कोई नई समस्या आन खड़ी हुई है—उदाहरण के लिए भारत की संघीय शासन-प्रणाली को लेकर, केन्द्र और राज्य के आपसी सम्बन्धों को लेकर जब भी कुछ तनाव बढ़ा है, संकट खड़ा हुआ है तो तुरन्त 'देश टुकड़े-टुकड़े हो रहा है, एक होने की जरूरत है'—ऐसा शोर उठने लगता है। जबकि इस समस्या का हल ढूँढ़ा जाना चाहिए भारतीय संघीय प्रणाली में। लेकिन उस हल को नजरअन्दाज कर हम यह समझने लगते हैं कि जब भी कोई राज्य बराबर की सुविधा न पाने के कारण, विकास का कोई रास्ता बन्द होने के कारण विद्रोह करता हुआ दिखाई पड़ता है तो इसे अलगाववाद का नाम दे दिया जाता है कि ये लोग राष्ट्रीयता के दुश्मन हैं। पिछले 42 वर्षों में हर प्रकार के असन्तोष को कोई-न-कोई नाम देकर उसके जवाब में राष्ट्रवाद को पेश किया जाता रहा है। कहा जाता रहा है कि राष्ट्रीय एकता बहुत जरूरी है। अगर इसे छोड़ देंगे तो हम फिर से गुलाम हो जाएँगे। फिर हम पीछे की ओर लौट जाएँगे। भारतीय शासक वर्ग बराबर इस बीच राष्ट्रवाद का इस्तेमाल करता रहा है। आज संचार-साधनों से 'हम सब एक हैं' का जैसा धुआँधार प्रचार किया जा रहा है, राष्ट्रवाद का उतना प्रचार तो आजादी की लड़ाई के दौर में भी नहीं हुआ था। अगर आजादी के बाद राष्ट्रवाद का इतने जोर-शोर से प्रचार हो रहा है तो सोचने की जरूरत है—इस राष्ट्रवाद के स्वरूप के बारे में।

स्वयं हमारे देश के समझदार लोग, बुद्धिजीवियों, साहित्यकारों, संस्कृतिकर्मियों, देशप्रेमियों ने पहले भी इस खतरे की ओर इशारा किया था। आपने रवीन्द्रनाथ ठाकुर का उस दौर का लिखा हुआ 'नेशनलिज्म' शीर्षक लेख पढ़ा होगा। असहयोग आन्दोलन के दौरान जब विदेशी चीजें जलाई जा रही थीं, तो उस दौर में रवीन्द्रनाथ में यह नैतिक बल था कि गांधी जी जैसे आदमी का विरोध करते हुए उन्होंने लिखा था कि इसमें वह खतरा छिपा हुआ है जो आगे चलकर 'फासिज्म' को जन्म दिया करता है। उस आन्दोलन के दौरान भी राष्ट्रवाद में निहित जो अन्ध-राष्ट्रवाद है, संकीर्णता है—संकीर्णता में निहित उस 'फासिस्ट खतरे' की ओर, उस दौर में भी इशारा किया गया है।

सन् 1947 के बाद राष्ट्रवाद अब धीरे-धीरे बदल गया है और इसे पहचानने में अब कोई दिक्कत नहीं है। एक और पार्टी है जो राष्ट्रवादी है और हिन्दू राष्ट्रवादी है। एक अरसे से यह समझा जाता रहा है कि हिन्दू राष्ट्रवादिता का समर्थन करनेवाली पार्टियाँ कांग्रेस की जानी दुश्मन हैं। लेकिन कई चुनावों से लगातार यह गलत प्रमाणित होता चला जा रहा है। जब यह कहा जाता है कि शासक दल अब हिन्दू वोट इस्तेमाल करने जा रहा है तो इस देश के फासिस्ट संगठन आर.एस.एस. के सरसंघचालक कांग्रेस को वोट देने की अपील करते हैं। फिर बाद में उन्होंने कहा, पहला नम्बर जनसंघ और दूसरा नम्बर कांग्रेस। हमारे यहाँ गाँव में कहते हैं कि जिस लौंग से आप भूत को मारने की कोशिश कर रहे हैं, वह भूत तो उसी लौंग में है। तो राष्ट्रवाद की हिमायत करनेवाला शासक दल स्वयं जिस साम्प्रदायिकता का विरोध करने के लिए राष्ट्रवाद की मदद ले रहा है, वह साम्प्रदायिकता तो स्वयं उसी राष्ट्रवाद में अन्तर्निहित है।

क्योंकि राष्ट्रवाद की कोई भी परिभाषा आकर गिरती है—बहुसंख्यक और अल्पसंख्यक पर। 'मेनस्ट्रीम और गैरमेनस्ट्रीम'। और अन्तत: राष्ट्रवाद बहुसंख्यक धर्म के हिमायतियों का राष्ट्रवाद बनकर रह जाता है। इसी राष्ट्रवाद ने जर्मनी में यहूदीवाद के विरुद्ध एक आर्य राष्ट्रवाद को खड़ा किया। इसीलिए राष्ट्रवाद की प्रकृति में ही यह निहित है कि वह साम्प्रदायिक का विरोध कर ही नहीं सकता। 19वीं सदी से हम देखते आ रहे हैं कि सम्प्रदायवाद उसमें अन्तर्निहित है, मौजूद है। हमारे जवाहरलाल नेहरू विश्वविद्यालय के कुछ मित्र मार्क्सवादी शब्दावली का सहारा लेते हुए कहते हैं कि सम्प्रदायवाद एक 'मिथ्या चेतना' है। अगर सम्प्रदायवाद एक 'मिथ्या चेतना' है तो मैं कहूँगा कि राष्ट्रवाद उसमें कम 'मिथ्या चेतना' नहीं है। 'मिथ्या चेतना' के रूप में दोनों विचारधाराएँ (आइडियोलॉजी) हैं। क्योंकि दोनों जुड़वाँ हैं, एक ही सिक्के के दो पहलू हैं। इसलिए सम्प्रदायवाद के विरुद्ध राष्ट्रवाद को खड़ा करना एक 'मिथ्या विचारधारा' के विरुद्ध दूसरी 'मिथ्या विचारधारा' को रखना है। कीचड़ को कीचड़ से धोना है। और कीचड़ को कीचड़ से आप धोएँगे तो वही रूप सामने आएगा जोकि आ सकता है।

राष्ट्रवाद का प्रयोग शासक दल अपने को मजबूत करने के लिए कर रहा है, अब इसके इम्पीरिकल प्रमाण हैं। अनेक जगहों पर जहाँ सम्प्रदायवाद नहीं था, एक खास तरह के राष्ट्रवादी दल ने या शासक दल के राष्ट्रवाद ने वहाँ सम्प्रदायवाद पैदा किया है। पंजाब में भिंडरांवाले को किसी साम्प्रदायिक पार्टी ने नहीं, इसी कांग्रेस पार्टी ने खड़ा किया था। उत्तर प्रदेश में रामजन्म भूमि-बाबरी मस्जिद के सवाल को इसी प्रदेश की कांग्रेसी सरकार ने फिर से उठाया। इस बात के दूसरे दर्जनों उदाहरण दिये जा सकते हैं कि यहाँ के शासक दल की राजनीतिक पार्टी ने राष्ट्रवाद और राष्ट्रीय एकता का नारा देकर बार-बार सम्प्रदायवाद को जन्म दिया है। और वह लड़ने का जैसा अभिनय करती है, वह न तो लड़ना चाहती है, न लड़ सकती है।

इस सवाल का दूसरा पहलू 'सेकुलरिज्म' से जुड़ा है। 'सेकुलरिज्म' का नाम कम्यूनलिज्म के खिलाफ इसलिए लिया जाता है कि यह माना जाता है कि 'कम्यूनलिज्म' 'रेलिजस' होता है और 'नेशनलिज्म' 'सेकुलर'। हम लोग 'राष्ट्रवाद' को 'धर्मनिरपेक्षता' से जोड़ते हैं।

यह 'सेकुलरिज्म' बहुत दिनों तक अपरिभाषित रहा। भारतीय सन्दर्भों में 'सेकुलरिज्म' का वही अर्थ नहीं है जो यूरोपीय सन्दर्भों में है। भारतीय सन्दर्भ में जिन्होंने 'सेकुलरिज्म' पर बहुत जोर दिया, वे खुद 'सेकुलर' थे और जिन्होंने 'सेकुलर' बनाने में अपनी महत्त्वपूर्ण भूमिका अदा की, वे पंडित जवाहरलाल नेहरू थे। अपनी मृत्यु के कुछ दिनों पूर्व सन् 1961 में उन्होंने भारतीय सन्दर्भ में 'सेकुलरिज्म' पर विचार किया था। यह जो सर्व-धर्म-समभाव की भावना आज बहुत प्रचारित की जा रही है, नेहरू जी के उस विचार में निहित है। यह कि 'सेकुलर' होना किसी धर्म का विरोध करना नहीं है बल्कि सभी धर्मों का समान रूप से आदर करना है। पंडित जी ने कहा कि यह अजीब बात है कि हिन्दी में 'सेकुलर' के लिए शब्द नहीं है। हिन्दी पर पंडित जी बहुत ज्यादा करम-फरमा रहा करते थे। वह कह सकते थे कि हिन्दी में ही क्या, किसी भी भारतीय भाषा में इसके लिए शब्द नहीं है। बंकिम चन्द्र चटर्जी ने बहुत पहले एक जगह लिखा था कि अनुवाद का मतलब यह नहीं होता कि अंग्रेजी के एक शब्द का अर्थ हिन्दी या बंगला में ढूँढ़ लेंगे। शब्द का अर्थ तो ढूँढ़ लेंगे लेकिन उस 'आइडिया' का क्या करेंगे जो शब्द के पीछे रहा करता है? पंडित जी शायद यह कहना चाहते थे कि शब्द नहीं है इसलिए हिन्दुस्तान की रूह में, उसकी स्प्रिट में, या कि उसके खून में 'सेकुलर' होने का 'आइडिया' भी नहीं है। विचार नहीं है इसलिए शब्द भी नहीं है। शायद 'सेकुलर' होने की भावना ही लोगों में न हो!

और क्या इसीलिए संविधान में भी यह शब्द बहुत दिनों तक नहीं आया? मैं तो यह सब सवाल उठा रहा हूँ। इसके बारे में विद्वान लोग ही ज्यादा विस्तार से बता

सकेंगे। पंडित जी को बहुत तकलीफ हुई थी कि हिन्दी में 'सेकुलर' के लिए शब्द नहीं है...। संविधान में अनेक प्रावधानों के लिखे जाने के बावजूद यह आकस्मिक नहीं है कि उसके 'प्रियेम्बुल' में 'सेकुलर' शब्द पहली बार कब आया! यह एक महत्त्वपूर्ण तिथि है। सन् 1975 में जब आपातकाल की घोषणा हुई थी तब 44वें संशोधन के द्वारा हमारे संविधान में 'स्टेट' को एक 'सेकुलर स्टेट' घोषित किया गया। 1975 में ही क्यों किया गया, यह पहले भी किया जा सकता था! मैंने कहा कि हिन्दुस्तान के सम्पूर्ण इतिहास में यह तिथि बहुत महत्त्वपूर्ण है। सन् 1975 में आपातकाल की घोषणा के बाद इस देश में जैसी स्थिति थी, उससे पहले कभी नहीं थी। ऐसे समय में हमारे संविधान के 'प्रियेम्बुल' में 'सेकुलर' शब्द को जानबूझकर महत्त्व देना—यानी इसका क्या मतलब समझा जाए? क्या इसका यह मतलब समझा जाए कि हम 'सेकुलर' नहीं थे, जब शब्द नहीं था?...यह वही वक्त था जब तुर्कमान गेट पर गोली चली थी। यह वही समय है जब अल्पसंख्यक वर्ग की आजादी रोकने के लिए जबरदस्ती लोगों को बधिया किया गया। यह वही वर्ष है जब दिल्ली में ही नहीं, अनेक शहरों को सुन्दर बनाने के लिए, साफ-सुथरा रखने के लिए वहाँ के गरीब मुसलमानों को उजाड़-उजाड़कर बाहर भेजा गया। एक ओर राज्य जब सबसे ज्यादा साम्प्रदायिक हो रहा है, उस समय संविधान को संशोधित करके 'सेकुलर' शब्द रखा जा रहा है। इसका क्या अर्थ है? आपातकाल के बाद स्वयं शासक दल इतना साम्प्रदायिक नहीं हुआ। पंडित जी के मन में हिचक थी। कांग्रेस दरअसल उस जमाने में इतनी बेशर्मी से इतनी साम्प्रदायिक नहीं हुई थी। लेकिन नेहरू के बाद सत्ता में बने रहने के लिए इस पार्टी ने कभी हिन्दू सम्प्रदायवाद, कभी किसी और सम्प्रदायवाद का सहारा बार-बार लिया है। मित्रो, मैंने कहा कि राष्ट्रवाद ने संविधान के 'प्रियेम्बुल' में 'सेकुलर कन्सेप्ट' को अपनाकर यह साबित कर दिया कि देश में 'सेकुलर' शब्द सम्प्रदायवाद पैदा करने के लिए लिया जा रहा है, उससे लड़ने के लिए नहीं लिया जा रहा है, यानी सम्प्रदायवाद से लड़ने के लिए राष्ट्रवाद नाकाफी है, यानी राष्ट्रवाद 'सेकुलरिज्म' का इस्तेमाल उसी तरह कर रहा है, जैसे सम्प्रदायवाद धर्म का इस्तेमाल कर रहा है।

अन्तिम बात जो मैं कहना चाहता हूँ, वह यह कि वे बुद्धिजीवी, वे लेखक जो इस राष्ट्रवाद की संकीर्णता से लड़ना चाहते हैं, उनको नये सिरे से अपनी बहुत-सी धारणाओं पर—आधुनिकीकरण, आधुनिकता, वैज्ञानिकता, धर्मनिरपेक्षता—इन तमाम चीजों पर, यहाँ तक कि, खास तौर से मैं कहना चाहूँगा—धर्म और मजहब की सामाजिक भूमिका के बारे में फिर से विचार करना होगा। एक जमाने से प्रगतिशील लोगों की यह धारणा थी कि धर्म एक सामन्ती चीज है। साम्प्रदायिकता पंडों, पुरोहितों, शेखों, मुल्लाओं की चीज है। सच्चाई यह है, इस दौर में मैं अपने सामने देखता हूँ कि जो लोग जितने ही 'आधुनिक' हैं, वे उतने ही 'साम्प्रदायिक' होते दिखाई दे

रहे हैं। दिल्ली के कई सेमिनारों में मैंने देखा कि ऑक्सफोर्ड, केम्ब्रिज में नियमित हाजिरी देनेवाले अंग्रेजी के अलावा भारत की कोई भाषा न जाननेवाले सिद्धान्तों से लैस समाज-विज्ञानियों की रचनाओं-मान्यताओं में सहसा धर्म के प्रति गहरी आस्था पैदा हो गई है। ये लोग भारत के सन्दर्भ में 'सेकुलरिज्म' पर हमला करते हैं। भारत की आत्मा में 'सेकुलरिज्म' जैसे है ही नहीं। और ये नितान्त आधुनिक लोग हैं, जो भारत की कोई भाषा नहीं जानते। इनको आप दूर-दूर तक सामन्ती संस्कार वाले आदमी नहीं कह सकते। 'टाइम्स ऑफ इंडिया' में कोई एक गोपाल कृष्णन् साहब हैं। मैं उनसे कभी मिला नहीं हूँ। अंग्रेजी के आदमी हैं। कहते हैं, हम मराठी के हैं। पत्नी विदेशी हैं। जिस प्रकार उन्होंने मुस्लिम-विरोधी और हिन्दू साम्प्रदायिकता युक्त चार लेख लिखे, वह देखने लायक था। इस बीच हिन्दी में, जो कि मैं समझता था कि हिन्दी के आधुनिक संवेदना वाले लोग तो सम्प्रदायवाद के खिलाफ होंगे ही लेकिन उर्दू के वे लेखक जो जदीदियत वाले थे, भले ही पाकिस्तान चले गए हों, हिन्दी में भी जो प्रयोगवाद और आधुनिकता का नाम लेनेवाले थे, सहसा ही भारत-व्याकुल हो उठे और हिन्दू-हिन्दू का नाम-जप करने लगे। मेरा इशारा स्वर्गीय वात्स्यायन और निर्मल वर्मा की ओर है। सपने में भी हम नहीं समझते थे कि आधुनिकतावादी लोग सम्प्रदायवादी होंगे। हम सोचते थे कि अंग्रेजी से आनेवाला आदमी तो 'मॉडर्न' होता है, 'फ्यूडल' हो ही नहीं सकता। 'फ्यूडल' तो हिन्दी जाननेवाला होता है, संस्कृत का पंडित होता है। लेकिन वास्तविकता यह है कि पश्चिमी रंग में रँगा बुद्धिजीवी अधिक साम्प्रदायिक हुआ है। यह ज्यादा खतरनाक बात है। यह चीज याद दिलाती है कि कैसे जर्मनी में अत्यन्त आधुनिक विचारधारा के लोग 'फासिस्ट' हो गए थे। आधुनिकता, जो वास्तव में बहुत 'सेकुलर' होनी चाहिए—यहाँ उलटा ही खेल दिखा रही है।

हम सोचते थे कि आर्थिक परिवर्तन होगा, औद्योगिकीकरण होगा तो साम्प्रदायिकता अपने-आप खत्म हो जाएगी। यही पंडित जवाहरलाल नेहरू ने हमें सिखाया था। लेकिन हमने देखा है कि जैसे-जैसे औद्योगिकीकरण बढ़ रहा है, जैसे-जैसे तेजी से पूँजीवाद विकसित हो रहा है, वैसे-वैसे देश में, उसके समानान्तर साम्प्रदायिकता भी बढ़ रही है। यह क्यों है कि पूँजीवाद और औद्योगिकीकरण के विकास के साथ सामन्तवाद की जड़ें कमजोर होनी चाहिए थीं, लेकिन अजीब बात है कि पुराने पुरोहिती-सामन्ती तत्त्व मजबूत हो रहे हैं और उसके साथ साम्प्रदायिकता का जहर और भी बढ़ रहा है? —जिसे कहते हैं कि 'मर्ज बढ़ता ही गया ज्यों-ज्यों दवा की'। इसलिए यह बात तो तय है कि 'साम्प्रदायिकता' और 'धर्म' कोई 'सुपर-स्ट्रक्चर' नहीं है कि 'आधार' बदल देंगे तो बदल जाएगा। आज आर्थिक परिवर्तनों द्वारा, औद्योगिकीकरण के द्वारा, सोचते हों कि साम्प्रदायिकता अपने-आप खत्म हो जाएगी तो खत्म नहीं हो सकती। यह सबक अपने अन्तिम दिनों में जवाहरलाल जी

ने बहुत दु:ख के साथ सीखा था। लेकिन उनके वारिसों को अभी तक सीखने की अक्ल नहीं आई है।

यह कहना कि भारत एक धर्म-प्रधान देश है...सभी देश धर्म-प्रधान देश हैं। अमरीका भी, इंग्लैंड भी, फ्रांस भी, इटली भी। पूँजीवादी, समाजवादी देश भी उतने ही धर्म-प्रधान देश हैं। धर्म का उतना ही असर वहाँ भी है जैसाकि तीसरी दुनिया के देशों में। इसलिए धर्म की सामाजिक भूमिका के बारे में भी सोचने की जरूरत है। हम वामपंथी लोग यह सोचते थे कि धर्म माने सम्प्रदायवाद, जबकि पाया यह जाता है कि गहरा धार्मिक आदमी उतना साम्प्रदायिक नहीं होता—बल्कि बिलकुल नहीं होता। साम्प्रदायिक वे होते हैं जिनमें धार्मिक आस्था नहीं होती। 'शाखा' में जानेवाले लोग उन्मादी होते हैं। उनमें धार्मिक आस्था नहीं होती। भजन-पूजन में लगे रहनेवाले लोगों, पाँचों वक्त की नमाज पढ़नेवाले लोगों को प्राय: दंगों में एक-दूसरे की मदद करते मैंने देखा है। खून-खराबा करनेवाले ज्यादातर लोगों का कोई मजहब, कोई धर्म नहीं होता। मार्क्स जो कहते हैं कि 'धर्म सताये हुए आदमी की आह है, हृदयहीन समाज का हृदय है'—तो वह असन्तोष की अभिव्यक्ति है और जो असन्तोष के विरुद्ध है, उसकी भी अभिव्यक्ति है। धर्म के आधार पर कबीर ने, जायसी ने, सूर ने, रहीम-रसखान ने मनुष्य की मुक्ति के लिए संघर्ष किया है। बहुत-से लोगों ने धर्म के आधार पर अपनी आजादी की लड़ाई लड़ी है। इसलिए धर्म की भूमिका हमेशा प्रतिक्रियावादी ही नहीं होती। अत: एक विशेष सामाजिक-ऐतिहासिक सन्दर्भ में धर्म क्या रूप लेता है—यह देखना चाहिए। और साथ ही यह भी कि धर्म की सामाजिक भूमिका को कौन किस तरह इस्तेमाल कर रहा है, इसको पहचाने बिना धर्म का नकार भी अन्ध-वैज्ञानिकतावाद होगा।

[2 अक्टूबर, सन् 1989 को राष्ट्रीय एकता शिविर, इलाहाबाद की एक संगोष्ठी में दिया गया अभिभाषण। प्रस्तुति : डॉ. बालकृष्ण पांडेय। 'कथा' के अंक 4, मार्च, 1990 में 'साम्प्रदायिकता का सवाल' शीर्षक से प्रकाशित]

राममनोहर लोहिया : लोकतंत्र, समाज और साहित्य

मैं लोहियावादी नहीं हूँ लेकिन लोहिया को केवल लोहियावादियों के ऊपर नहीं छोड़ा जा सकता। लोहिया सारे देश की अनूठी सम्पत्ति हैं। लोहियावादी न होते हुए भी लोहिया के प्रति मैं आकृष्ट था। कई बार उनसे मिलने का मौका मिला, कई बार उनको सुनने का मौका मिला। बनारस में, उसके बाद इलाहाबाद में और फिर दिल्ली में कई बार मैं उनसे मिला। दिल्ली में जब वे गुरुद्वारा रकाबगंज रोड में रहते थे तो उस वक्त ओमप्रकाश दीपक 'जन' पत्रिका निकालते थे। 'जन' की शाम की गोष्ठियों में लोहिया जी के साथ अक्सर मैं कभी कमलेश जी के साथ तो कभी अकेले हिस्सा लिया करता था। उनसे एक किस्म का लगाव था मेरा। तमाम राजनीतिक नेताओं में अकेले लोहिया मुझे दिखाई पड़े जिनमें पाखंड नहीं था, कोई हिप्पोक्रेसी नहीं थी। उस समय की राजनीति में एकमात्र बड़े नेता थे जो पाखंडहीन थे, जबकि यह पाखंड उस वक्त के कई बड़े नेताओं में था। राजनीति में काम करनेवाले लोगों के दो चेहरे हुआ करते हैं। लेकिन लोहिया पारदर्शी थे, जैसे वे शीशे के घर में रहा करते थे। इसका एक उदाहरण यह है कि वे रेलवे में प्राइवेट कूपे में सफ़र करते थे और एक भद्र महिला उनके साथ रहा करती थी। लेकिन वे इस बात को कभी छुपाते नहीं थे। इसलिए राजनीति में वे अकेले पाखंडशून्य आदमी थे। उनसे पहले गांधी जी में यह पाखंड नहीं था और गांधी जी के बाद कोई दिखाई पड़ता है, तो वे लोहिया थे।

लोहिया को मैंने तब जाना जब उनका मैंने गांधी जी पर लिखा एक लम्बा लेख पढ़ा, जिसमें उन्होंने न सिर्फ गांधी के बारे में लिखा है बल्कि उस लेख से लोहिया जी के व्यक्तित्व का भी पता चलता है। गांधी जी के वे मानस पुत्र कहे जाते हैं। यहाँ तक कि गांधी जी के कहने पर उन्होंने अपनी बरसों की सिगरेट की आदत भी छोड़ दी थी और दुबारा गांधी जी की मृत्यु के कई साल बाद हाथ लगाया। यह भी कहा कि गांधी जी नहीं हैं तो अब रोकनेवाला कौन है? कुछ ऐसा लोहिया जी का व्यक्तित्व था। लेकिन जिस आत्मीयता और लगाव से उन्होंने गांधी जी पर लिखा, वह दुर्लभ है। वैसे तो सैकड़ों बार गांधी जी पर लिखा गया है, पर जो बात लोहिया की उस करीब पचास पृष्ठों वाली पुस्तक में है, वह किसी में नहीं

है। उस लेख को पढ़कर जितना गांधी जी के बारे में जाना जा सकता है, उससे कहीं अधिक लोहिया के बारे में उस लेख से पता चलता है। लोहिया के व्यक्तित्व को समझने के लिए अकेले वह पुस्तक काफी है।

हिन्दी साहित्य के आधुनिक काल का इतिहास लोहिया के जिक्र के बिना अधूरा रहेगा। लोहिया की गिनती अगर साहित्यकारों में नहीं की जाती तो उनके बिना साहित्य अधूरा रहेगा। इस बात को प्रमाणित करने के लिए उनके केवल दो-तीन लेख काफी हैं। एक तो जो उन्होंने गांधी जी पर लिखा, उसे मैं साहित्य मानता हूँ। इसके अलावा एक लम्बा लेख उन्होंने कृष्ण पर लिखा और दूसरा लेख राम, कृष्ण और शिव पर लिखा है। कृष्ण पर, राम पर और शिव पर तो बहुत लिखा गया है, लेकिन लोहिया ने जो लिखा है और जिस हिन्दी में लिखा है, वह दुर्लभ है। जैसे गुजरात के लोग गांधी जी के गुजराती में लिखे लेखों को पढ़कर उनके गुजराती लेखन की प्रशंसा करते हैं, ठीक वैसे ही मेरा मानना है कि लोहिया ने हिन्दी में लिखा है। लोहिया ने अपना लेख बिलकुल छोटे-छोटे वाक्यों में लिखा था, लेकिन काफी प्रभावशाली लेखन होता था उनका। जैसे छोटी-छोटी लखौरी ईंटों से कोई इमारत बनाई गई हो! वे बिलकुल निश्छल भाव से लिखते थे। अपने मन की सारी दुविधाएँ, सारी शंकाएँ वे अपने लेखों में उड़ेल देते थे। आजकल तो घनघोर आत्मविश्वास से लिखनेवालों की लाइन लगी हुई है, जैसे वह सर्वज्ञानी हो! उनकी लेखनी दुविधा, शंका—सबको समेटी हुई दो टूक हुआ करती थी। इसलिए लोहिया की गिनती मैं साहित्यकारों में करता हूँ।

यह आकस्मिक नहीं है कि लोहिया एक ऐसे व्यक्तित्व थे जो सर्व-जन-सुलभ थे। जिस प्रकार गांधी जी का दरबार सबके लिए खुला था, उसी प्रकार लोहिया का भी दरबार सबके लिए खुला रहता था। शायद यही वजह है कि महात्मा गांधी के बाद हमारी पीढ़ी के लेखकों को अपनी ओर खींचनेवाले लोहिया थे। हिन्दी में एक दौर में जितने अच्छे लेखक थे, उनके विचारों में समाजवाद का पुट था। हमारे मित्र बनारस के विजयदेव नारायण साही पार्टी के थे। वे राजनेता भी थे, चुनाव भी लड़ते थे। लेकिन इसके साथ वे एक बहुत अच्छे कवि और समालोचक भी थे। लोहिया के साथ के लोगों में लक्ष्मीकान्त वर्मा और केशवचन्द्र वर्मा का नाम भी गिनाया जा सकता है। कमलेश जी, गिरधर राठी, कृष्णनाथ जी—करीब दर्जनों उस पीढ़ी के समर्थ लेखक, कवि, कहानीकार, कथाकार और समालोचक भी लोहिया जी के इर्द-गिर्द थे और उनके विचारों से प्रेरित हुए थे, उनसे प्रभावित हुए थे।

यही वजह है कि न सिर्फ हिन्दी में बल्कि दूसरी भारतीय भाषाओं में भी अनेकानेक लेखक, कवि, साहित्यकार लोहिया से प्रभावित हुए और अपनी रचनाओं में समाजवाद के बारे में लिखा। लोहिया साहस की भी एक मिसाल थे। जब देश बँटवारे और हिन्दुस्तान-पाकिस्तान के झगड़े में उलझा हुआ था, तब लोहिया ने

ही कहा कि इस मुल्क का एक हिस्सा अभी भी पुर्तगालियों के कब्जे में है। वह अकेला आदमी था जो कूद गया मैदान में और जेल भी गया। बाद में गांधी जी ने नेहरू से कहकर उनको रिहा करवाया। इसलिए वहाँ भी एक पूरी पीढ़ी लोहिया से प्रभावित हुई। आदरणीय थम्मोर जी, जो गांधीवादी थे, से लेकर रवीन्द्र केलेकर तक कई कोंकणी साहित्यकार लोहिया से प्रभावित हुए।

इसी प्रकार कन्नड़ साहित्य में यू.आर. अनन्तमूर्ति जैसे लेखक, जो भारत के सर्वोच्च साहित्यकारों में से एक हैं, उनसे प्रभावित हुए। 1973-74 में अनन्तमूर्ति ने एक लेख लिखा था : 'ब्राह्मण प्रज्ञा और शूद्र प्रज्ञा', जिसका अनुवाद करवाकर मैंने 'आलोचना' में उस वक्त प्रकाशित किया था। उसी अंक में मैंने लंकेश की कविताएँ भी छापी थीं। गोपालकृष्ण अडिगा, जो बहुत बड़े कवि थे, उन्होंने भी लोहिया पर लिखा है, तो कन्नड़ साहित्य की एक पूरी पीढ़ी लोहिया से प्रभावित थी। इसी प्रकार तब मराठी में भी कई लेखक थे जो लोहिया से प्रभावित थे। तब मुम्बई में मराठी मानुष और मी मुम्बईकर जैसे लोग पैदा नहीं हुए थे। उस समय नेहरूवादी लोगों के बरअक्स, उनके समानान्तर एक पूरी पीढ़ी वहाँ लोहियावादी थी। उस पीढ़ी के लोगों में एक तरफ बाबा साहब अंबेडकर थे और दूसरी तरफ राममनोहर लोहिया थे।

यह आकस्मिक नहीं है कि महाराष्ट्र में दलितों को दिये गए आरक्षण का बिहार में गहरा असर पड़ा। मंडल कमीशन भी बिहार की वजह से लागू हुआ था। चाहे वे नीतीश जी हों या लालू हों, उस वक्त सारे नेताओं ने लोहिया के आरक्षण के सिद्धान्त को जोर-शोर से उठाया। इसलिए लोहिया ने राजनीति को गहराई से प्रभावित किया। इसके अलावा लोहिया का जो सबसे बड़ा योगदान है, वह है नर-नारी समता का, जिसे आजकल नारी मुक्ति-आन्दोलन कहा जाता है। कुछ लोगों का खयाल है कि यह पश्चिम से आया है, मगर यह गलत है, क्योंकि कम-से-कम हिन्दी में और भारतीय भाषाओं में यह बहुत पहले आया है। अमरीका में जब यह 'फिनामिना' चला, उससे बहुत पहले लोहिया हिन्दुस्तान में चला चुके थे। इसे वे स्त्री-मुक्ति नहीं बल्कि बराबरी कहते थे।

उनका कहना था कि स्त्री-मुक्ति क्या है? स्त्री कोई गुलाम नहीं है कि आप उसे मुक्त कर दें। औरत और मर्द की बराबरी होनी चाहिए और इस बराबरी का नारा लोहिया ने दिया था। बहुत पहले उत्तर प्रदेश जैसे प्रदेश में जहाँ तुलसीदास स्त्री को काफी भला-बुरा कह चुके थे, संत-भक्त लोग जिसे नरक का ठौर कहा करते थे, वे संत-भक्त जिससे मुक्त नहीं हो सके, वहाँ लोहिया अजीब किस्म का साधू निकला। औरत को बराबरी का दर्जा दिलाने का काम किसी और ने नहीं बल्कि लोहिया ने किया। नेहरू भी नहीं कर पाए थे। कांग्रेस पार्टी लाख कहती रही हो, लेकिन इस तरह से लोकमानस को, मध्यम वर्ग को प्रभावित करने का

काम लोहिया ने किया था। इस विषय पर भी बहुत सारा साहित्य हिन्दी और दूसरी भारतीय भाषाओं में लिखा गया।

उन दिनों साहित्य में आम तौर पर महामानव की खोज की जाती थी। महामानव यानी असाधारण पुरुष या 'हीरो' पर किताबें लिखी जाती थीं। लेकिन इसके बरअक्स हमारे मित्र विजयदेव नारायण साही ने एक लेख लिखा था : 'लघुमानव के बहाने'। यह लोहिया के ऊपर था और लोहिया तो कद में भी छोटे थे। इसलिए महामानव चाहे गांधी जी को कह लें, वैसे वे थे नहीं। हाँ, जवाहरलाल नेहरू को जरूर महामानव कहा जा सकता था जिनके गिर्द एक प्रभामंडल भी था और देश की बागडोर भी। उसके बरअक्स लोहिया ने एक साधारण आदमी यानी लघुमानव की लघुता में भी एक गर्व होता है, यह दिखाने की कोशिश की। अपने लेख में उन्होंने लिखा कि रोमांटिक युग की कविता में महामानव या हीरो होता था पर 'पोस्ट-रोमांटिक' युग में तो छोटा मानुष या लघुमानव ही हीरो है।

लोहिया ने लघुमानव को प्रतिष्ठा देकर साहित्य का सौन्दर्यशास्त्र ही बदल दिया। बहुत कम लोग होते हैं जो साहित्य के सौन्दर्यशास्त्र या काव्यशास्त्र को बदलने की हिम्मत रखते हैं। मेरा खयाल है कि लोहिया के इस पक्ष की आज गहराई से जाँच करनी चाहिए, जिसके लिए अभी न तो शब्द है, न भाषा और न ही परिभाषा है। लोहिया ने जो साहित्य की धारा मोड़ने की कोशिश की, वह गांधी जी के बाद रवीन्द्रनाथ ठाकुर ने किया। लेकिन वे राजनेता नहीं थे, बल्कि कवि और साहित्यकार थे।

लेकिन जिसने गहराई तक उस सृजनात्मक मानस को बदला है, मानस के भूगोल को बदला है, मानचित्र को बदला है, उसके मूल में काम करनेवाली मनोवृत्ति को बदला है, वह लोहिया के सिवाय कोई दूसरा आदमी हमारे इतिहास में नहीं दिखाई पड़ता है।

लोहिया का जीवन-दर्शन, उनका सिद्धान्त और उनका अध्यात्म, हो सकता है कि इतिहास की वस्तु बन जाए, लेकिन आज के जमाने में हम लोग जिस संक्रमण काल से गुजर रहे हैं, जो हमारी राजनीति का माहौल है, उसमें लोहिया को हम एक बार फिर याद करें—उनके लिखे हुए को, उनके आचरण को ध्यान में रखें तो वह धारा एक बार फिर नया रूप ले सकती है जो पहले से ज्यादा सृजनात्मक होगी। ऐसे दौर में जब सारी विचारधाराएँ पिट चुकी हैं, सबका अन्त हो चुका है—चाहे वह मार्क्सवाद हो, समाजवाद हो, सेकुलरिज्म हो, पोस्ट-मॉडर्निज्म हो या पोस्ट-सेक्यूलरिज्म हो, सारी की सारी थ्योरी फेल हो चुकी है। ऐसे समय में यह सम्भव है कि हमारे इतिहास के कुछ ऐसे व्यक्ति हैं जो जीने की नई प्रेरणा दे सकते हैं, जिनमें लोहिया अग्रणी हैं।

[अकार-28]

सांस्कृतिक राष्ट्रवाद का फलितार्थ

सर्वोच्च न्यायालय के जिस फैसले को भारतीय जनता पार्टी के लोग सांस्कृतिक राष्ट्रवाद की विजय कह रहे हैं, उसका अर्थ स्पष्ट है कि वे हिन्दू राष्ट्रवाद को ही सांस्कृतिक राष्ट्रवाद कहते हैं क्योंकि जो फैसला हुआ है, वह मनोहर जोशी के भाषण के एक अंश पर हुआ है जिसमें उन्होंने कहा था कि इस चुनाव में यदि भाजपा और शिवसेना के संयुक्त मोर्चे की विजय हुई तो भारत के अन्दर महाराष्ट्र में पहला हिन्दू राज्य कायम होगा।

इससे यह साफ मालूम होता है कि यदि एक देश में हिन्दू राज्य कायम होना सांस्कृतिक राष्ट्रवाद की विजय है तो समूचे भारत में हिन्दू राज्य की स्थापना उनके हिसाब से सच्चे अर्थों में सांस्कृतिक राष्ट्रवाद होगा। सवाल यह है कि वे इसे सीधे हिन्दू राज्य न कहकर सांस्कृतिक राष्ट्रवाद क्यों कहते हैं? इस सन्दर्भ में प्रेमचन्द का 1930 के आसपास का वक्तव्य याद आता है। इसका उल्लेख इसलिए कर रहा हूँ क्योंकि लगभग इसी समय वीर सावरकर की 'हिन्दुत्व' वाली पुस्तक आई थी। प्रेमचन्द ने कहा था कि 'साम्प्रदायिकता सदैव संस्कृति की दुहाई दिया करती है। उसे अपने असली रूप में निकलते हुए शायद लज्जा आती है, इसलिए वह गदहे की भाँति जो सिंह की खाल ओढ़कर जंगल के जानवरों पर रौब जमाता-फिरता था, संस्कृति की खोल ओढ़कर आती है।' प्रेमचन्द ने बहुत पहले सांस्कृतिक शब्द में छिपी साम्प्रदायिक लोगों की हिन्दुत्व-सम्बन्धी अवधारणा पर प्रकाश डाला। इसलिए इस बारे में अब किसी भी प्रकार की गुंजाइश नहीं रह जाती कि इन लोगों ने सांस्कृतिक राष्ट्रवाद में संस्कृति को बहुत ही सीमित कर दिया है। एक धर्म-सम्प्रदाय के माननेवाले लोगों की संस्कृति को वे समूचे भारतवर्ष की संस्कृति कहना चाहते हैं और कहने की जरूरत नहीं कि संस्कृति की यह संकुचित सीमा है। इससे एक ओर जहाँ उनकी संस्कृति की संकीर्ण साम्प्रदायिक समझ का पता चलता है, वहीं प्रकारान्तर से यह भी अनुभव करता हूँ कि यह इनके राष्ट्रवाद की भी सीमा है।

विडम्बना यह है कि जिन लोगों ने राष्ट्रीय मुक्ति-आन्दोलन में कोई हिस्सा नहीं लिया, साम्राज्यवाद के विरुद्ध भारत को मुक्त कराने में कोई सहयोग नहीं दिया बल्कि सच पूछिए तो उस दौड़ में यदि वीर सावरकर के हिन्दुत्व को याद किया

जाए तो अपनी अंग्रेज-भक्ति के लिए वे विख्यात या कुख्यात थे। वे गांधी जी के विरुद्ध अंग्रेजों का साथ देनेवालों में से थे। यह तो व्यवहार में उनके राष्ट्रवाद की कसौटी है। लेकिन स्वाधीनता के बाद जिस राष्ट्रवाद का निर्माण करने का संकल्प हमने संविधान में लिया था, वह एक सेक्युलर राष्ट्रवाद है, जिसमें इस तथ्य की स्वीकृति है कि भारत बहुभाषी, बहुधर्मी और बहुजातीय राज्य है। हर जगह की तरह भारत में भी राष्ट्रवाद का उदय बल्कि राष्ट्रवाद का अर्थ ही था कि भारत में या तो क्षेत्रीयता का बोलबाला था या प्रान्तीयता का।

एक ऐसे राष्ट्र-राज्य की भारत की परिकल्पना जिसमें जातियों, भाषा-भाषी जातियों और सामाजिक जातियों और धर्मों से ऊपर उठकर नागरिक के रूप में सब लोग समान हों। उसमें किसी के बीच भेदभाव न किया जाए। इसका विकास तो क्रमशः आजादी की लड़ाई के दौरान हुआ; बल्कि सही मायनों में देखें तो वह राष्ट्र-राज्य अपने व्यवस्थित रूप में आज तक भी विकसित नहीं हो पाया है। सिर्फ यही नहीं, यूरोप में भी इस तरह के विकास तुरन्त नहीं हो पाए थे। जर्मनी, इटली, फ्रांस में सम्भवत: कुछ पहले हो पाया था। लेकिन इसके विकास के बीच में जो रुकावटें आती रही हैं, इसका सबसे बड़ा सबूत है कि हिटलर के जमाने में यद्यपि जर्मन राज्य के अन्तर्गत यहूदी थे, लेकिन नस्ल के आधार पर यह कहा गया कि जर्मनी केवल आर्यों का है, अनार्यों के लिए कोई स्थान नहीं है। यह इस बात का सबूत है कि उस समय तक विकास करके जर्मनी जहाँ पहुँचा था, उसकी राष्ट्र-राज्य की परिकल्पना सम्पूर्ण रूप में पूरी नहीं हो सकती थी क्योंकि यह भावना (अनार्यों के सम्बन्ध में) उसके विरुद्ध जाती है। इसलिए राष्ट्र-राज्य की परिकल्पना ही इतनी अत्याधुनिक है और इसका विकास सच पूछिए तो औद्योगिकीकरण के साथ नये पूँजीवाद के साथ जुड़ा हुआ है। इसलिए हमारे देश के सम्बन्ध में राष्ट्र-राज्य की जो परिकल्पना है, उसके विरुद्ध यह हिन्दू राज्य की परिकल्पना है। इसलिए सांस्कृतिक राष्ट्रवाद नाम का जो शब्द है, जो लोग इसका दावा करते हैं, उनकी परिभाषा संस्कृति के सम्बन्ध में भी अपूर्ण है और राष्ट्र के सम्बन्ध में भी अपूर्ण है।

इस सन्दर्भ में एक और बात कहना चाहूँगा कि यूरोप में जब राष्ट्रवाद का उदय हुआ तो उसका पहला चरण या यूँ कहें, उसका महत्त्वपूर्ण घटक संस्कृति ही थी। संस्कृति में भी ज्यादा जोर उन लोगों का खास कर लोक-संस्कृति पर था।

इसलिए राष्ट्रवाद के उदय, उसके निर्माण और विकास में संस्कृति निश्चय ही एक महत्त्वपूर्ण घटक है जिसका अर्थ है : यह केवल आभिजात्य वर्ग की ही संस्कृति नहीं है बल्कि इसके अलावा जो व्यापक जनसाधारण है, उसकी संस्कृति भी संस्कृति है। यही नहीं, यह केवल एक धर्म की ही संस्कृति नहीं है बल्कि सभी धर्मों के मेल-जोल से जो संस्कृति विकसित हुई, वह इसके मूल में है। उदाहरण के लिए भारत में संतों और भक्तों ने इस मिली-जुली संस्कृति का विकास किया है।

जब हम संस्कृति की बात करते हैं तो अजन्ता-एलोरा की गुफाएँ सांस्कृतिक प्रतीक हैं तो वह महज ब्राह्मणवादी नहीं बल्कि वे बौद्ध भी हैं, जैन भी हैं।

अपने यहाँ मूर्तिकला का विकास देखें तो हिन्दू देवताओं के साथ-साथ बौद्ध और जैन की भी मूर्तियाँ देखने को मिलेंगी। यही नहीं, जब संस्कृति का नाम लेते हैं तो ताजमहल और कुतुबमीनार बल्कि इस जमाने में भी अनेक चर्च, राष्ट्रपति भवन, केन्द्रीय सचिवालय, पार्लियामेंट हाउस में लगी अनेक रोमन मूर्तियाँ हमारी वास्तुकला के प्रतीक बन गए हैं। उसी तरह संगीत भी यदि एक संस्कृति का घटक है तो हम अच्छी तरह जानते हैं कि ध्रुपद-धमार के बाद खयाल के रूप में संगीत का जो विकास हुआ है और यह उस दौर की बात है, जब इतिहासकारों ने इसे अपमान काल कहा है। इसके बाद आधुनिक संगीत में रवीन्द्र संगीत आदि आधुनिक, मध्य और प्राचीन, तीनों समय हुआ है। इसलिए जैसे हमारा संगीत अनेक देशी और विदेशी तत्त्वों से मिलकर बना है, उसी तरह हमारी मूर्तिकला भी अनेक देशी और विदेशी तत्त्वों से मिलकर बनी है। गांधार कला तो पूरी-की-पूरी विदेशी है। इसी तरह मेहराब जो हर जगह आपको देखने को मिल जाएँगे, ये न तो वैदिककाल में थे, न ही प्राचीनकाल में। यही नहीं, अगर समूचे साहित्य को ही लें तो हिन्दी साहित्य के मध्यकाल और आधुनिककाल में हमें कितने देशी व विदेशी भाषाओं के रूप देखने को मिल जाएँगे।

संस्कृति जिसे कल्चर भी कहते हैं तो एग्रीकल्चर, दो चीजों को जोड़कर ही एक नई चीज पैदा करता है।

सर्जनात्मकता की यह एक बड़ी खूबी है। संस्कृति के प्रकार का अर्थ ही है कि एक में अन्यों को मिलाते, सारी चीज पैदा करते जाना। और तो और, हिन्दुत्व में वास करनेवाले लोगों को यह बताने की जरूरत नहीं है कि अपने यहाँ सपिंड और सगोत्र विवाह वर्जित है। सगण अपने में शादी करेगा तो नस्ल खराब हो जाएगी जिसे इन ब्रीडिंग कहते हैं। अतएव संस्कृति का यही है मिश्रण, मिलावट, दो सभ्यताओं का, दो जातियों का। दो से अधिक सभ्यताएँ, दो से अधिक मिलकर ही नई भाषा का निर्माण हुआ है। स्वयं भाषा का ही विकास केवल संस्कृति के आधार पर हुआ है। यह सब हम लोग बखूबी जानते हैं।...राष्ट्रवाद के विकास में संस्कृति एक घटक के रूप में इसे जोड़ने का काम करती है। साथ ही साहित्य इसका महत्त्वपूर्ण घटक है तो ये तमाम चीजें हैं कि इसका कितना बड़ा और व्यापक क्षेत्र है। इन सारी चीजों को अस्वीकार करके भारतीय जनता पार्टी जिस संस्कृति को आरोपित करना चाहती है, वह संस्कृति के अर्थ के भी विरुद्ध विद्रोह है।

भारतीय जनता पार्टी एक शुद्धतावादी हिन्दुत्व के नाम पर, जो स्वयं बहुलतावादी धर्म रहा है, जिसकी एक पुस्तक नहीं है, एक मसीहा नहीं है, एक ईश्वर नहीं है, एक पैगम्बर नहीं है। ऐसे बहुलतावादी हिन्दुत्व का दावा करनेवाले लोग उसे एक

संकीर्ण एकरूपता में बाँधना चाहते हैं। ऐसा प्रतीत होता है कि यह हिन्दू राष्ट्र, जैसा वे कहते हैं, इसमें जगह तो अहिन्दुओं को भी होगी किन्तु वर्चस्व हिन्दुत्व का रहेगा। अन्य उसके अधीन रहेंगे। मैं समझता हूँ कि राष्ट्रवाद में यदि आप उसके एक घटक के वर्चस्व की स्थापना करेंगे, जो राष्ट्र के शेष समस्त तत्त्वों को समान अधिकार नहीं देगा तो सच्चे अर्थों में यह राष्ट्रवाद नहीं हुआ। इसलिए राष्ट्रवाद की अवधारणा के सम्बन्ध में पश्चिम में भी यह आरोप लगाया गया। जो उसके साथ एक विशेषण लगता है, इसे 'बुर्जुआ नेशनलिज्म' कहा गया है। इसलिए राष्ट्रवाद में सभी नागरिकों को समानता का अधिकार देने के बावजूद यदि सम्पन्न वर्ग अपना वर्चस्व कायम करना चाहता है तो उसके विरुद्ध विद्रोह करके उसमें मजदूर, किसान व समाज में निम्न से निम्न तबके के लोगों का जब राष्ट्र कायम किया जाएगा तब जाकर 'बुर्जुआ नेशनलिज्म' से आगे बढ़कर पीपुल्स नेशनल कायम होगा।

इसलिए सही अर्थों में राष्ट्रवाद के विकास की जो दिशा है, वह उसकी आन्तरिक माँग है। उसमें ध्यान यह रहे कि एक घटक विशेष का वर्चस्व कतई नहीं स्थापित हो—मसलन एक भाषा का, धर्म का, प्रदेश का, जाति का वर्चस्व। इस सन्दर्भ में लेनिन का एक कथन मशहूर है जो उन्होंने सोवियत संघ की स्थापना के समय कहा था : 'मुझे भय है कि जनसंख्या की दृष्टि से रूसी-भाषी गणराज्य मध्य एशिया के लोगों, यानी काकेशियन रिपब्लिकन पर अपनी दादागिरी कायम कर वर्चस्व न स्थापित कर ले।' इसीलिए उन्होंने उन्हीं दिनों इसको निर्मूल करने के लिए रूसी गणराज्य को तोड़ने की बात की थी। साथ ही जितने जातीय अन्य गणराज्य हैं, उन्हें समान अधिकार दिलाने की। आखिरी दिनों तक वे इस पर काम करते रहे। इसी असन्तोष के कारण जब सोवियत संघ विघटित हुआ तो यही तत्त्व काम कर रहे थे। यही नहीं, फासिज्म के विरुद्ध जो सोवियत संघ की विजय हुई, जिसमें स्तालिन की इतनी बड़ी आलोचना की जाती है, रूसी लोग इसे ग्रेट पेट्रियोटिक वार कहते हैं। क्योंकि उस युद्ध में ग्रीक और चर्च ने हिस्सा लिया था। चूँकि ग्रेट पेट्रियोटिक वार था, इस कारण सोवियत संघ के हर नस्ल, हर जाति, हर धर्म और हर क्षेत्र के लोगों ने उसमें भागीदारी की थी। यह समाजवादी व्यवस्था के कारण सम्भव हो सका था।

इसलिए मैं कहना चाहता हूँ कि सांस्कृतिक राष्ट्रवाद शब्द अच्छा है, अर्थ गलत दिया जा रहा है। संकीर्ण अर्थ देकर भारतीय जनता पार्टी भ्रम फैलाने की कोशिश कर रही है। लेकिन हर कोई जानता है कि यह सत्ता पर काबिज होने का एक मोहक नाम मात्र है जो राष्ट्र के लिए खतरनाक है। साथ ही यह ठेठ हिन्दू समाज के हिन्दू धर्म के लिए भी घातक है क्योंकि इन लोगों को हिन्दू नाम पर वोट लेना है, इनकी दिलचस्पी हिन्दू धर्म में बिलकुल नहीं है।

भारतीय जनता पार्टी के अध्यक्ष लालकृष्ण आडवाणी ने अयोध्या प्रसंग में स्पष्ट शब्दों में कहा था कि मैं धार्मिक आदमी नहीं हूँ, मैं तो राजनीतिक नेता हूँ। इसलिए न तो इनकी हिन्दू धर्म में आस्था है, न ही हिन्दू धर्म के ग्रंथों में और न हिन्दू धर्म के मूल्यों में। इनका मुख्य काम है हिन्दू नाम का इस्तेमाल करना—सत्ता पर अधिकार करने के लिए, बहुमत प्राप्त करने के लिए। इसलिए यह नारा नितान्त अवसरवादी और तात्कालिक फायदे के लिए दिया गया है, जो घातक है। इसलिए अनेक समझदार लोगों को इसमें हिटलर और मुसोलिनी की तरह फासिज्म की गंध मिलती है।

जान लें, फासिज्म किसी आर्थिक नारे पर नहीं आता, किसी राजनीतिक सिद्धान्तों के साथ नहीं आता, बल्कि हमेशा संस्कृति जैसे लुभावने शब्दों के साथ (जो लगभग निरामिष और निर्दोष मालूम होता है) कायम हो जाता है।

अन्त में मुझे गोयबल्स का यह कथन याद आता है जब उन्होंने कहा था कि 'जब मेरे सामने कोई संस्कृति का नाम लेता है तो मेरा हाथ पिस्तौल पर चला जाता है।' उसी प्रकार आज जब भारतीय जनता पार्टी इस देश में संस्कृति को डंके की चोट पर बजा रही है तो हवा में चमकते हुए छुरे और चाकू नजर आ रहे हैं। संस्कृति भाजपा के लिए चाकू और छुरा बन गई है। यह सुन्दरता, लालित्य, माधुर्य और मानवीय ऊष्मा का प्रतीक नहीं रह गई है।

['उत्तरार्द्ध' : मई, 1996]

भारतीय संस्कृति और सांस्कृतिक बहुलतावाद

डॉक्टर राजेन्द्र प्रसाद स्मारक व्याख्यान-माला के अन्तर्गत व्याख्यान देना मेरे लिए सम्मान की बात है। जिस व्याख्यान-माला का शुभारम्भ गुरुदेव आचार्य हजारी प्रसाद द्विवेदी जी की वाणी से हुआ हो, उसमें भाग लेना मेरे लिए कृतार्थ होना है, साथ ही एक चुनौती का सामना करना भी।

मैं जिस विषय पर आपसे कुछ कहने का साहस जुटा पा रहा हूँ, वह विषय डॉक्टर राजेन्द्र प्रसाद को भी प्रिय था। प्रसंगवश 'भारतीय संस्कृति' शीर्षक उनका एक निबन्ध पढ़ने के बाद उसमें व्यक्त किए हुए विचारों से मुझे एक प्रकाश का कण मिला और मैंने उनके उस प्रिय विषय से अपने व्याख्यान का विषय चुना, जो शायद आपके लिए भी दिलचस्प हो। भारतीय संस्कृति के सम्बन्ध में उन्होंने जो कहा है, वह बहुत कुछ आपके और हम सबके मन में पहले से मौजूद है—भावना के स्तर पर, विचार के स्तर पर। यदि जलवायु का असर इनसान के रहन-सहन, खान-पान, वेश-भूषा, शरीर और मस्तिष्क पर पड़ता है, तो उसका जीता-जागता सबूत भारत में बसनेवाले भिन्न-भिन्न प्रदेश के लोग देते हैं। इसी तरह मुख्य-मुख्य भाषाएँ भी यहाँ कई हैं और बोलियों की तो कोई गिनती ही नहीं है। भिन्न-भिन्न धर्मों को माननेवाले भी यहाँ पाए जाते हैं और जिस तरह यहाँ की बोलियों की गिनती आसान नहीं, उसी तरह यहाँ भिन्न-भिन्न धर्मों और सम्प्रदायों की भी गिनती आसान नहीं। इन विभिन्नताओं को देखकर अगर अपरिचित आदमी घबराकर कहे कि यह एक देश नहीं, अनेक देशों का समूह है; यह एक जाति नहीं, अनेक जातियों का समूह है तो उसमें आश्चर्य की बात नहीं क्योंकि ऊपर से देखनेवाले को, जो गहराई में नहीं जाता, विभिन्नता ही देखने में आएगी। लेकिन विचार करके देखा जाए तो इन विभिन्नताओं की तह में एक ऐसी समता और एकता फैली हुई है, जो विभिन्नताओं को ठीक उसी तरह पिरोकर सुन्दर समूह बना देती है, जिस तरह रेशमी धागा भिन्न-भिन्न प्रकार की और विभिन्न रंगों की सुन्दर मणियों अथवा फूलों को पिरोकर एक सुन्दर हार तैयार कर देता है। उस हार में प्रत्येक मणि या फूल दूसरों से न तो अलग है और न हो सकता है।

'भारतीय संस्कृति' शीर्षक निबन्ध राष्ट्रीय शैक्षिक अनुसन्धान एवं प्रशिक्षण परिषद् द्वारा तैयार की हुई हाईस्कूल की एक पाठ्य-पुस्तक में है। अभी तो है, पर जैसी हवा है, उसे देखते हुए मानना चाहिए कि वह रहे और देखना चाहिए कि कब तक रहता है। इसमें जिन शब्दों का प्रयोग किया गया है और सीधी-सादी भाषा में जो बात कही गई है, उसमें महत्त्वपूर्ण एकता के साथ ही 'समता' शब्द है। इस देश में अनेक भाषाएँ हैं, अनेक जातियाँ हैं, अनेक धर्म हैं, अनेक उपजातियाँ हैं और अनेक संस्कृतियाँ हैं। इस विविधता और बहुलता को सभी स्वीकार करते हैं, क्योंकि यह वास्तविक है, सच है। उक्त वस्तुओं में शताब्दियों से साथ-साथ रहने के बाद सम्बन्ध-सूत्र भी है। यह भी सभी पहचानते और मानते भी हैं लेकिन उनके बीच केवल एकता का ही सम्बन्ध नहीं है। राजेन्द्र बाबू ने कहा था कि एकता के साथ समता का भी सम्बन्ध है। कोई भाषा छोटी नहीं है, कोई धर्म छोटा नहीं है। इसी तरह कोई भाषा बड़ी नहीं है, कोई धर्म बड़ा नहीं है; कोई संस्कृति खोटी नहीं है, कोई संस्कृति खरी नहीं है। ये भाव राजेन्द्र बाबू सहज भाव से उसमें व्यक्त कर चुके हैं—भिन्नता में एकता की व्याख्या करते हुए उससे आगे बढ़ करके। वे समता की बात करते हैं और साथ ही अन्त में उन्होंने कहा है कि मणि या फूल दूसरों से न तो अलग है और न हो सकता है। अलगाव के विपरीत मत रखते हुए उन्होंने एक और भी इशारा किया है, जो आपने देखा। देशरत्न राजेन्द्र बाबू राष्ट्र-निर्माताओं में से थे और स्वाधीन भारत के तो प्रथम राष्ट्रपति थे ही। यह एक प्रस्थान-बिन्दु है, जहाँ से हम-आप संस्कृति की चर्चा शुरू कर सकते हैं।

आपके मन में शायद प्रश्न उठे कि भिन्नता में एकता अथवा विविधता में एकता के मंत्र का उल्लेख अपने व्याख्यान के विषय में न करते हुए मैंने 'सांस्कृतिक बहुलता' शब्द को ही क्यों रखा है? उसमें खतरा स्वयं संस्कृति पर है और आप जानते हैं कि संस्कृति एकवचन शब्द नहीं है, संस्कृतियाँ होती हैं, इसलिए संस्कृति हमेशा बहुवचन होती है। सभ्यताएँ दो-चार होंगी, लेकिन संस्कृतियाँ सैकड़ों होती हैं। इसलिए ऐसे दौर में, जिसमें संस्कृति की बहुलता पर संकट हो और तमाम संस्कृतियों की बहुलता को नष्ट होते हुए देखकर स्वभावत: चिन्ता होती है और फिर विचार के लिए आवश्यक स्रोत ढूँढ़ने पड़ते हैं। संस्कृतियों की बहुलता इस देश में स्वयं सांस्कृतिक राष्ट्रवाद के संकट का कारण है और देश के बाहर भी संस्कृतियाँ संकट में हैं और जो संकट है, वह सांस्कृतिक है। इस दौर में विश्व-बाजार के चलते एक ऐसी संस्कृति उदित हुई है, जिससे सांस्कृतिक विविधता और बहुलता को खतरा है, अर्थात सांस्कृतिक विविधता को खतरा भारत में है, भारत के बाहर है। विचार करने की जरूरत है कि समस्या क्या है और क्या इसका समाधान या समुचित समाधान सम्भव है?

चूँकि संस्कृति की कोई चर्चा ऐतिहासिक सन्दर्भ के बिना नहीं हो सकती है, मैं इस विषय पर सोचते हुए सहसा इस विविधता और एकता को सबसे पहले इस देश के जिस कवि ने वाणी दी, सम्भवत: रवीन्द्रनाथ ठाकुर ने, उनकी प्रसिद्ध कविता 'भारततीर्थ' के बारे में सोचने लगता हूँ, जो 1910 में लिखी गई थी। 1910 का वर्ष इसलिए महत्त्वपूर्ण है कि इसी के आस-पास उस राष्ट्रगान की रचना हुई, जिसे हम आम तौर से राष्ट्रीय पर्वों और समारोहों पर गाते हैं। यह वही वर्ष है, जब रवीन्द्रनाथ ने 'गोरा' नाम का उपन्यास लिखा था। 'भारततीर्थ' का उन्होंने इस तरह आरम्भ किया है :

हे मोर चित्त, पुण्य तीर्थे जागो रे धीरे
एइ भारतेर महामानवेर सागरतीरे।

कविता आरम्भ होती है बड़ी उदात्त भूमि पर। भारत को उन्होंने महामानव-सागर कहा था और इसका समापन करते हुए अन्तिम बन्द इस प्रकार रचा था :

एसो हे आर्य, एसो अनार्य, हिन्दू मुसलमान—
एसो एसो आज तुमि इङ्ग्रज, एसो एसो खृस्टान।
एसो ब्राह्मण, शुचि करि मन धरो हात सबाकार—
एसो हे पतित, करो अपनीत सब अपमानभार।
मार अभिषेके एसो एसो त्वरा, मंगलघट हय नि ये भरा
सबार-परशे-पवित्र-करा तीर्थनीरे—
आजि भारतेर महामानवेर सागरतीरे॥

इन पंक्तियों का अनुवाद करने की जरूरत नहीं है। इन्हें हिन्दी पढ़नेवाले भी अच्छी तरह समझते हैं। इस कविता में आर्य, अनार्य, हिन्दू, मुसलमान, क्रिस्तान और कुछ लोगों को शायद आश्चर्य हो, अंग्रेज को भी बुलाया गया है—'इङ्ग्रज'। उसके साथ ही ब्राह्मण से भी कहा गया है, जो स्वयं अपने को पवित्र समझता है—उससे भी कहा गया है कि अपना मन शुचि करके, पवित्र करके, सबका हाथ पकड़ो। वे जो दलित या पतित समझे जाते हैं, वे अपने सारे अपमान का भार उतार करके आएँ। जब तक सबके स्पर्श से वह जल पवित्र नहीं होगा और वह पवित्र जल मंगलघट में जब तक भर नहीं जाएगा, तब तक वह अर्चना पूरी नहीं होगी। मित्रो, इस गीत को मैंने कई बार पढ़ा है और नये सन्दर्भ में मैंने फिर पढ़ा है। यह नहीं भूलना चाहिए कि इसमें भी बहु और एक, दोनों की चर्चा की गई है और रवीन्द्रनाथ बहुलता के साथ एक और एकता पर निरन्तर, अपने जीवन-भर, बल देते रहे हैं। वह एक जो था, वह केवल राष्ट्र की एकता का द्योतक नहीं था। वे विश्व-मानव की एकता की कल्पना किया करते थे। इसलिए हम देखेंगे कि इस

गीत में अंग्रेजों के लिए भी जगह है—उन अंग्रेजों के लिए, जो साम्राज्यवादी थे और भारत को उपनिवेश बनाए हुए थे। 1910 की पृष्ठभूमि है बंग-भंग की, जब धार्मिक बहुसंख्यक और अल्पसंख्यक के आधार पर बंगाल का विभाजन किया गया था और जिसके विरोध में स्वदेशी आन्दोलन चला था, उस विभाजन की पृष्ठभूमि में बहुलता में एक विशेष प्रकार की एकता की बात कही गई थी। यह ध्यान देनेवाली बात है।

स्वाधीनता-संग्राम के दौर के अनेक कथनों, वक्तव्यों और मन्तव्यों की आज पुनर्व्याख्या की जा रही है। भय है कि यहाँ भी उसकी गुंजाइश निकाली जा सकती है, इसलिए मैं कविता की इन आरम्भिक दो पंक्तियों का विशेष रूप से उल्लेख करना चाहता हूँ :

हेथाय आर्य, हेथाय अनार्य, हेथाय द्राविड़-चीन,
शाक-हूण-दल, पाठान-मोगल एक देहे होलो लीन।

ये सब एक देश में लीन हो गए थे। इससे जिस एकता की परिकल्पना उभरती है, उसमें जितनी विविधताएँ हैं, जैसे शक, हूण, द्रविड़, चीन—ये सभी भारत में आकर उसी देह में लीन हो गए। उसी तरह से आगे भी। यहाँ लीन होने की या विलीन होने की जो बात कही गई है, उसका 'सम्पूर्ण अस्तित्व एक में विलीन होना' अर्थ निकालकर कुछ लोग एकता का अर्थ एकरूपता कर सकते हैं। ध्यान रखने की बात है कि रवीन्द्रनाथ ने इन तमाम चीजों का प्रयोग अतीत के उस सन्दर्भ में किया है, जिसमें ऐतिहासिक प्रक्रिया में शक और हूण, अनेक बाहर से आनेवाली जातियाँ इस देश में घुल-मिलकर इतनी अभिन्न हो गईं कि आज उनका अलगाव कठिन है; आज यह मालूम करना मुश्किल है कि वे किस वंश-परम्परा की हैं। कवि के वचन को भविष्य में कोई इसी आधार पर गलत समझ सकता है और कह सकता है कि चूँकि रवीन्द्रनाथ ने भी कहा था : 'एक देहे हल लीन', इसलिए आज भी लोग एक देह में लीन हो जाएँ, अपने अस्तित्व को विलीन कर दें। तात्पर्य यह कि अब विविधता समाप्त हो जाए और एक ही रंग, एक ही धर्म, एक ही जाति सारे भारत में सबको समेट ले, आत्मसात कर ले। सच्चाई यह है कि यह अर्थ इस गीत से निकलता नहीं है। इसी कारण मैंने यह जरूरी समझा कि रवीन्द्रनाथ का यह गीत, जो एक विशेष सन्दर्भ में रचा गया था, उसकी तरफ ध्यान दिला दूँ।

दूसरी बात 1910 में रवीन्द्रनाथ ने कही थी : 'मंगलघट हय नि ये भरा'। सभी शताब्दियों की प्रक्रिया के बावजूद भारत में अभी तक बहुलता और एकता के बीच वह सम्बन्ध स्थापित नहीं हो सका था, यानी एकीकृत बहुलता का मंगलघट भरा नहीं था। 1910 में वह खाली था और आप देखें तो पाएँगे कि कवि यह जानते थे कि वह सुदीर्घ परम्परा से हुआ करता है। समाधान सरल नहीं है। इसलिए उन्होंने

दुख के साथ कहा कि आज भी मंगलघट पूरी तरह से भरा नहीं गया है, क्योंकि ब्राह्मण अपने को इतना शुचि करके, पवित्र करके नहीं आया है कि सबका हाथ छू सके और पतित के अपमान का भार आज तक हलका नहीं हुआ है। इसी कारण वह मंगलघट आज भी खाली पड़ा हुआ है। रवीन्द्रनाथ ने 1910 में यह कहा था। इस गीत को इतने वर्षों बाद आज 1998 में पढ़ते हुए भी लगता है कि उनकी वाणी कहीं गूँज रही है कि मंगलघट आज भी भरा नहीं है। मित्रो, विश्वकवि रवीन्द्रनाथ ठाकुर की इस कविता के सन्दर्भ में, इसी परम्परा को आगे बढ़ाते हुए, मेरे गुरुदेव आचार्य हजारी प्रसाद द्विवेदी ने, जो उसी शान्तिनिकेतन में थे, वहीं रहते हुए एक उपन्यास लिखा था : 'बाणभट्ट की आत्मकथा', जो 1946 में छपा था। उस उपन्यास को इसी प्रसंग में, इसी बहुलता के प्रसंग में पढ़ते हुए अचानक कुछ पंक्तियों पर मेरी दृष्टि अटकी। राष्ट्रीय आन्दोलन के दौरान अनेक कहानियाँ, अनेक उपन्यास, अनेक कविताएँ लिखी गई हैं, नाटक लिखे गए हैं। यहाँ एक बड़ा भारी प्रश्न था कि एक ओर राष्ट्र है, उसे मुक्त कराना है और दूसरी ओर आपसी भेद-भाव है, उसे दूर करना है। तय किया गया कि राष्ट्र को पहले मुक्त कर लिया जाए। उसके बाद जात-पाँत का भेद दूर करेंगे, धार्मिक भेद-भाव को दूर करेंगे; स्त्री और पुरुष के बीच जो भेद है, उसको दूर करेंगे। बड़ा सत्य है राष्ट्र की मुक्ति। बाकी सत्य जितने हैं, वे भी सत्य हैं, लेकिन वे छोटे-छोटे सत्य हैं। जयशंकर प्रसाद की प्रसिद्ध कहानी 'पुरस्कार' में व्यक्तित्व-प्रेम और राष्ट्र-प्रेम, इन दो के बीच द्वन्द्व है और उसमें दिखाया गया है कि चरित्रनायक राष्ट्र के लिए व्यक्तिगत प्रेम का बलिदान कर देता है।

गुरुदेव के उक्त उपन्यास को आप लोगों में से भी कई लोगों ने पढ़ा होगा। इसमें एक चरित्र है—'निउनिया', संस्कृत नाम है—'निपुणिका'। निपुणिका का अपभ्रंश हुआ है निउनिया और निउनिया को द्विवेदी जी ने श्लेष के रूप में इस्तेमाल किया है। जो भोजपुरी-भाषी लोग हैं, वे जानते हैं कि संस्कृत में जो 'नापित' है, उसे भोजपुरी में कहते हैं नाई, नाऊ, और उसकी स्त्री जो है, वह 'नउनिया' होती है। इसलिए निउनिया यों भी छोटी जाति की थी और स्त्री थी। उसने एक विशेष क्षण में बाणभट्ट की आँखों में आँखें डालकर सीधे जो प्रश्न किया, उस पर सहसा मेरी दृष्टि अटक गई। निउनिया ने पूछा : 'मैं पूछती हूँ आर्य, क्या छोटा सत्य बड़े सत्य का विरोधी होता है?...मेरी ही शपथ करके तुम सत्य-सत्य कहो, मेरा कौन-सा ऐसा पाप-चरित्र है जिसके कारण मैं निदारुण दु:ख की भट्ठी में आजीवन जलती रही?...तुम इस छोटे-से सत्य के साथ राष्ट्र-जीवन के बड़े सत्य को अविरोधी पा रहे हो? क्या बृहत्तर सत्य के नाम पर मिथ्या का तांडव नहीं चल रहा है?' बाणभट्ट ने लिखा है : 'मेरे मर्मस्थल को बेधकर एक प्रश्न अन्तस्तल के अतल गाम्भीर्य में गूँजता रहा—क्या छोटा सत्य बड़े सत्य का विरोधी नहीं होता है? ऐसा ही तो देख

रहा हूँ। सामान्य मनुष्य जिस कार्य के लिए लांछित होता है, उसी कार्य के लिए बड़े लोग सम्मानित होते हैं।' वे कहते हैं कि मनुष्य के सामाजिक सम्बन्धों की जड़ में ही कहीं बहुत बड़ा दोष रह गया है। निश्चय ही कोई बड़ा असत्य समाज में सत्य के नाम पर घर बना बैठा है। 1946 में जब भारत स्वतंत्र नहीं हुआ था, हजारी प्रसाद द्विवेदी एक स्त्री के सत्य को राष्ट्र के सत्य के सामने, राष्ट्र की एकता के सामने रखते हैं। उसी राष्ट्र की नागरिक एक स्त्री भी तो है, और छोटी जात की स्त्री है, क्या उसका दुख सत्य नहीं है? राष्ट्र की मुक्ति से क्या उसका दुख दूर हो जाएगा? मित्रो, यही वह प्रश्न है, जो 'बाणभट्ट की आत्मकथा' में द्विवेदी जी उठाते हैं और जिसे कहूँ, रवीन्द्रनाथ के 'भारततीर्थ' के गीत को एक कदम और आगे ले जाकर उस प्रश्न के बिन्दु पर खड़ा करते हैं, जो आज हमारे सामने मौजूद है।

भिन्नता में एकता की बात हम वर्षों से सुनते चले आ रहे हैं—आजादी की लड़ाई से पहले भी और आजादी मिलने के बाद से भी। आज जिस बिन्दु पर हम स्थित हैं, वहाँ ऐसे बहुत-से प्रश्न हैं, जिन्हें स्वाधीनता-संग्राम के जमाने में चुप करा दिया गया था। याद है आपको, गांधी और डॉक्टर अंबेडकर के बीच जो पूना पैक्ट हुआ? अंबेडकर ने यही कहा था न कि दलित की समस्या पहले सुलझाओ। दूसरी ओर से यह कहा गया था कि बुनियादी समस्या यह है कि अंग्रेज यहाँ से चले जाएँ। ऐसी बहुत-सी समस्याएँ हैं, जिनके ब्योरे में मैं नहीं जाना चाहता। हमारे यहाँ अजीब तरह से इतिहास लिखा गया है, उपनिवेशवादी दौर का इतिहास, 19वीं शताब्दी का खास तौर से। वह इतिहास लिखते समय, जब सती-प्रथा बन्द कराई गई थी, हम कहते हैं कि वह समाज-सुधार था। वह बड़ा काम नहीं था। राजा राममोहन राय वगैरह ने आजादी की माँग नहीं की थी। उन्होंने तो समाज को सुधारने की बात कही थी, यानी राजनीतिक चेतना का, राष्ट्रीय चेतना का स्तर नीचे था। 19वीं शताब्दी के उत्तरार्द्ध में धीरे-धीरे सुगबुगाहट शुरू हुई और कुछ लोग स्वदेशी की बात करने लगे। 1885 में जब इंडियन नेशनल कांग्रेस कायम हुई, उस समय तक हाल यह था कि हम पूर्ण स्वतंत्रता की माँग नहीं कर रहे थे। इतिहास में बताया जाता है कि आरम्भ में राष्ट्रीय चेतना समाज-सुधार के रूप में थी, धीरे-धीरे सांस्कृतिक जागरण के रूप में शुरू हुई, आगे चलकर वह राष्ट्रीय जागरण के रूप में विकसित हुई और फिर हम राष्ट्रीय मुक्ति की बात करने लगे।

मित्रो, यह कौन-सा इतिहास है? इस इतिहास के पढ़ने का नतीजा यह हुआ कि राष्ट्रीय मुक्ति हो जाने के बाद जो समाज-सुधार वाले कार्यक्रम थे, वे छूट गए। राष्ट्र की मुक्ति समग्रत: हुआ करती है। वह सामाजिक भी होती है, आर्थिक भी होती है, सांस्कृतिक भी होती है और राजनीतिक भी होती है। वे लोग, जो समाज-सुधार की बात कर रहे थे, वे जानते थे कि जब तक सामाजिक बुराइयाँ और कुरीतियाँ दूर नहीं होंगी, चाहे वे मसले धार्मिक हों, राष्ट्र मुक्त नहीं होगा। उर्दू में जिसे कहना

चाहिए, सारे मसलों को हम लोग मुल्तवी करते या कालीन के नीचे डालते गए—राष्ट्रीय मुक्ति के नाम पर। इसी को मैंने कहा है कि निश्चय ही कोई बड़ा असत्य सत्य के नाम पर समाज में घर बना बैठा है। जब आजादी मिल गई, तब तो कोई बहाना नहीं था, फिर आप वे सारे प्रोग्राम लागू करते, जो आपने नहीं किए। राजा राममोहन राय ने सती-प्रथा बन्द कराने की बात कही थी। वह सतीवाला कांड इतने दिनों के बाद आजाद हिन्दुस्तान में क्या हुआ? दलितों के बारे में हमने उस समय कहा था कि आजादी मिलेगी, तो उनकी समस्या भी हल हो जाएगी, वह क्यों नहीं हुआ? जो पूना पैक्ट हुआ था, वह वादा निभाने में इतनी देर क्यों हुई कि आज एक बहुजन समाज नाम की पार्टी खड़ी हो गई? दलितों का आन्दोलन भी शुरू हो गया है। स्त्री-मुक्ति के बारे में 19वीं शताब्दी में पंडिता रमा बाई ने या अनेक महिलाओं ने जो कुछ लिखा, हमने वह सारा का सारा कालीन के नीचे दबाकर कहा कि वह समाज-सुधार-मात्र है, असल चीज तो राष्ट्र-मुक्ति है। यह बड़े सत्य के नाम पर छोटे सत्य का बलिदान किया गया था। याद रखिए कि यह जो बलिदान किया गया, उसी को निउनिया ने कहा था कि बृहत्तर सत्य के नाम पर मिथ्या का तांडव चल रहा है। यह 1946 में निउनिया ने कहा था! बृहत्तर सत्य के नाम पर, देश के विकास के नाम पर कुछ लोग और कुछ दिनों तक कम खाएँ, कुछ दिनों तक गम खाएँ। 'कम' और 'गम' खाने का यह सिलसिला कब खत्म होगा, कोई जानता है इस माहौल में? जो सवाल 'बाणभट्ट की आत्मकथा' में उठाया गया था, छोटा सत्य और बड़ा सत्य, राष्ट्र की मुक्ति या राष्ट्र का विकास, वह अपनी जगह पर आज भी कायम है। चाहे वे धार्मिक अल्पसंख्यक हों, जाति से अल्पसंख्यक हों, भाषा की दृष्टि से अल्पसंख्यक हों; चाहे वे दलित हों, आदिवासी हों, स्त्री हों, ईसाई हों, मुसलमान हों, इनके अपने अस्तित्व का जो सवाल है, उसका राष्ट्र के विकास से क्या रिश्ता हो; उनकी भाषा, उनकी संस्कृति का क्या हो, विचारणीय यह है।

जो हमारे संविधान की आठवीं अनुसूची है, उसमें चौदह से सोलह, सोलह से अठारह और उससे बढ़कर सम्भवत: अब बीस भाषाएँ हो गई हैं। ऐसी अनेक भाषाएँ हैं, जिनका अपना राज्य भी है। पूर्वोत्तर प्रदेश की, आप देखें, अनेक भाषाएँ हैं—सन्थाली, मुंडारी आदि, जिनकी बड़ी समृद्ध परम्परा है, भाषाई परम्परा, साहित्यिक परम्परा, लेकिन उन्हें आठवीं अनुसूची में स्थान नहीं मिला है। दुनिया के भाषा-विज्ञानी और नृतत्त्व-विज्ञानी अनुभव कर रहे हैं कि दुनिया की कई भाषाएँ इस बीच धीरे-धीरे मर गई हैं। 19वीं शताब्दी में ऐसी कई भाषाएँ थीं, जिनकी लिपि थी, जिन्हें बोलनेवाले थे। लेकिन अब उन्हें बोलनेवाला कोई नहीं है, क्योंकि वे लिखी नहीं गईं और सुरक्षित नहीं रखी गईं। क्या हम चाहते हैं कि भारत में भी यही स्थिति हो? ग्रियर्सन के 'लिंग्विस्टिक सर्वे ऑफ इंडिया' में कुछ ऐसी भाषाएँ भी दी गई हैं, जिन्हें बोलनेवाला कुल एक आदमी है। यह समझ में नहीं आता है कि भाषा

बोलने के लिए जब कम-से-कम दो आदमी चाहिए, तो उनका वजूद कैसे है? वे भाषाएँ आखिरी साँस ले रही हैं। ग्रियर्सन ने जब भाषा-सर्वेक्षण किया था, तब तो उन्हें बोलनेवाला एक आदमी था! मेरा खयाल है कि उन भाषाओं को बोलनेवाला आज कोई आदमी नहीं होगा।

जिस संस्कृति की हम बात करते हैं, उसकी बुनियाद है भाषा, और सांस्कृतिक बहुलता की जब हम बात करते हैं, तो भाषा उस बहुलता की एक महत्त्वपूर्ण इकाई है। इस बहुलता की रक्षा करनी होगी। मेरा सम्बन्ध हिन्दी यानी उस भाषा से है, जो सम्पर्क-भाषा के रूप में, राजभाषा के रूप में मान्य है। उसके नाते मैं अनुभव करता हूँ कि हिन्दुस्तान में सांस्कृतिक रक्षा के लिए पहली जरूरत है, जिन्हें हम बोली कहते हैं, आदिवासी बोलियाँ कहते हैं, उन्हें बचाकर रखना, क्योंकि हर भाषा के साथ शताब्दियों की स्मृतियाँ छिपी हुई हैं। एक भाषा मरती है, तो उसके साथ उसे बोलनेवाले लोगों की हजार सालों की स्मृतियाँ मर जाती हैं। उनके साथ संस्कार मर जाते हैं, उनका साहित्य मर जाता है, रहन-सहन मर जाता है। इसलिए यह बड़ा सत्य कि राष्ट्रभाषा को बचाने के लिए, सम्पर्क-भाषा कायम रखने के लिए, चाहे वह जो भी भाषा हो, उसकी बलिवेदी पर हम किसी भाषा की, चाहे वह छोटी ही सही, बलि चढ़ा दें, गलत है। इस सन्दर्भ में द्विवेदी जी की बात को याद रखते हुए मुझे लगा कि अब भिन्नता में एकता का नारा कारगर नहीं हो सकता है। इस नारे के चलते अब तक जो कुछ हुआ है, उसमें भिन्नता साधन थी और एकता साध्य था। आप जानते हैं कि साध्य की बलिवेदी पर साधन की बलि चढ़ा देना एक आम बात है। यही वजह है कि आजकल यह नारा कम सुनाई पड़ता है। अगले वक्त के लोग थे, जो भिन्नता में एकता की बात करते थे। रवीन्द्रनाथ करते थे, गांधी जी करते थे, जवाहरलाल नेहरू करते थे, उस दौर के साहित्यकार करते थे। आजकल भिन्नता में एकता का नारा कहीं सुनाई नहीं पड़ता, और यह सुनाई नहीं पड़ता, तो बुरा भी नहीं है, क्योंकि अब वह उस रूप में एकजुट करने का अस्त्र और मंत्र नहीं रह गया है। इसके फलस्वरूप आज के जमाने में जो बहुत संस्कृतियाँ हैं, उनके और जो एकता का केन्द्र है, उसके बीच—एक और अनेक, केन्द्र और परिधि के बीच का रिश्ता बदल गया है। अब वे दिन गए, जब हम अपने देश में अनेक भाषाओं के होने, अनेक धर्मों के होने और अनेक क्षेत्रीय संस्कृतियों के होने से भोजन की विविधता, वस्त्र की विविधता पर गर्व किया करते थे। अब ये चीजें गणतंत्र-दिवस की परेड की शोभा-मात्र रह गई हैं, यानी प्रदर्शन की वस्तु-मात्र रह गई हैं। अब उन्हीं इलाकों में लोग सिर उठाने लगे हैं, तो ऐसा भी लगने लगा है कि बहुलता खतरनाक हो गई है। जैसे जंगल में रहनेवाले लोग खतरनाक हो जाते हैं, शेर की तरह। आप डरने लगते हैं।

ये जो विविधताएँ हैं, ये हमारे लिए चुनौती बन गई हैं कि हम क्या करें उनका? जिन्हें कभी हम अपनी समृद्धि का परिचायक समझते थे, आज हमारे लिए वे चुनौती

मालूम होने लगी हैं कि उनका कैसे प्रबन्ध किया जाए, क्योंकि उनमें आतंकवादी, उग्रवादी लोग भी हैं। वे अपनी अस्मिता के लिए, अपने अस्तित्व के लिए संघर्ष करते दिखाई पड़ते हैं, स्वतंत्र राज्य की माँग करते हुए दिखाई पड़ते हैं। वे अपने प्रतिनिधित्व का विशेष अधिकार माँगते हैं। कुछ ही वर्षों में ये घटनाएँ ज्यादा से ज्यादा उग्र हुई हैं, इस शताब्दी के अन्तिम दशक में लगभग 1990-91 के आसपास से। 1991 में 'इकोनॉमिक एंड पॉलिटिकल वीकली' में प्रो. ज्ञानेन्द्र पांडेय का एक लेख छपा था : 'इन डिफेंस ऑफ द फ्रैगमेंट'। 'फ्रैगमेंट' यानी टुकड़े की हिमायत करते हुए, उसके पक्ष में। ये टुकड़े किसी के लिए तो जिगर के टुकड़े हो सकते हैं, लेकिन ये टुकड़े हैं राष्ट्र के, जिनसे राष्ट्र भरा-पूरा बना है, समृद्ध हुआ है। ज्ञानेन्द्र पांडेय ने यह दिखाने की कोशिश की है कि आज जिस एकता को बहुत-से लोग स्वाभाविक समझते हैं, वह वैसी नहीं। रूपकों की भाषा में सोचने की हमारी पुरानी आदत है। हम देह और आत्मा के रूप में सोचते हैं। यह सोचते हैं कि राष्ट्र की एक आत्मा हुआ करती है, जिसके सामने जो देह है, वह एक गौण-सी चीज है। बहुलता शरीर है, महत्त्वपूर्ण चीज तो आत्मा है और राष्ट्र आत्मा नाम की चीज होती है। उस आत्मा के सम्मुख ये जो विविधताएँ और बहुलताएँ हैं, 'फ्रैगमेंट' हैं, टुकड़े हैं। इसलिए अखंड भारत में खंड के लिए कोई जगह नहीं है। बहुत पहले की हिन्दी की एक कविता की दो पंक्तियाँ हैं। उद्धव ने गोपियों से जब बार-बार कहा कि तुम अपने को कृष्ण में लीन कर दो, विलीन कर दो, यही चरम लक्ष्य तुम्हारा होना चाहिए, तो गोपियों ने उनसे बहस करते हुए कहा :

जैहै बनि-बिगरि न बारिधिता बारिधि की,
बूँदता बिलैहै बूँद बिबस बिचारी की।

यदि बूँद समुद्र में मिल जाए तो समुद्र का न कुछ बनेगा, न बिगड़ेगा। एक बूँद अगर समुद्र में मिल गई तो उससे समुद्र का क्या होना है और यदि नहीं मिली तो उससे उसका क्या घाटा है लेकिन बूँद की बूँदता समाप्त हो जाएगी।

राष्ट्र के टुकड़े पचास वर्षों तक इन्तजार करते रहे हैं। ठीक है, राष्ट्र-मुक्ति हो गई है, अब तो आप कुछ कीजिए। इन टुकड़ों में स्त्रियाँ प्रतिनिधित्व माँग रही हैं, दलित प्रतिनिधित्व माँग रहे हैं। कहा जा रहा है कि वे सत्ता के लोभी हैं। जो सत्ता में बैठे हुए हैं, वे सत्ता के लोभी नहीं हैं, वे देश का कल्याण कर रहे हैं और ये जो माँग कर रहे हैं, वे सत्ता माँग रहे हैं! आप जो सत्ता में बैठे हुए हैं, आपको न तो सत्ता से कोई लोभ है और न सत्ता से कोई लगाव है! जब खंड अपने अधिकार माँगता है, अपनी पहचान चाहता है, अपने अस्तित्व की रक्षा चाहता है, तब वह पराया ही नहीं, राष्ट्रद्रोही माना जाता है। आतंकवाद का कुछ समाजशास्त्रियों ने अध्ययन किया है और एडवर्ड सईद ने एक बहुत अच्छा लेख

लिखा है कि अमरीका ने और दुनिया के कई देशों ने जिसे आतंकवाद की संज्ञा दे रखी है, गहराई से उसका अध्ययन होना चाहिए कि उस आतंकवाद के मूल में वे कौन लोग हैं, कौन जन-समुदाय है और उन्हें आतंक का सहारा क्यों लेना पड़ा है? सद्दाम हुसैन खतरनाक हैं, क्योंकि वे अपने अस्तित्व की रक्षा के लिए माँग कर रहे हैं और जो लोग उन पर आक्रमण करना चाहते हैं, वे बड़े भले मनुष्य हैं। इसलिए 'इन डिफेंस ऑफ फ्रैगमेंट' में टुकड़े के पक्ष में लिखने की जरूरत एक इतिहासकार को इसीलिए पड़ी कि सारा इतिहास और खास तौर से राष्ट्रवादी इतिहास जिस तरह से लिखा जा रहा है, वहाँ राष्ट्रीय आत्मा, राष्ट्रीय एकता के नाम पर सबकुछ को आत्मसात करने की प्रवृत्ति है। वे लोग उन टुकड़ों के इतिहास को 'सबाल्टर्न स्टडीज' के नाम से पुकारते हैं।

मैंने कहा कि प्रो. ज्ञानेन्द्र पांडेय का लेख 1991 में लिखा गया था। 1991 का वर्ष वह वर्ष था, जब इस देश में एक बहुसंख्यक जनसमुदाय ने सांस्कृतिक राष्ट्रवाद का नारा दिया, जिसका मतलब दूसरे शब्दों में हिन्दू राष्ट्रवाद है। इस हिन्दू राष्ट्रवाद के उदय के पीछे उक्त छोटे-छोटे टुकड़े थे। पुराना राष्ट्रवाद साम्राज्यवाद-विरोधी राष्ट्रवाद था, 1947 के पहले। साम्राज्यवाद-विरोधी राष्ट्रवाद के दौरान भिन्नता में एकता का नारा चलता था। उसका एक अर्थ था। स्वाधीनता मिलने के बाद सांस्कृतिक राष्ट्रवाद यानी हिन्दू राष्ट्रवाद का धीरे-धीरे बढ़ते हुए 1991 के आसपास तेजी से उभार हुआ। उस उभार की प्रतिक्रिया में खतरा दिखाई पड़ने लगा—उन सामाजिक समुदायों को, उन टुकड़ों को, जो अब तक साम्राज्य-विरोधी राष्ट्रवाद में अपने हितों को भुलाकर सारे देश की जनता का साथ दे रहे थे।

यहाँ एक बात मैं और कहना चाहता हूँ। सांस्कृतिक राष्ट्रवाद और सांस्कृतिक बहुलतावाद, इन दोनों के बीच द्वन्द्वात्मक सम्बन्ध है। एक की प्रतिक्रिया में दूसरा उत्पन्न होता है। सांस्कृतिक बहुलता के लिए संघर्ष उचित है, लेकिन इस बहुलता की रक्षा में एक विशेष प्रकार की विचारधारा, जिसे आइडियोलॉजी कहते हैं, पैदा हुई है। उस आइडियोलॉजी में सांस्कृतिक बहुलतावाद नाम की चीज कायम की गई है, जहाँ बाकी तमाम चीजें पीछे पड़ गई हैं। वह बहुलतावाद, मुझे पढ़ने के क्रम में मालूम हुआ कि अमरीका का सबसे अधिक चर्चा का विषय है। अंग्रेजी में एक शब्द 'मल्टीकल्चरलिज्म' है। इसे आप सांस्कृतिक बहुलतावाद कहिए या बहुलतावाद कहिए या बहुसंस्कृतिवाद कहिए। अमरीका से एक पत्र निकलता है : 'डेडलस'। बड़ा पांडित्यपूर्ण, शोध से भरा हुआ वह पत्र है। उस पत्र का 1997 में एक विशेष अंक निकला है, जिसका शीर्षक है : 'डाइवर्सिटी'। मुझे थोड़ा आश्चर्य हुआ, वह अमरीका 'डाइवर्सिटी' की बात करता है, जिसने अपने यहाँ रेड इंडियंस को खत्म किया, जिनकी न भाषा बची है, न संस्कृति बची है, जिसने काले लोगों को दूसरे दर्जे का नागरिक बना रखा है। 'वसुधैव कुटुम्बकम्' हम लोग कभी कहते

रहे होंगे, बलात् उड़ा लिया उनको इन लोगों ने और अब वे विश्व-ग्राम की बात कर रहे हैं। एक ओर विश्व-ग्राम, विश्व-बाजार और भूमंडलीकरण की बात तथा दूसरी ओर विविधता की बात। यह क्या मामला है? रघुवीर सहाय की उक्ति है कि 'और प्रभु यह तुम्हारी दया नहीं तो और क्या है / कि इनमें आपस में कोई सम्बन्ध नहीं'।

'डाइवर्सिटी' नामक उस अंक की भूमिका में एक अमरीकी ने लिखा है कि जैसे अमरीका ने अपने लिए ही नहीं, बल्कि सारी दुनिया के लिए एक कार्य-सूची पेश की है। आज तो विविधता ही सूची पर है, सो उसी पर विचार करना पड़ेगा, इसलिए कि इसमें सहिष्णुता छिपी हुई है, इसलिए कि इसमें विभिन्न जातियों, धर्मों, नस्लों और विभिन्न लिंगों के लिए सहानुभूति का भाव भरा हुआ है। दुनिया विश्व-बाजार और आयात-निर्यात व वाणिज्य के जरिये एक हो रही है लेकिन उसके साथ ही जरूरत एक विविधता की है। यह है अमरीका में दोनों चीजों का एक साथ चलना। सौभाग्य से और संयोग से कहिए कि उस पत्र में पहला लेख अमर्त्य सेन का है और उनका मैं जरूर हवाला देना चाहूँगा। दिलचस्प है वह शीर्षक, जो अपने लेख का अमर्त्य सेन ने दिया है। अमर्त्य सेन प्रो. क्षितीन्द्रमोहन सेन की, जो विश्वभारती में थे और हमारे गुरुदेव के साथी थे, बेटी के बेटे हैं और विश्वभारती में उनकी शिक्षा हुई है। वे रवीन्द्रनाथ की पूरी परम्परा से परिचित हैं, एक विश्वविख्यात अर्थशास्त्री होने के साथ। उनके निबन्ध का शीर्षक है : 'भारतीय परम्पराएँ और पाश्चात्य कल्पना'। याद रखें, 'इंडियन ट्रैडिशंस' हैं, बहुवचन में। हमारे यहाँ बेहिचक, बेलाग और बेलौस तरीके से बड़े-बड़े लोग ऊँची कुर्सियों पर बैठे हुए 'भारतीय परम्परा, भारतीय परम्परा' कहते हैं, जैसे परम्परा एक ही है! इतने विशाल देश में, जिसका हजारों साल का इतिहास हो और इतना बड़ा भू-भाग हो, उसमें क्या एक ही परम्परा रही होगी? इस देश में कहा जाता है कि ऐसा कोई मुनि नहीं है, जिसका मत भिन्न न हो। वह मुनि कैसा, जो दूसरों की हाँ-में-हाँ मिलाता हो! उसका मत भिन्न होना ही चाहिए। कभी-कभी भिन्नता के लिए भी भिन्न होना चाहिए। 'डाइवर्सिटी' नाम के विशेष अंक में छपा हुआ पहला ही लेख है, भारत की ओर से आया है, जिसमें 'भारतीय परम्पराएँ' कहा गया है। मैंने जब 'दूसरी परम्परा की खोज' नाम की पुस्तक लिखी, तो कहा गया कि परम्परा दूसरी होती है, तीसरी होती है, चौथी होती है। कौन उनको समझाए कि दूसरी माने 'अन्य' है यहाँ। हिन्दी में 'दूसरा' अन्यवाचक सर्वनाम भी हुआ करता है। वह केवल संख्यावाचक नहीं हुआ करता है। इतनी हिन्दी तो लोग जानते हैं।

अमर्त्य सेन शुरू ही करते हैं यह कहते हुए कि केवल भारतीय समाज और उसकी बौद्धिक 'परम्पराओं' की जो विशेषता है, मैं अपने को उसी पर केन्द्रित रखना चाहता हूँ। प्रारम्भिक विविधताएँ, जिनको 'एलिमेंटरी डाइवर्सिटी' कहते हैं, उसमें 'एलिमेंटरी' साधारण अर्थ भी दे सकता है और प्रारम्भिक अर्थ भी। जो

'एलिमेंटरी' विविधताएँ हैं, जो विशेषता है भारत की, उसी के बारे में कहना चाहता हूँ, जो चौंकानेवाली बात नहीं है। इस क्रम में उन्होंने कहा कि पश्चिमी समाचार-पत्रों में भारत का जिक्र मुख्यत: हिन्दू देश के रूप में किया जाता है। यही बात भारत के अन्दर एक हिन्दू राष्ट्रवाद वाली पार्टी भी कहती है, जो कुछ ही वर्षों में बहुत प्रभावशाली हो गई है। लेकिन यह मुख्यत: हिन्दू देश दुनिया का तीसरा सबसे बड़ा मुस्लिम देश भी है, जिसमें लगभग ग्यारह करोड़ मुसलमान रहते हैं। यह है परम्पराओं की विविधता की ओर इशारा करना। पश्चिम के लोग हिन्दू इंडिया, हिन्दू पीरियड, हिन्दू कल्चर कहते रहे और बहुत दिनों तक हम लोगों की पश्चिम ने जो छवि बनाई है, उसी को स्वीकार करके हम लोग भी तोते की तरह दोहराते रहे कि हाँ, हम हिन्दू हैं। किस अर्थ में वे हिन्दू कह रहे हैं और किस अर्थ में हम अपनी छवि स्वीकार कर रहे हैं? यह बात बहुत खतरनाक है कि गैर आपकी जो छवि बनाएँ, वही छवि आप अपनी मान लें और बगैर देखे हुए कि आपकी आत्मछवि क्या है। इस लेख में प्रो. अमर्त्य सेन ने यही दिखाने की कोशिश की है कि पश्चिम की नजरों में हमारी एक छवि है। कुछ लोग स्वदेशी का बहुत नाम लेते हैं लेकिन उसी छवि को स्वीकार कर रहे हैं। पश्चिम का प्रेस हमें 'मेनली हिन्दू' कहता है और हम भी अपने को 'मेनली हिन्दू' कहते हैं। फिर भी कहते हैं कि हम स्वदेशी हैं और हम विदेशियों के बड़े विरोधी हैं। ये लोग जो जनतंत्र का नाम लेते हैं, समाजवाद का नाम लेते हैं, ये विदेशियों के पीछे चलते हैं और ये विदेशियों का खतरनाक नारा दोहराते हैं।

मित्रो, मैं कहना चाहता हूँ कि अमरीका से सहसा बहुलतावाद नाम की, 'मल्टीकल्चरलिज्म' नाम की जो विचारधारा चली है, वह वहाँ एक विशेष उद्देश्य से तैयार की गई है और 'मल्टीकल्चरलिज्म' और 'मल्टीनेशनल एजेंसीज' या 'मल्टीनेशनल कैपिटलिज्म' यानी बहुराष्ट्रीय पूँजीवाद और सांस्कृतिक बहुलतावाद, ये दोनों एक ही विचारधारा के, एक ही सिक्के के दो पहलू हैं। क्या विडम्बना है कि हमारे यहाँ के स्वदेशी लोग उस विचारधारा को जोरों से अपना रहे हैं! फ़ैज का शे'र याद आता है :

शम्ए-नजर, खयाल के अंजुम, जिगर के दाग
जितने चिराग हैं तिरी महफ़िल से आए हैं।

शमा-ए-नजर और खयाल के अंजुम, तो हैं ही लेकिन ये जिगर के जो दाग हैं, ये भी चिराग हैं हमारे लिए, और यह 'तेरा' कौन है, इसे साफ शब्दों में बताने की जरूरत नहीं है। यह आडियोलॉजी, यह विचारधारा बहुराष्ट्रीय कम्पनियों के साथ आ रही है और मैं अन्त में कहना चाहता हूँ कि सांस्कृतिक राष्ट्रवाद से हमारे देश की सांस्कृतिक बहुलता को जितना खतरा है, उतना ही, बल्कि उससे

ज्यादा खतरा बहुराष्ट्रीय पूँजीवाद से बननेवाली बाजार की संस्कृति, जिसे उपभोक्ता संस्कृति भी कहते हैं, उससे है। उस संस्कृति के चलते हमारी सांस्कृतिक बहुलता को बहुत बड़ा खतरा है। हमें ही नहीं, खास तौर से तीसरी दुनिया के देशों को इसलिए ज्यादा खतरा है कि ऊपर से विविधता, सतह पर विविधता और मूल तत्त्व उसका एकरूपता का है।

आप अच्छी तरह जानते हैं कि बहुराष्ट्रीय पूँजीवाद कुल मिलाकर माल ही बेच रहा है। यह एक बाजार है—माल से भरा हुआ। माल एक ब्रांड, अलग-अलग एथनिक ब्रांड के भी मिलेंगे आपको। सतह पर बहुलता है, विविधता है। किसी रेस्त्राँ में चले जाइए, तरह-तरह के एथनिक फूड आपको मिलेंगे, डिशेज मिलेंगी, सारी हैं लेकिन कुल मिलाकर आप देखें तो ये बहुराष्ट्रीय कम्पनियाँ माल बेच रही हैं, ब्रांड अलग-अलग देकर, अर्थात यह जो विरोधाभास दिखाई पड़ रहा है, विश्व-ग्राम और सांस्कृतिक बहुलता का, वे दोनों एक साथ रह सकते हैं क्योंकि दोनों में गहरा सम्बन्ध है। ये सारी की सारी चीजें सांस्कृतिक बहुलता को एक माल में, एक ब्रांड में बदल देंगी और उसके बाद भाषाई सांस्कृतिक चाय-पान, आदि-आदि। हम लोग प्रसन्न होंगे कि अमरीकी कम्पनियाँ बेंगलोर का या मैसूर का डोसा, इडली और उत्तपम वहाँ वालों से बेहतर दे रही हैं, चाइनीज फूड चीन वालों से ज्यादा अच्छा बहुराष्ट्रीय कम्पनियाँ दे रही हैं, जेपनीज भोजन दे रही हैं। ये पिज्जा तो चल ही पड़ा है। यह भ्रम है, खास तौर से सोवियत समाजवाद के विघटन के बाद, दुनिया के एकध्रुवीय हो जाने के बाद। इस तरह लगभग इस नये विश्व में, यह जो नई दुनिया बनी है, इस नई दुनिया में सांस्कृतिक बहुलतावाद की जो विचारधारा है, वह भी खतरनाक है। हमारे मित्र अशोक वाजपेयी तो सांस्कृतिक के अलावा कुछ सुनते ही नहीं हैं। अमरीका के सारे विचारक इस समय 'कल्चरल स्टडीज' कर रहे हैं। उनके मानसिक क्षितिज में यह बात नहीं आती कि पूँजीवाद खत्म हो सकता है। हम लोगों ने जैसे चुपचाप स्वीकार कर लिया है कि इक्कीसवीं शताब्दी भी पूँजीवाद की होगी, पूँजीवाद कभी खत्म नहीं होगा इसलिए आओ, संस्कृति की चर्चा करें। पूँजीवाद बेदाग रहे, बचा रहे और हम लोग संस्कृति की बहुलता की रक्षा करने में लगे रहें।

पूँजीवादी को तब तक कोई खतरा नहीं है, जब तक हम-आप बैठकर संस्कृति की मीठी-मीठी बातें करते रहेंगे। दिल्ली में तो सांस्कृतिक कार्यक्रम मंडी हाउस में बहुत होते हैं। आप संस्कृति की चर्चा कीजिए, ये अपराधी लोग और देश को बेच खानेवाले लोग बहुत प्रसन्न रहेंगे कि बुद्धिजीवी, साहित्यकार, कला-प्रेमी संस्कृति-चर्चा में मगन हैं। हम लोग अपना कारोबार करें, वे अपना कारोबार करें। मित्रो, 'संस्कृति' बहुत अच्छा, प्यारा शब्द है, इसमें हमारी आत्मा है, खून-पसीना है, मामूली लोगों का; अभिजन का, बड़े लोगों का नहीं। मामूली लोगों ने इस हमारी संस्कृति को

रंगारंग, विविध रंगों में, धर्मों में, भाषाओं में, कलाकृतियों में बनाया है, सँवारा है। कभी-कभी सांस्कृतिक लड़ाई भी राजनीतिक लड़ाई हो जाती है और अच्छे-अच्छों को पता नहीं चलता। बाद में मालूम होता है, नमक जो है, वह कभी-कभी बारूद से ज्यादा विस्फोटक होता है, यह हिन्दुस्तान नहीं जानता है तो कौन जानता है? गांधी जी ने यह किया था। इसलिए भ्रम न रहे सांस्कृतिक राष्ट्रवाद वालों को कि वही संस्कृति करना जानते हैं। ये जो टुकड़े हैं, ये जो हमारी संस्कृति के हाशिए पर पड़े हुए हैं, जो परिधि पर हैं, इन्हीं से सांस्कृतिक क्रान्ति की शुरुआत होगी। यह इस देश में सांस्कृतिक राष्ट्रवाद के नाम पर एकरूपता कायम करनेवालों के खिलाफ एक बहुत बड़ा जलजला होगा और शायद यह फैले तो तीसरी दुनिया से निकलकर बहुराष्ट्रीय पूँजीवाद को भी चुनौती देगा, जो बड़े मजे में विश्व-ग्राम बनाकर बहुलता की रक्षा करता हुआ दिखाई पड़ रहा है।

[सौजन्य : आकाशवाणी, दिल्ली, 'कसौटी', प्रवेशांक : अप्रैल-जून, 1999]

भारतीय इतिहास की व्याख्याएँ तथा हमारे समय का फ़ासीवाद

हरिमोहन शर्मा और अजय तिवारी की बातचीत

प्रश्न : क्या यह रवैया ठीक है कि इतिहास की पुरानी बातें जो हमने एक बार सेटिल कर दी हैं और अब रिओपेन नहीं हो सकतीं?

नामवर सिंह : हाँ, यह तो एकदम सही बात है; यह तो बड़ा रिजिड रवैया है। जिस भूमि पर आप खड़े हैं, वह इतनी विवादास्पद है कि मान लीजिए, कल को अन्तत: यह साबित हो जाए कि आर्य यहीं के थे, तो आपने इतना बड़ा जो महल इसी एक आधार पर बनाया है, वह ध्वस्त हो जाएगा। क्योंकि हमारे यहाँ रामविलास जी ने इस पर बहुत लिखा है, बल्कि रामविलास शर्मा और भगवान सिंह ने इस पर काफी लिखा है और उनकी विचारधारा के बारे में कोई सन्देह हो ही नहीं सकता। उन लोगों की समझ है कि आर्य यहीं के थे। यूरोप के भी कई विद्वान मानते हैं कि आर्य यहीं के थे, भारत के थे। तो अगर यह अन्तत: साबित हो गया तो आपने इतना जो महल इसी एक आधार पर बनाया है, वह ध्वस्त हो जाएगा। आर्यों को बाहर का मानने से कौन-सी पॉलिटिक्स निकलती है? क्योंकि एक ही मूल स्थापना से राजनीति में दो-तीन लाइनें निकलती हैं, निकल सकती हैं? कैसे आप...राजनीति इस्तेमाल करती है इस चीज को, आर्यों के बाहर से आने को। यूरोप वालों ने इस्तेमाल किया और आप समझते हैं कि उसे हम इस्तेमाल करेंगे, बाहर से आनेवाले मुसलमानों और दूसरे लोगों...

प्रश्न : क्या यह जो नजरिया है कि आर्य बाहर से ही आए थे, इस नजरिये में नस्लवादी दृष्टिकोण शामिल नहीं ? दो दृष्टिकोण हो सकते हैं : एक तो यह कि सांस्कृतिक संरचनाओं के आधार पर अध्ययन करें, जिस आधार पर मार्क्स ने, लेनिन ने, स्तालिन ने किया; आप लोग भी जिसको मानते रहे हैं। रामविलास जी भी जिसके आधार पर विवेचन करते हैं। और दूसरा यह कि आर्य अलग नस्ल हैं...।

नामवर सिंह : देखो, कहानी लम्बी है। उसकी पॉलिटिक्स पर बाद में आऊँगा।

लेकिन मानव-विज्ञान के अनुसार संसार में भिन्न-भिन्न नस्लें तो हैं, यह तथ्य है। रंग भिन्न हैं, खोपड़ी, नाक वगैरह अलग-अलग हैं।...इस फर्क को लेकर पॉलिटिक्स की जाए और डॉमिनेट करनेवाला पॉलिटिक्स करे तो अलग बात है। नस्लें हैं और उनमें मिश्रण भी हुआ है। नये प्रमाणों से यह निकल रहा है कि सबसे आदिम मानव अफ्रीका में थे और वहाँ से एशिया में आए थे। आर्यों के आगमन की बात तो बहुत बाद में आती है। मूल मानव आर्यों से हजारों साल पहले अफ्रीका में मिलते हैं। जहाँ तक आर्यों वाली बात है, दोनों सिद्धान्त हैं कि आर्य बाहर से यहाँ आए और यहाँ से भी बाहर गए। पहले कहाँ से आए या कहाँ से गए, बहस इस 'पहले' पर है। एक छोटी-सी जिज्ञासा कर रहा हूँ कि कोई अगर इतिहास में यह प्रमाण ढूँढ़ना चाहे कि हमारे यहाँ यह कब बना कि समुद्र पार करना जाति-बहिष्कृत होना है, क्योंकि किसी के धर्मशास्त्र में नहीं लिखा है कि समुद्र-पार न जाओ; अंग्रेजों में नहीं है, ईसाइयों में नहीं है, यहूदियों में नहीं है। अपने यहाँ से जाते रहे होंगे तभी यह नियम बना होगा।

मेरा खयाल है कि अनेक कहानियाँ मिलती हैं कि हमारे यहाँ से लोग मुख्यत: साउथ ईस्ट एशिया में गए और अरब समुद्र पार करके मिडिल ईस्ट में भी लोग जाते रहे हैं। यह क्रम 1000 ईसवी से पहले का है। हिन्दी या प्राकृत की कथा 'वसुदेव' में है और प्रसाद की 'आकाशदीप' को प्रमाण मानो तो चम्पा, जाबा, सुमात्रा, इंडोनेशिया में गए हैं। बड़े पैमाने पर बौद्ध लोग गए हैं। जैन कम गए। मेरा खयाल है कि बौद्धों ने तो बाहर प्रयाण किया और अपने धर्म का प्रचार किया, तो इधर वे सेंट्रल एशिया, तिब्बत-चीन-मंगोलिया तक गए और कुछ लोगों का कहना है कि यहाँ से यूरोप तक भी गए। 'बुडापेस्ट' नाम को 'बुद्धपीठ' के आधार पर रखा हुआ बताया जाता है। तो, प्रमाण मिलते हैं। ऐसा मालूम होता है कि स्मृतियों या स्मार्त परम्परा के लोग, जैसे सनातन धर्म वाले, नहीं जाते थे, पर गैर-स्मार्त गए हैं, जिसका प्रमाण बौद्ध हैं। उसी समय यह नियम बना होगा हमारे यहाँ। मैं यह कह रहा हूँ कि आर्य बाहर से आए या यहाँ से गए, बहस इस पर नहीं होनी चाहिए। दोनों को मानने में कोई हर्ज नहीं। इससे जो राजनीति या राजनीतियाँ निकलती हैं, वे ज्यादा महत्त्वपूर्ण हैं; उस माइथोलॉजी और आइडियोलॉजी का विरोध करना चाहिए। बाहर से भी लोग आते रहे हैं और इससे यह तथ्य निकलता है कि हिमालय और समुद्र के बीच दरियाओं से भरी हुई यह भूमि जिसको सोने की चिड़िया कहते हैं, इससे आकृष्ट होकर लोग यहाँ आते रहे हैं। जहाँ अच्छी होगी, वहीं तो आएँगे। बर्फीली जगहों पर क्यों जाएँगे? ऐसी जमीन जहाँ बारहों महीने छ: ऋतुएँ होती हों, मौसम इस तरह का हो कि गर्मी है तो सर्दी भी पड़ती है, बारिश भी खूब होती है, अपेक्षाकृत शान्त है, सुरक्षित है। तीनों ओर समुद्र से, एक ओर पहाड़ से घिरी हुई भूमि है और यहाँ अपार सम्पदा है। इसीलिए लोग यहाँ आए और अच्छा लगा तो

बस गए। 'बाबरनामा' पढ़ने से लगता है कि उसे यहाँ की बहुत-सी चीजें पसन्द नहीं आती थीं। अफगानिस्तान उसे ज्यादा अच्छा लगता था, बावजूद उसके उसने यहाँ रहना पसन्द किया। इससे मालूम होता है कि बाहर से लोग आते थे और जो जगह अच्छी मिली, वहाँ ठहरते थे। यह उतनी ही महत्त्वपूर्ण चीज है, और इससे हमारा गौरव ज्यादा बढ़ता है कि हम मानें कि बाहर से लोग यहाँ आते रहे हैं। आक्रमण वाले सिद्धान्त को लोगों ने काट दिया है, माइग्रेशन के सिद्धान्त को माना है। आक्रमण सिद्धान्त का सम्बन्ध सिकन्दर से है। सिकन्दर ने हमला किया था, इसलिए आर्यों ने हमला किया, यह तो एक इम्पीरियलिस्ट थ्योरी है, लेकिन पुरातत्त्व के लोग और बाकी लोग कहते हैं कि यहाँ से आने का सिलसिला बना रहा है और उसका रास्ता भी सही बताते हैं कि हिन्दूकुश के पास से सेंट्रल एशिया से आते थे; या अफगानिस्तान, ईरान, सुमेर, तुर्किस्तान से आते थे। उस समय पासपोर्ट और वीजा का तो कोई सवाल नहीं था। अच्छा, इससे हमारा गौरव क्षीण नहीं होता कि हमारे देश में आर्य बाहर से आए और बसे, इससे हमारे देश का महत्त्व भी साबित होता है।

प्रश्न : इस दृष्टिकोण से, प्रकारान्तर से यह स्पष्ट हुआ कि आर्य भारत के मूल निवासी नहीं थे या जो आए वे आर्य ही थे?

नामवर सिंह : मैं कहूँ कि बहस आर्यों पर क्यों केन्द्रित होती है? हड़प्पा वालों पर क्यों नहीं होती? पुरातत्त्व के हिसाब से यूरोप वालों की तुलना में हड़प्पा अपेक्षाकृत प्राचीन सभ्यता है। हड़प्पा वाले कहाँ से आए? उनके बारे में क्यों नहीं कहते कि हड़प्पा वाले यहीं के थे? आप केवल ऋग्वेद के आर्यों पर बहस करते हैं। और अब अफ्रीकी सिद्धान्त से साबित हो जाएगा कि शुरू में मूल मानव अफ्रीका में था और वहाँ से फैला, हिन्दुस्तान में भी आया। तो यहाँ के जो आदिवासी हैं, शायद यहाँ के रहनेवाले मूल निवासी वही माने जाएँ! हूण, संथाल, मुंडा, उराँव और उसके बाद द्रविड़ियन मूल वाले। क्योंकि ये सभी काले लोग हैं।

प्रश्न : इतिहास के लोग इस बात पर क्यों बहस नहीं करते कि एक तरफ सभ्यताओं का विकास होता गया—चाहे वह हड़प्पा सभ्यता हो, चाहे बाद की सभ्यताएँ हों लेकिन दूसरी ओर समाज में ऐसे लोग पिछड़ते चले गए जिनको हम आज भी आदिवासी या वनवासी कहते हैं?

नामवर सिंह : वह ही तो कह रहा हूँ मैं कि यह जो राजनीति निकलती है, ये सारी-की-सारी चीजें राष्ट्रवाद के उदय से जुड़ी हुई हैं। लेट एटींथ और अर्ली नाइन्टींथ सेंचुरी में ये अलग-अलग हैं। खुद यूरोप में भी तो राष्ट्र नहीं था। पोप के साम्राज्य के जमाने में तो क्रिश्चिएंडम था। इंग्लैंड तो तब बना, जब आठवें

हेनरी ने शादी करके पोप से अपना नाता तोड़ा। रिफॉर्मेशन के जमाने में जर्मनी अलग हुआ, फ्रांस अलग हुआ, रूस का तो और भी विचित्र रूप था। तो एक बहुत बड़े ईसाई-साम्राज्य से टूटकर जब ये सारे अलग-अलग हुए, राष्ट्रवाद के साथ, तब यह प्रश्न उठा कि कौन कहाँ से आया, मूल निवासी कहाँ का था और कहाँ जाकर बसा? उदाहरण के लिए अंग्रेजों को लें, वे ट्यूटॉनिक कहलाते थे, उनके बहुत सारे राजा एंग्लो-सैक्सन थे। और फ्रांस से जानेवाले जो ब्रिटन्स थे, उन्होंने हमला किया था, तो बहुत दिनों तक फ्रांसीसी भाषा वहाँ चलती थी।

हर जगह हुआ है, सारी दुनिया के इतिहास में। आम तौर से बाद में आबाद करनेवाले, जैसे सभ्य, सम्पन्न लोग हर देश में कहीं-न-कहीं से गए और कुछ लोग पहले से वहाँ रहनेवाले थे, दोनों मिक्स हुए। कुछ का राज रहा, कुछ विस्थापित हुए। दुनिया में हर जगह यही हुआ। चीन, जापान, कोरिया, वियतनाम, मंगोलिया, इन लोगों की भी उसी तरह की मिली-जुली कहानी है। मंगोलाइट, रेस कहाँ की थी? चीन वाले दावा करते हैं कि सबसे पहले चीन में थी। लेकिन, चीनी-जापानी लिपि को देखने से ज्ञात होता है कि चीनी से ही जापानी लिपि निकली है। उसी से कोरियाई निकली है। उनकी अपनी शैली इंडिपेंडेंट हो गई, जापानी अलग हो गई। यही किया कोरियाई लोगों ने। हर जगह है यह लेकिन राजनीति निकलती है राष्ट्रवाद के उदय के साथ। एक देश को जब राष्ट्र बना लिया, और फिर राष्ट्रों की लड़ाइयों का सिलसिला शुरू हुआ, एक-दूसरे पर हमला करना। आज का जर्मनी तो कभी जर्मनी था ही नहीं। वाइनर रिपब्लिक कहा जाता था। प्रशा स्टेट कहलाता था। ड्यूट्शलैंड तो बाद में हुआ है। फ्रांस में भी दो हिस्सा टूटा हुआ है, साउथ फ्रांस अलग था, नार्थ अलग था। नीदरलैंड, ट्रिंको, डेनमार्क वाला अलग है हिस्सा। स्कैंडेनेवियन वाला हिस्सा अलग है। वे भी टूट के कैसे अलग हुए, बने। नेशन-स्टेट के साथ यह बात आई, तब हम पुराने इतिहास को उसी ढाँचे में देखने लगे और यह मुद्दा महत्त्वपूर्ण होने लगा कि कहाँ से कहाँ आए, कहाँ बसे, यहाँ के रहनेवाले कौन थे, इसके मूल निवासी और आनेवाले प्रवासी कौन थे।

प्रश्न : 'नेशनिज्म' के साथ अभी आपने नेशन-स्टेट की भी बात की। नेशन-स्टेट यानी जातीय राज्य। क्या जातीय राज्य जैसी कोई चीज सचमुच बनी? जातीय राज्य का मतलब तो हुआ, एक जाति और उसका एक राज्य...

नामवर सिंह : नहीं, नहीं, नहीं...ऐसी बात नहीं। नेशन जातियों के आधार पर भी बने हैं, रेशियल भी हैं। उदाहरण के लिए—आयरलैंड के रहनेवाले जो आइरिश हैं, आयरलैंड में आज तक लड़ाई चल रही है, जो धर्म के हिसाब से प्रोटेस्टेंट और कैथोलिक, दो हो गया है। लेकिन आइरिश भाषा का अंग्रेजी से कोई सम्बन्ध नहीं

है। दोनों भिन्न परिवार की भाषा हैं। और आइरिश का एक रेशियल आधार भी है।

प्रश्न : वह तो मूल निवासी थे?

नामवर सिंह : हाँ! वही हाल स्कॉटलैंड का है। वेल्स का है। इंग्लैंड में इतने भेद हैं। फ्रेंच का उसी हिसाब से जो गॉलिस्ट हैं, फ्रेंच लोगों को देखोगे तो, फ्रेंच नाक से पहचाने जाते हैं, यानी 'हेड स्कल' जो होती है, और नाक होती है, चीक बोन्स होती हैं, इनसे एंथ्रोपोलॉजी के लोग पढ़ सकते हैं। चीन में मोटे तौर पर एंथ्रोपोलॉजिकली मंगोलाइट देश के लोग हैं, लेकिन उसमें भी फर्क है...।

प्रश्न : दूसरी भाषाएँ हैं, दूसरी जातियाँ हैं...।

नामवर सिंह : भाषाएँ तो हैं ही, रेशियल भिन्नताएँ हैं। माओ नार्थ के थे, केंटन वाला जो नीचे का साउथ चाइना है, दोनों में बड़ा फर्क है। भाषा का ही नहीं, रेशियल डिफ्रेंस भी है कुछ दिनों के बाद तिब्बत वालों के बारे में भी यही कहेंगे। तिब्बत भी इसलिए अलग है उनसे यानी बायोलॉजिक, लिंग्विस्टिक, सोशल, ज्यॉग्राफिकल, बहुत सारे फैक्टर्स मिलकर इन चीजों को बनाते हैं।

प्रश्न : इतिहास के बारे में खोजपूर्ण और वैज्ञानिक दृष्टिकोण अपनाना इसलिए भी जरूरी है कि आज फासिज्म अपनी परम्परा, संस्कृति, इतिहास के नाम पर बहुत-सी लड़ाई लड़ रहा है और फासिज्म संस्कृति के बारे में, संस्कृति के लिए सबसे खतरनाक चीज है, यह बात आप बराबर लिखते और कहते रहे हैं। फासिज्म-विरोधी सांस्कृतिक सम्मेलन के अपने अध्यक्षीय व्याख्यान में भी आपने दुनिया के उदाहरण से दिखाया कि फासिज्म किस तरह से संस्कृति का दमन करता है। और अपने यहाँ भी वह यही काम कर रहा है, यही काम आगे और बड़े पैमाने पर करेगा। तो ये जो इतिहास सम्बन्धी बहसे हैं, हमारे आज के सांस्कृतिक सन्दर्भ में इनका क्या महत्त्व है? और फासिज्म इसका किस तरह इस्तेमाल कर रहा है और हम इस सन्दर्भ में अपने विवाद को फासिज्म के साथ किस तरह से देखें?

नामवर सिंह : आर्य बाहर से आए, या भारत से बाहर गए, इसमें दोनों तरह की मान्यता रखनेवाले गैर-भारतीय विद्वान भी बहुत-से हैं और भारतीय विद्वान भी। और इस मतभेद में विचारधारा-सम्बन्धी मतभेद छिपा हुआ है। राष्ट्रीय स्वयंसेवक संघ के और भारतीय जनता पार्टी के इतिहासकार और पुरातत्त्वविद् आग्रहपूर्वक कहते हैं कि आर्य भारत के ही थे, और इससे जो बात निकलती है, वह यह कि बैक्ट्रियन से ले करके पार्सियन तक, हूण, शक, उसके बाद बहुत बड़ी तादाद में तुर्क, ईरानी आदि जो बाहर के लोग हैं, उनका वही दर्जा नहीं होगा जो यहाँ के मूल निवासियों का है। और इससे एक राजनीति निकलती है जो स्पष्ट है कि

हिन्दुस्तान में बाहर से आनेवाले मुसलमान दूसरे दर्जे के नागरिक होंगे, वो आर्य मूल निवासी से भिन्न, अलग, नीचे होंगे। भारत में बराबर बाहर से लोग आते रहे हैं। इतना आकर्षक था यह देश, सम्पदा से भरा हुआ। प्राकृतिक वातावरण था, सुरक्षित था, इससे आकृष्ट होकर लोग बाहर से आते थे और बाहर से आकर कुछ तो एकदम घुल-मिल गए, कुछ पूरी तरह घुल-मिल नहीं सके, उनका धर्म भी अलग हो सकता था, उनका साहित्य अलग हो सकता था, भाषा अलग हो सकती थी। तुर्क आए लेकिन तुर्की भाषा हिन्दुस्तान में कहीं नहीं बोली जाती, तुर्की के शब्द जरूर मिलते हैं। अरब आए लेकिन अरबी यहाँ नहीं मिलती, अरबी के शब्द मिलते हैं। मंगोल आए, बाबर की भाषा तो थी नहीं, तुर्की थी। तो कुल मिला करके भले ही धर्म उनका दूसरा रहा हो, लेकिन वे लोग जब यहाँ बस गए और पुश्त-दर-पुश्त शादियाँ कीं उन्होंने, भाषा यहाँ अपनी एक बनी जिसको उर्दू कहते हैं। वो यहीं की भाषा है, तो इससे यह निकलता है कि एक दूसरे प्रकार के देश की, राष्ट्र की कल्पना करते हैं हम और कहते हैं कि जो आखिर रह गए, उनका भी वही हक है जो यहाँ के पहले के रहनेवालों का होगा। इस सिलसिले में मैं दूसरी बात कहना चाहता हूँ, जो कि फासिज्म के बारे में एक बड़ी भारी विडम्बना है, कि इतिहास में यह भले ही बहस की चीज हो कि ई.पू. दो हजार साल पहले, या चार हजार साल पहले आर्य आए या यहाँ से गए लेकिन एक चीज तो तय है कि 19वीं शताब्दी में ऋग्वेद का ज्ञान जर्मनों को और दूसरे यूरोपीय विद्वानों को हुआ। खास तौर से जर्मनी के लोगों ने, मैक्समूलर ने पहली बार ऋग्वेद को छापा था संग्रह करके, नागरी लिपि में यानी आर्यों का साहित्य और आर्य 19वीं शताब्दी में जर्मनी में गए। और बीसवीं शताब्दी में हिटलर ने इसी बात को अपनाया, अपने को आर्य माना और यह परम्परा जर्मन रोमांटिसिज्म से होती हुई हिटलर तक आई थी। जर्मनी में आर्य की धारणा के कारण फासिज्म आया। ये धारणाएँ चाहे नस्ल के रूप में पहुँची हों, जैसाकि उसका अर्थ लिया गया। 20वीं शताब्दी के अन्त में वही आर्य फिर जर्मनी से हिन्दुस्तान में आए। जो आज भाजपा और आर.एस.एस. के आर्यत्व का आधार बना रहा है, तो आर्य अगर भारत से जर्मनी गए तो वहाँ फासिज्म का कारण बने और जब भारत में उनका दोबारा आगमन हुआ तो आर.एस.एस.-भाजपा उसे अपनाकर फिर फासिज्म लाने की कोशिश कर रही है। इसलिए यह सारा आर्यों का आना-जाना जो हुआ है आधुनिक काल में, उससे फासिज्म के इतिहास का गहरा सम्बन्ध है। जर्मनी को ही आधार बना करके आर.एस.एस. ने सारा मॉडल बनाया वरना आर्य लोग तो निक्कर पहनते नहीं थे। चड्डी तो बाहर से आई हुई है, उस चड्डी को ले करके, वैसा ही संगठन बना करके उसी पैटर्न पर, सारा का सारा संगठन का ढाँचा वही रखा उन्होंने और वही नफरत और नस्लवाद और साम्प्रदायिक वर्चस्व...!

प्रश्न : लेकिन डॉ. साहब, जर्मनी के पास वैसी कोई सांस्कृतिक परम्परा और विरासत नहीं थी, जैसी सांस्कृतिक परम्परा और विरासत भारत के पास है। और दूसरी बात जो बहुलता वाली संस्कृति हमारी है, वह उसके पास उतनी नहीं थी जिसको कि तोड़ना चाह रहे हैं...।

नामवर सिंह : पहली बात मैं यह कहूँ कि जरूरी नहीं है कि जहाँ प्राचीन परम्परा होगी, वहाँ फासिज्म नहीं होगा। जर्मनी का बहुत पुराना इतिहास तो मुझे नहीं मालूम, लेकिन इटली का इतिहास तो जितना पता है, वहाँ रेनेसाँ हुआ था और रेनेसाँ से पहले रोमन एम्पायर था, क्रिश्चियनिटी वहीं थी। तो इटली में इतनी लम्बी परम्परा और रेनेसाँ की परम्परा में भी 20वीं शताब्दी में 20 के दशक में फासिज्म आया; कायदे से जर्मनी में तो नात्सीवाद बाद में आया है, तीस के दशक में। मुसोलिनी तो पहले हुआ था। तो एक लम्बी परम्परा हमेशा जरूरी नहीं है कि फासिज्म के खिलाफ गारंटी के रूप में हो। इसलिए हिन्दुस्तान की भी लम्बी परम्परा फासिज्म को रोकने की गारंटी नहीं है। जहाँ तक परम्परा का सवाल है, जर्मनी में सबसे ज्यादा पुराना आन्दोलन, खास तौर से नात्सीकाल में हुआ। प्राचीन ग्रीक दर्शन, ग्रीक सभ्यता के प्रति जितना आकर्षण जर्मन विद्वानों में है, उतना ही जर्मनी विद्वानों का और दार्शनिकों का ध्यान प्राचीन भारत की तरफ रहा है। वेद से लेकर उपनिषद् तक अगर भारत से ज्यादा नहीं तो लगभग उतना ही ध्यान ग्रीक सभ्यता और दर्शन की ओर था। खुद हेगेल का, जो निस्सन्देह बड़ा दार्शनिक है और हाइडेगर का पूरा-का-पूरा दर्शन केवल प्राचीन ग्रीक दार्शनिकों की व्याख्या के रूप में, इंटरपेटेशन और कमेंट्री के रूप में है; और यह कमेंट्री उसकी व्युत्पत्ति पर, उन शब्दों का अर्थ करते हुए हाइडेगर कहते हैं। और यह नहीं भूलना चाहिए कि हाइडेगर नात्सी थे। उन्होंने हिटलर का स्वागत किया था, नेशनल सोशलिस्ट पार्टी ज्वाइन की थी और इसीलिए वाइस चांसलर बनाए गए थे यद्यपि उन लोगों से किन्हीं बातों पर या उनके व्यवहार से क्षुब्ध हो करके साल-दो साल बाद कहते हैं कि उनसे वे अलग हो गए थे। लेकिन उनके दर्शन में और उनकी मान्यताओं में वे चीजें तो बहुत दिनों तक बनी रही हैं जिन पर पूरे यूरोप और अमरीका में हाइडेगर के नात्सी सम्बन्ध को लेकर पिछले बीस-पच्चीस वर्षों से बहुत बहस हुई है, आज भी बहस हो रही है। इसीलिए जर्मनी की अपनी ऐतिहासिक परम्परा स्वयं हो या न हो लेकिन अपनी एक परम्परा आदमी-प्रदत्त नहीं होती है। यदि आपके पास बुद्धि हो और चेतना हो तो अपनी परम्परा एक-आध गढ़ भी सकते हैं। भारत में जो बहुत-से राजपूत राजस्थान में रहते हैं, वे बाहर से आए हुए हैं। एक अग्निकुल लीजेंड मशहूर है, अर्णव सागर में बहुत-से लोगों को दीक्षित करके उनको राजपूत बनाया गया, चातुर्वर्ण-व्यवस्था में शामिल किया गया कि जब राजा हो गए हैं तो अब इनको कहीं ऊँची जगह दे दो, तो इनको ब्राह्मण से ठीक नीचे राजन्य वर्ग होने का, त्रिय

का, दर्जा दिया गया, राजपूत बनाया गया। तो उन्होंने अपने चारणों-भाटों के जरिये अपनी वंशावली लिखाई और उसी में, चूँकि राजाओं का वंश सूर्य और चन्द्र से जोड़ना चाहिए इसलिए कुछ सूर्यवंशी हुए और चन्द्रवंशी बहुत-से हो गए, कोई और 'वंशी' हो गए। परम्परा, मैंने कहा, मिलती नहीं है, अपनी गढ़ी और बनाई जाती है। जर्मनों में भी अपनी परम्परा थी नहीं तो उन्होंने प्राचीन जर्मन भाषा, जिसको गौथिक कहते हैं, लिपि भी जर्मनों से लेकर उसे गढ़ लिया। जर्मन की पुरानी लिपि दूसरे ढंग से लिखी जाती थी। अखबारों के टाइटिल्स देखें, स्क्रिप्ट दूसरी है। एम.ए. में भाषाविज्ञान का पर्चा पढ़ा होगा, व्यंजन-परिवर्तन जो होता है, 'क-ग-च' कैसे 'घ-ध-भ' होता है, तो उस 'हिव्य' और 'आल्टर' के नियम को प्राचीन ग्रीस से जोड़ा जाता है। संस्कृत, प्राचीन ग्रीक, प्राचीन जर्मन और फिर लैटिन—इन भाषाओं को आधार बनाकर प्राचीन जर्मन में ध्वनियों का परिवर्तन होता है। तो, वे मानते थे कि भाषायी दृष्टि से प्राचीन गौथिक का सम्बन्ध प्राचीन ग्रीस से है, और अगर प्राचीन ग्रीस से भाषायी सम्बन्ध है तो हमारा सांस्कृतिक सम्बन्ध भी होगा, नस्ल का सम्बन्ध भी हो सकता है, साहित्यिक भी हो सकता है। इसलिए जर्मनी में बहुत-से हीरो उभरे जिन्होंने अपनी उस प्राचीन परम्परा को प्राचीन ग्रीस से, और एक दम तक कभी-कभी रोम से भी जितनी दूर वह जुड़ सकता था, लेकिन मुख्यतया ग्रीस से जोड़ने की कोशिश की। यानी अपनी परम्परा को जो टूटी हुई थी या थी ही नहीं या विलुप्त थी, उसको गढ़कर उन्होंने हजारों साल की अपनी परम्परा बनाई। इस बीच, आप देखेंगे कि अनेक देशों, अनेक राष्ट्रों ने, यूरोप में, अपनी अधिक-से-अधिक पुरानी परम्परा दिखाने के लिए ग्रीस से अपना सम्बन्ध जोड़ा। रूस ने भी समाजवाद कायम होने के बाद यह दिखाने की कोशिश की कि हमारा सांस्कृतिक इतिहास कितना पुराना है। उसके चर्च का नाम ग्रीक आर्थोडॉक्स चर्च था। ग्रीक नाम यों भी यहाँ बहुत मिलते हैं। अलेक्जेंडर, उसको अलेक्सांद्र भी कहते हैं, यह बहुत बड़ा नाम है; विक्टर या विक्तोर नाम भी बहुत मिलता है।

तो, प्राचीन ग्रीस से अपना सम्बन्ध रूसियों ने भी जोड़ा, जर्मनों ने भी जोड़ा। ऐसी हालत में, मैं कहूँ कि हम लोगों के लिए परम्परा थोड़ी-थोड़ी टूटती रहने के बावजूद ऋग्वेद से आज तक की परम्परा सीधे जुड़ती हुई दिखाई देती है। यह और बात है कि उस परम्परा का बोध कितना रहा है हम लोगों के लिए। यह परम्परा किन कारणों से टूटी है, यह अलग सवाल है, लेकिन यह प्रवाह विच्छिन्न रहा है। इसका प्रमाण यह है कि जब अशोक की लाट खुदाई में मिली तो उस पर ब्राह्मी लिपि में उसके जो धर्म लेख लिखे हुए थे, उस लिपि को पढ़नेवाला कोई आदमी ही नहीं मिला। उन लाटों को लोग तरह-तरह के नाम से पुकारते थे। अशोक की ये लाट हैं और ये उनके धर्मलेख हैं, यह जानने और माननेवाला कोई आदमी नहीं था, यह इसका सबूत है कि हम अपनी परम्परा से कितना टूट गए थे। आज हम लोगों

ने इतिहासकारों के अनुसंधान का लाभ उठाकर, पुरानी टूटी कड़ियाँ जोड़-जोड़कर यह परम्परा बनाई है और कहा कि यहाँ से अपनी परम्परा चली आ रही है। जैसे जर्मनों ने और रूसियों ने दूसरी परम्परा से अपनी परम्परा को जोड़ा, वैसे हम लोगों ने जोड़कर इसको बनाया है। और जोड़कर बनाने की प्रक्रिया में जिस वर्ग का और जिस जाति (यानी वर्ण) का वर्चस्व रहा है, उन्होंने उसकी एक रेखा बनाई। दूसरों ने उसे अलग तरीके से जोड़ा और बनाया। उदाहरण के लिए आर्यों के ऋग्वेद का जहाँ तक सम्बन्ध है, स्वामी दयानन्द भी तो थे जिन्होंने केवल वेद को माना और बीच की सारी चीज को कहा कि वह मिथ्या है। जितने मन्दिर बने हैं और मूर्तिपूजा नाम की चीज है और ये पुराण वगैरह सब व्यर्थ हैं। इसलिए उन्होंने कहा कि या तो वेद हैं या हम आर्य हैं, बीच में जितनी चीजें हुईं, सब फालतू हैं। उन्होंने पुराणों, स्मृतियों, उपनिषदों को नकार दिया, वेदान्त को नकार दिया, मूर्तिपूजा को यहाँ तक कि शक्ति की परम्परा को नकार दिया। उन्होंने कहा कि केवल वेद को मानो! वेद के और आज के बीच को न मानो! तो यह भी परम्परा बनाई। इसलिए मैं यह कहूँगा कि परम्परा गारंटी नहीं है कि जिसकी जितनी पुरानी परम्पराएँ होंगी, फासिज्म वहाँ नहीं आएगा।

प्रश्न : नहीं, इसमें एक दूसरा पेंच भी है। आपने बहुत अच्छा और विस्तार से उदाहरण देकर समझाया कि इटली ने भी पुनर्जागरण काल में अपने को पुराने यूनान की परम्परा से जोड़ा, ब्रिटिशर्स ने भी, फ्रेंच ने भी, यहाँ तक की पूर्वी यूरोप के देशों ने भी अपने को यूनान की परम्परा से जोड़ा, और मार्क्स ने तो यह विस्तार से दिखाया है कि सबसे पहले मिस्र में, फिर यूनान में और फिर यूरोप में सांस्कृतिक और सामाजिक विकास की रूपरेखा निर्मित और विकसित हुई है। तो उनके सामने अपनी परम्परा जोड़ते समय एक आइडेंटिटी क्राइसिस भी मौजूद है, क्योंकि उनके पास सचमुच कोई ऐसी परम्परा नहीं है, और फासिज्म का या प्रतिक्रियावादी दर्शनों का शायद इस आइडेंटिटी क्राइसिस से भी कोई सम्बन्ध हो जो हमारे पास उस तरह की नहीं है, और आप खुद कल अपने व्याख्यान में यह बता रहे थे कि जो संघ के लोग हैं, इन्होंने किस तरह की एक रेजिमेंटेड साइकोलॉजी पैदा की है कि हिन्दुओं को मुसलमानों से खतरा है, हिन्दुओं को ईसाइयों से खतरा है। यह मानसिकता पैदा की गई है कि ये लोग दबोच लेंगे हिन्दुओं को। हिन्दुओं में जो एक यह... फियर साइकॉसिस और आइडेंटिटी क्राइसिस पैदा करने की कोशिश की गई है, वह फासिज्म का आधार है। और इसीलिए एक तथ्य इरफान ने कल कहा और बहुत अच्छे ढंग से उसकी व्याख्या आपने की, वह व्याख्या इरफान दुर्भाग्य से नहीं कर सके, कि सुरक्षित मध्य वर्ग का पचास प्रतिशत से अधिक हिस्सा इनकी तरफ है; यह आइडेंटिटी क्राइसिस मध्य वर्ग फेस कर रहा है। और अनपढ़ जनता का बीस-

बाईस प्रतिशत उनके साथ है और वह आइडेंटिटी क्राइसिस क्योंकि वह अपने मूल से, अपने नेटिव से, अपने स्रोतों से काफी हद तक जुड़ा है, अपनी जीवन-पद्धति में वह कहीं-न-कहीं सम्बद्ध है। तो यह कि परम्परा के साथ-साथ आइडेंटिटी क्राइसिस का मुद्दा है। यह भी हो सकता है फासिज्म के पीछे...।

नामवर सिंह :...सही बात तुमने कही। उसमें पहली बात तो यह कि इटली का एक उदाहरण दिया है, उसी उदाहरण को मैं लेता हूँ। इटली में जिसको नवजागरण कहते हैं—रेनेसाँ—लोगों का कहना है कि रेनेसाँ जैसी कोई चीज थी ही नहीं। और बुर्खाट में जर्मनों ने उसका पुनर्गठन करके रेनेसाँ का ढाँचा खड़ा किया। जिसे आज रेनेसाँ कहते हैं, उस समय उन्होंने जो किया था, उसे खुद वे रेनेसाँ नहीं कहते थे। दांते हुए, और तमाम महान चित्रकार इत्यादि भी थे वहाँ; इसलिए रेनेसाँ को आज हम जिस रूप में जानते हैं, वह भी एक गढ़ी हुई अवधारणा है। 12वीं-13वीं शताब्दी में वह भले घटित हुई हो, लेकिन रेनेसाँ के रूप में उसका निर्माण तो हुआ है 18वीं शताब्दी में। जर्मनों ने किया है। जैसाकि उन्होंने प्राचीन ग्रीक रेनेसाँ को गढ़ा है। लेकिन उससे महत्त्वपूर्ण बात मैं यह कहना चाहता हूँ कि उस रेनेसाँ को जो गढ़ा गया, वह हुआ कैसे?

तुर्कों के हमले हुए और कुस्तुंतुनिया से भागे हुए सारे ग्रीक विद्वान शरण लेने के लिए इटली में पहुँचे और तब उन्होंने देखा कि तुर्क जहाँ गए, इतने बर्बर थे कि तुर्कों ने अरबों को भी तबाह किया और जहाँ से गुजरे हैं, अपना हरा झंडा फहराते हुए, उसे तहस-नहस किया। छाप भी छोड़ते गए! हंगरी से जहाँ गुजरे हैं, बहुत-से नाम जोड़ें, पुरानी मूर्तियाँ भी मिलेंगी तुर्कों के हमले की निशानी के तौर पर। उनके खान-पान में भी दिखाई पड़ता है गर्म मसाला, आज भी खाया जाता है लाल मिर्च वाला। उनके नाम पर असर है। मैं यह उदाहरण इसलिए दे रहा हूँ कि बाहरी आक्रमण के समय या हमलावर जब कोई तबाह करता है और पहले वाली चली आती हुई परम्परा और संस्कृति को धक्का पहुँचता है तो अपनी पहचान, जिसको आइडेंटिटी कह लो, अपनी सभ्यता को एक चोट पहुँचती है। तब उसकी ओर ध्यान जाता है, पुरानी स्मृतियों के सहारे हम उसका नया अर्थ करते हैं, उससे शक्ति ग्रहण करते हैं और उसे एक नया रूप देते हैं। रेनेसाँ उस तरह से बना था। हमारे यहाँ भक्ति आन्दोलन, जिसे रामविलास जी ने लोकजागरण का नाम प्रदान किया जो कि सही नामकरण है, और 19वीं सदी के नवजागरण के दौरान यही हुआ। अब, उस नये रूप को देने में, मैं फिर कहूँगा कि एक ही रूप सभी लोग नहीं देते, अलग-अलग रूप भी होता है।

दांते ने 'डिवाइन कॉमेडी' लिखी तो उस डिवाइन में उन्होंने उस सारे मिथक और रूपक को पुराने ईसाइयत को ले करके निर्मित किया। अब ये सम्भव है और भारत के सन्दर्भ में एक विचित्र बात जो मुझे सूझी, वह यह है कि हमारे आदरणीय

डॉ. रामविलास शर्मा ने 'भारतीय नवजागरण और यूरोप' नाम की पुस्तक लिखी तो लोगों को भ्रम हुआ। पहले मुझे भी हुआ था कि भारतीय नवजागरण किसे कह रहे हैं, तो भारतीय नवजागरण ऋग्वेद के काल को वे कहते हैं। अब तक हमने देखा कि इटली को नवजागरण का मॉडल माना जाता है और हमारे यहाँ, 15वीं सदी का भक्ति आन्दोलन, लोकजागरण और 19वीं सदी का पुनर्जागरण, या नवजागरण, हम इनसे परिचित हैं। उस दृष्टि से अगर देखें तो ऋग्वेद को नवजागरण कहने का क्या अर्थ है? उचित है या नहीं, मैं नहीं कह रहा हूँ। इसका मतलब है कि ऋग्वेद में और ऋग्वेद के समय जो कुछ कहा गया है, काव्य है वह, तो कुछ पुरानी स्मृतियाँ होंगी; देवकथाएँ हैं, देवमालाएँ हैं, काफी पुरानी होंगी। उन पुरानी चीजों को याद करने की जरूरत ऋग्वेद के ऋषियों-मुनियों को क्यों पड़ी? कुछ तो घटित होना चाहिए। जैसेकि इटली में घटित हुआ था, जैसे इस्लाम के आने के बाद भक्ति आन्दोलन में हुआ, अंग्रेजों के आने के बाद 19वीं सदी में हुआ। कहते हैं, महाप्रलय के कारण ऐसा हुआ होगा। 'कामायनी' को अगर मानें तो एक देव सभ्यता भ्रष्ट हुई थी और मानव सभ्यता शुरू हुई थी। वह शतपथ ब्राह्मण का काल था। लेकिन ऋग्वेद यदि नवजागरण है और अतीत की बहुत-सी बातें याद की गई हैं तो अतीत की बातों को याद करने की उस आर्य कबीले को क्यों जरूरत पड़ी? क्या संकट आया था? मुझे लगा कि आम तौर से दो सामाजिक समुदायों में जब भी मुठभेड़ हो, और मुठभेड़ जरूरी नहीं कि अस्त्र-शस्त्र के साथ ही हो, तो मिलते हों और इस मिलने के कारण और उस घड़ी में कुछ ऐसा होता हो जहाँ जरूरत पड़ती है अपनी पहचान अलग-अलग बनाने की, सुरक्षित रखने की, तो उस समय भी, कुछ ऐसा घटित होना चाहिए और मेरा खयाल है कि यदि ऋग्वेद को पहला नवजागरण मानें तो इस प्रकार का परिवर्तन उत्तर-वैदिक काल में उपनिषदों के काल में कुछ लोग मानते हैं कि महाभारत के काल में घटित हुआ होगा। बुद्ध के काल से थोड़ा पहले रहा होगा। तो, महाभारत जैसी घटना के बाद से बुद्ध का चिन्तन एक नई दिशा में चला और बुद्धिज्म, जैनिज्म का आना अपने-आपमें एक बहुत महत्त्वपूर्ण परिवर्तन है। इसी तरह कुछ लोग चौथी शताब्दी यानी गुप्तकाल में मानते हैं, कई लोग पहली शताब्दी मानते हैं, तो सहसा परम भागवत् बन करके बौद्ध आते हैं और अनेक ग्रंथों का संग्रह और संकलन उस काल में होता है। कहते हैं कि भरत मुनि के 'नाट्यशास्त्र' का संकलन हुआ उसी समय, स्मृतियों का उसी समय हुआ, अनेक पुराणों का पुनर्लेखन हुआ, यानी संचित चीजें जो नष्ट हो रही हों, भूल रही हों; यह वही काल है जिसके आस-पास पतंजलि ने महाभाष्य लिखा पाणिनी के व्याकरण पर, और व्याकरण पर भाष्य लिखकर जैसे उस व्याकरण के माध्यम से एक नई व्यवस्था कायम की। इसलिए मैंने कहा कि इन नवजागरणों पर विचार करते समय इस तथ्य को ध्यान में रखें। दूसरा जो बिन्दु इससे जुड़ा हुआ

फासिज्म का उठा रहे थे, मैं यह कहना चाहता हूँ कि आज राष्ट्रीय स्वयंसेवक संघ, भाजपा का जो फासिज्म प्रकट रूप में उग्र रूप में पैदा हुआ है, वह बीज रूप में कहीं-न-कहीं हमारे 19वीं शताब्दी के नवजागरण में मौजूद था। और 19वीं सदी का नवजागरण 15वीं सदी के नवजागरण या लोकजागरण से इस मामले में भिन्न था कि 15वीं सदी का लोकजागरण समाज की सबसे निचली सतह पर रहनेवाले लोगों ने, कबीर आदि ने, शुरू किया था। जुलाहा, चमार, धुनिया, मोची, डोम—इन लोगों ने शुरू किया था। इसलिए वे हिन्दू-मुसलमानों के टकराव के बावजूद उन दोनों की संकीर्णता से अलग हटकर के एक मानव धर्म की प्रतिष्ठा कर रहे थे। 19वीं शताब्दी का नवजागरण अंग्रेजी शिक्षा प्राप्त सम्पन्न वर्ग के लोगों ने चलाया था। और बंगाल का भद्रलोक उन्हें कहते ही हैं। राममोहनराय के पहले 'राजा' शब्द लगाया जाता है, यह नहीं भूलना चाहिए। भारत में अंग्रेज कई लोगों को 'राजा' का खिताब देने लगे जो राजा नहीं थे। बनिया वर्ग के बहुत से लोग बनारस में राजा मोती चन्द्र कहलाते थे।

रायबहादुर, खानबहादुर, खाँ साहब ये खिताब भी अंग्रेज देते थे। 'राजा' शिवप्रसाद सितारेहिन्द नाम दिया गया था। राजा राममोहनराय भी सचमुच राजा नहीं थे, बड़े जमींदार थे।

प्रश्न : लेकिन महात्मा फुले भी तो इसी नवजागरण में थे...?

नामवर सिंह : बता रहा हूँ। नवजागरण शुरू तो सबसे पहले बंगाल में हुआ क्योंकि अंग्रेजी राज वहाँ था। राजा राममोहन राय के बाद फुले हुए। बंगाल का भद्रलोक अंग्रेजी शिक्षा का जानकार था, फारसी भी जानता था, संस्कृत भी जानता था, उसके साथ बंगला भी जानता था। उस जमाने के इस मध्यवर्ग में अधिकांश हिन्दू थे। याद रखो कि सन्-संवत् के हिसाब से मुसलमानों से पहले हिन्दू नवजागरण हुआ है। जो कह रहे थे कि आज भी मध्यवर्ग आर.एस.एस. और भाजपा की ओर दिखाई पड़ता है, तो उसकी जड़ें इसी में हैं कि मध्यवर्ग जब नवजागरण का नेतृत्व करेगा तब उसकी विचारधारा और उसके अपने वर्गीय हित भी उसमें आएँगे। राजा राममोहन राय से चलकर बंकिम तक मध्यवर्ग का नवजागरण हिन्दू नवजागरण ही है। बंकिम ने 'आनन्द मठ' लिखा और उसमें मुसलमानों के खिलाफ हिन्दुत्व की प्रतिष्ठा की है। वह समाज-सुधार करता था लेकिन हिन्दुओं में भी वह सवर्ण नवजागरण था, ऊँची जाति का नवजागरण था। ठीक यही बात मुसलमानों के मध्यवर्ग में भी दिखाई देगी। वह वाणिज्य, व्यवसाय, उद्योग में हिन्दू मध्यवर्ग से पिछड़ा हुआ था, यह ऐतिहासिक तथ्य है। जावेद आलम ने 'इंडिया लीविंग इन मॉडर्निटी' नाम की किताब में यह दिखाने की कोशिश की है कि इसकी प्रतिक्रिया में आगे चलकर मुस्लिम लीग की स्थापना हुई। 1906 में मुस्लिम लीग कायम हुई और उसी समय

हिन्दू महासभा भी कायम हुई। यह नहीं भूलना चाहिए कि इसी नवजागरण में स्वामी दयानन्द आए जो ऋग्वेद और आर्यसमाज को लेकर आर्यवर्चस्व के लिए आगे बढ़े, और बहुत-से आर्यसमाजी आज भी भाजपा और आर.एस.एस. के समर्थक दिखाई पड़ते हैं। इस नवजागरण से भिन्न एक दूसरी धारा महात्मा फुले की थी। वे कबीर आदि की परम्परा में अपेक्षाकृत शूद्र थे। यह ज्यादा महत्त्वपूर्ण है कि अब तक क्यों इस धारा की उपेक्षा होती रही, क्यों और कैसे इसका महत्त्व स्वीकार किया गया? सामाजिक दृष्टि से और वर्ग की दृष्टि से नवजागरण की जो धारा अपेक्षाकृत अधिक क्रान्तिकारी थी, परिवर्तनकारी थी, राजनीतिक दृष्टि से वह नरम थी। फुले आदि अंग्रेजी राज की उतनी मुखालफत नहीं करते थे।

प्रश्न : वे तो बहुत भरोसा करते थे अंग्रेजों पर...।

नामवर सिंह : यह एक अजीब अन्तर्विरोध है कि राजा राममोहन राय से बंकिम तक हिन्दुत्व की जो धारा थी, वह अंग्रेजी राज की घोर विरोधी थी। यद्यपि राममोहन तो नरम थे लेकिन विद्यासागर, बंकिम अंग्रेजी राज के विरोधी थे, उग्र राष्ट्रवादी थे। लेकिन सामाजिक, धार्मिक दृष्टि से हिन्दुत्व के हिमायती थे। दूसरी ओर फुले, आज की भाषा में कहें तो उतने राष्ट्रवादी नहीं थे, लेकिन सामाजिक मामलों में क्रान्तिकारी थे। यह परम्परा अंबेडकर तक आती है। अंबेडकर के बारे में कहा जाता था कि अंग्रेजी राज के एजेंट थे इसलिए गांधी का विरोध करते थे। आजादी पहले और दलितों को अधिकार बाद में, इसे नहीं मानते थे; बल्कि दलितों को अधिकार देने के साथ ही आजादी का कोई अर्थ होता है, यह कहते थे! लेकिन मुझे लगता है कि नवजागरण की वह धारा और वह लहर जो गांधी में थी, धार्मिक संकीर्णताओं से ऊपर उठकर, हिन्दू-मुसलमान से ऊपर उठकर चलनेवाली यह धारा उग्रराष्ट्रवाद के चलते नहीं आ सकी। इस कारण अंबेडकर के आन्दोलन के बाद फुले आदि की परम्परा का महत्त्व स्वीकार किया गया, पहले नहीं किया गया। विचित्र बात है कि राष्ट्रीय स्वयंसेवक संघ वाले अंग्रेजी राज के विरुद्ध बिलकुल ही नहीं थे। वे हिन्दुत्व का समर्थन भी करते थे और अंग्रेजी राज का विरोध भी नहीं करते थे। यानी कि घोर दक्षिणपंथी थे। वे बंकिम का नाम लेते हैं लेकिन बंकिम हिन्दुत्व का समर्थन करते हुए अंग्रेजी राज के खिलाफ थे। ये विवेकानन्द के भी नहीं हो सकते यद्यपि आज दावा करते हैं। इसलिए मैं कह रहा था कि अंशत: फासिज्म के बीज, उसके कुछ कण या कीटाणु हमारे नवजागरण में मौजूद थे। इसलिए कि वह नवजागरण उस भद्रलोक का, उस मध्यवर्ग का था जो सामाजिक, राजनीतिक, किसी भी तरह से रैडिकल या आमूल परिवर्तनकारी नहीं हो सकता। यह एक उल्लेखनीय तथ्य है कि फासिज्म का स्रोत बड़े पूँजीपतियों में होता है लेकिन उसे ताकत निम्न मध्यवर्ग से मिलती है। फासिज्म की फौज तैयार करने में

हिटलर के, या नेशनल सोशलिस्ट पार्टी के जो सिपाही थे, वे टुटपुँजिया पूँजी वाले थे बिचारे—गरीब लोग, निम्न-मध्यवर्ग के लोग, बेरोजगार, भूखों मरनेवाले, लेकिन उनको फाइनेंस करनेवाले क्रूक्स बड़ी पूँजी के लोग थे। यद्यपि वर्ग की दृष्टि से ये एक-दूसरे के विरोधी माने जाएँगे। फासिज्म में यह विचित्र मेल होता है कि हिटलर को एक ओर बड़ी पूँजी का समर्थन प्राप्त था और दूसरी ओर उस फौज में उसके लिए मरने-कटनेवाले, मैदान में लड़नेवाले सभी सम्पन्न घरों के लड़के नहीं हैं। निम्न-मध्यवर्ग के लोग, मामूली हैसियत वाले, किसानों के बेटे, स्कूल टीचर के बेटे, क्लर्कों के बेटे जाते हैं। लेकिन उनकी पूँजी का वित्तीय मेरुदंड बड़ी पूँजी वाले हैं, खास तौर से नवदौलतिए, अरबपति हैं। और इन अरबपतियों का सीधा सम्बन्ध बहुराष्ट्रीय कम्पनियों से है जिनके मुख्य कार्यालय अमरीका तथा यूरोप में हैं। ये उनके साझीदार हैं। हिन्दुस्तान में उनकी पूँजी बुलाते हैं, इसलिए उनके देशप्रेम की असलियत समझ में आ सकती है कि उनकी पूँजी का स्रोत तो साम्राज्यवाद है। यही पूँजीपति आज चुनाव का सारा खर्च दे रहे हैं और चाहते हैं कि यही सत्ता में आएँ, लेकिन चुनाव प्रचार का कार्य, वोट बटोरने का कार्य करनेवाले लोग आर.एस.एस. की शाखा के निम्न-मध्यवर्ग वाले लोग हैं। हिन्दुत्व के नाम पर इन्हीं को समझाया जाता है कि जो थोड़ी-सी नौकरियाँ हैं, वे अगर मुसलमान को, दलित को, औरतों को मिलेंगी तो तुम्हें क्या मिलेगा? इस उकसावे में सवर्णों के साथ थोड़े-से अवर्ण भी शामिल होते हैं। लेकिन मुख्यत: बेकार सवर्ण नवयुवकों को दिखाई पड़ता है कि हमारे अधिकार के लिए यही लड़ रहे हैं। इसलिए हिन्दुत्व ही उनके लिए आधार और सहारा बनता है। बड़ी पूँजी के लिए हिन्दुत्व का कोई मतलब नहीं, दिखावा है, स्टेटस सिम्बल है। पूजा करना, व्रत रखना, मन्दिर जाना और मन्दिर बनवाना आदि चीजें उनकी अन्तरात्मा का हिन्दुत्व नहीं है। अन्तरात्मा का हिन्दुत्व किसी पार्टी में भी नहीं है। रोमिला थापर और दूसरे इतिहासकारों ने यह दिखाया है कि मन्दिर-निर्माण हमारे धर्म का प्रतीक कभी नहीं रहा है। पहले के जमाने में भी अपनी कोठी और महल बनाकर अपनी ताकत प्रमाणित करना राजाओं का शौक रहा है, उसी तरह मन्दिर निर्माण आज के व्यापारियों का शौक है। पहले भी और आज भी यह ताकत का सबूत हुआ करता है कि किसका मन्दिर कितना बड़ा है, कितना ऊँचा है और कितना पैसा लगा है। राजा एक ओर उतना बड़ा महल बनवाता था और दूसरी ही ओर उतना ही बड़ा मन्दिर बनवाता था। दक्षिण में विजय नगर के राजाओं ने, चेदि, चोल और पांड्य राजाओं ने जो मन्दिर बनवाए हैं वे उनके महलों से बड़े हैं। राजा के विलास से अधिक उसके मन्दिर की भव्यता लोगों को उसकी ओर आकर्षित करती थी। आज की स्थिति में भी वह प्रतीक है और इस प्रतीक के लिए दृश्य भी बनता है क्योंकि सारी की सारी जीत बाबरी मस्जिद को ध्वस्त करके रामलला को स्थापित करनेवाली जीत है। मस्जिद तोड़ो, मन्दिर बनाओ, यह लोक-भावना

का दोहन है। शाहजहाँ ने एक ओर दिल्ली का किला बनाया तो ठीक, उसी के सामने जामा-मस्जिद भी बनवाई। लेकिन हिन्दू और मुसलमान साधु-सन्त-फकीरों का तकिया होता है, खानकार होता है, झोंपड़ी होती है; जैसे कबीर की रही होगी, तुलसी की रही होगी, निजामुद्दीन औलिया की या चिश्ती की रही होगी। बाद में लोगों ने उस पर महल बनवाए। इसलिए मैं कह रहा था कि फासिज्म की बीज भी और उसकी काट भी, दोनों 19वीं सदी के नवजागरण में थी—उसी तरह से, जैसे हिन्दुत्व के आधार पर आर.एस.एस. सम्प्रदायवादी फासिज्म पैदा कर रहा है, और भक्ति की परम्परा से आनेवाले नवजागरण की सनातन परम्परा से गांधी पैदा हुए थे। उसमें सच्चा राष्ट्रवाद भी होगा, राष्ट्र-प्रेम भी होगा, साम्राज्यवाद-विरोध भी होगा, धार्मिक विद्वेष का समापन होगा, साझा संस्कृति होगी और दलितों, स्त्रियों का स्थान भी होगा।

प्रश्न : आपने फासिज्म को 19वीं सदी के नवजागरण से जोड़ा, क्या उसी प्रकार भक्ति आन्दोलन की लोकजागरण वाली परम्परा आज के दलित साहित्य में विकसित हो रही है?

नामवर सिंह : मराठी में दलित आन्दोलन ज्यादा विकसित रहा है। उन्होंने पहली बार तुकाराम के महत्त्व को स्वीकार किया है, ज्ञानेश्वर को उतना नहीं। तुकाराम शूद्र थे, अतिशूद्र नहीं थे। लेकिन डॉ. धर्मवीर की किताब 'कबीर के आलोचक' से लग रहा है कि ब्राह्मणों ने कबीर के साथ बड़ा अन्याय किया है, उन पर कब्जा कर लिया है। कबीर दलित थे इसलिए अब अपने को उनसे जोड़ रहे हैं। बाबा साहब अंबेडकर ने एक जगह कबीर का नाम लिया है कि वे अपवाद थे। बाकी महाराष्ट्र के जितने भी संत थे, वे तो ब्राह्मणवादी थे। इसलिए वे बुद्ध तक गए लेकिन मराठी की भक्ति परम्परा की ओर आकृष्ट नहीं हुए। हिन्दी में भी दलित लोगों का ध्यान कबीर पर अब गया है वरना वे तो मानते थे कि रैदास को भी ब्राह्मणों ने हथिया लिया है। इस पर बहस हुई, दलित लोगों ने मेरा विरोध किया। मैंने कहा कि भैया, हमारे यहाँ रैदास हो चुके हैं, लेकिन अपने लिए परम्परा की जरूरत को वे कबीर से पूरी कर रहे हैं। उनको भी वंशावली की जरूरत है, एक कुर्सीनामा उनका भी होना चाहिए। तो कुर्सीनामा कबीर तक तो जाए ही, खाली कुर्सी से काम नहीं चलेगा। वे कबीर के जुलाहा होने पर उतना जोर नहीं देते जितना उनके दलित होने पर। दलितों में भी हिन्दुत्ववादी धारणा बनी हुई है। मायावती और कांशीराम भाजपा के साथ मिलकर सरकार बना सकते हैं लेकिन वे हिन्दू-मुस्लिम एकता की बात करते बहुत कम पाए जाते हैं। जैसे फुले और अंबेडकर अंग्रेजी राज के उतने विरोधी नहीं थे, वैसे ही मध्यकालीन संत, कबीर और दादू भी वर्ण-व्यवस्था का और ब्राह्मणवाद का विरोध करते हैं लेकिन अपने समय के

सुल्तान या बादशाह का विरोध नहीं करते। यह बात हरबंस मुखिया ने भी अपने पर्चे में कही है। वे अपने ईश्वर की कल्पना 'राजा राम' के रूप में करते हैं अर्थात् ये सामन्तवाद विरोधी नहीं थे। उन्होंने सामन्तवाद के सामाजिक और धार्मिक पक्ष का विरोध किया लेकिन उसके राजनीतिक पक्ष के विरोध में आवाज नहीं उठाई। मैंने कहा, कबीर के बारे में यह किंवदन्ती कैसे प्रचलित हुई कि सिकन्दर लोदी ने उसे हाथी से कुचलकर मार डाला? भले ही इसके लिए उसे मुल्लाओं ने भड़काया हो कि यह वेद को तो गाली देता ही है, अच्छा है, दिया करे, लेकिन मुसलमान होकर भी किताब को, कुरान को गाली देता है। तो, राज्य सत्ता बराबर धर्म का इस्तेमाल करती रही है। आज ही देखें तो कांग्रेस करती रही है, भाजपा कर रही है। उस जमाने में भी राज्यसत्ता धर्म का इस्तेमाल करती थी इसलिए धर्म पर मारा हुआ हथौड़ा राज्यसत्ता पर भी पड़ा। कबीर जिस धार्मिक और सामाजिक तंत्र पर आक्रमण कर रहे थे, उसे कायम रखना उस समय की राजसत्ता के हाथ में था। जब मुगलों ने कहा कि हम हिन्दुओं के जाति-पाँति, धर्म के मामले में नहीं बोलेंगे, इसका मतलब है कि जाति-पाँति की हाइरारिकी बनी रहे। जागीरदार जागीरदार रहेंगे, ब्राह्मण ब्राह्मण रहेगा, मौलवी मौलवी रहेगा। इसलिए सामाजिक ढाँचा और धार्मिक व्यवस्था, इन दोनों का रक्षक हुआ करता था राज्य। आप लोग इसे सीमित अर्थ में क्यों लेते हैं, 'सन्तन को कहा सीकरी सौं काम। आवत जात पनहिया टूटी बिसरि गयो हरिनाम।' जितने सूफी और संत थे। ये राज्यसत्ता को इग्नोर कर रहे हैं और आपको लगता है कि ये राज्यसत्ता का विरोध नहीं कर रहे हैं। वे सुसंगत रूप से सामन्तवाद विरोधी नहीं हैं।

प्रश्न : इस तरह की बातें भी मिलती हैं कि 'राज करतु बिन काज ही कुटिल कुचाल कुसाच...'

नामवर सिंह : हाँ ये सही है, लेकिन इसकी व्याख्या में जो गड़बड़ी हुई, वह मार्क्सवाद के मेकैनिकल व्यवहार के कारण भी हुई। एक दौर में, हरबंस मुखिया ही नहीं, हम सबके आदरणीय डी.डी. कोसाम्बी इसी प्रकार की धारणाएँ रखते हैं। इसका कारण यह नहीं था कि मार्क्सवाद की किताबें नहीं मिलीं, इसका कारण था कि हमारे यहाँ मार्क्सवाद का जनाधार उतना व्यापक नहीं था। अगर मजबूत जनान्दोलन होता है, उसमें समाज के और वर्गों के लोग शामिल होते हैं, मजदूर शामिल होता है, किसान शामिल होता है तो मार्क्सवाद की समझ और बेहतर होती है।

[11 अगस्त, 1999 को हुई बातचीत, 'कल के लिए' के जुलाई-सितम्बर, '99 अंक में 'परम्परा गढ़ी भी जाती है' शीर्षक से प्रकाशित]

धर्मनिरपेक्षता : समाज और साहित्य

नामदेव द्वारा की गई बातचीत

नामदेव : सर, धर्मनिरपेक्षता क्या है? यह देश की एकता के लिए क्यों जरूरी है?

नामवर सिंह : संविधान के अनुसार भारत राज्य को सेक्यूलर कहा गया है। हिन्दी में इसके दो अनुवाद हैं : एक, धर्मनिरपेक्ष और दूसरा, सर्वधर्म समभाव। गांधी जी सर्वधर्म समभाव को स्वीकार करते थे जिसका अर्थ हुआ कि राज्य की दृष्टि में, भारत में राज्य का अपना कोई धर्म नहीं होगा। उसकी दृष्टि में देश में जितने प्रचलित धर्म हैं, सभी समान हैं—न कोई छोटा और न बड़ा। और...धार्मिक मामलों में कोई दखल नहीं देगा। भारत का प्रत्येक नागरिक अपनी धार्मिक आस्था के लिए स्वतंत्र है। डॉ. अंबेडकर की भी यही धारणा थी। डॉ. अंबेडकर ने भारतीय संविधान की रचना में नियामक भूमिका निभाई थी। इस सन्दर्भ में यह याद रखना चाहिए कि 1947 में देश की बँटवारा धर्म के आधार पर हुआ था और पाकिस्तान ने अपने आपको इस्लामिक राज्य घोषित किया था, लेकिन भारत ने अपने को हिन्दू राज्य नहीं बनाया था—भले ही देश में हिन्दू धर्म को माननेवालों की संख्या ज्यादा थी। इस बात का उल्लेख इसलिए जरूरी है कि एक राजनीतिक पार्टी, जो एक समय जनसंघ थी और बाद में भारतीय जनता पार्टी कहलाई, राज्य को हिन्दू राज्य बनाने की वकालत करती रही है। यह स्पष्टत: संविधान के विरुद्ध है।

नामदेव : क्या धर्मनिरपेक्ष मूल्यों और साम्प्रदायिक सद्भावना में किसी तरह का बदलाव आया है?

नामवर सिंह : साम्प्रदायिकता अंग्रेजी में कम्यूनलिज्म का अनुवाद है और अंग्रेजी में कम्यूनलिज्म का वही अर्थ नहीं है जो हिन्दी में साम्प्रदायिकता का है। हर धर्म में कई सम्प्रदाय हैं। हिन्दू धर्म के अन्तर्गत कई सम्प्रदाय हैं। इस्लाम में कई सम्प्रदाय हैं। अंग्रेजी में इसे 'सेक्ट' कहते हैं। प्रत्येक धर्म के अन्तर्गत दर्जनों सम्प्रदाय हैं। इसलिए हमारे यहाँ लोग मोटे तौर पर समझते हैं हिन्दू-मुस्लिम सम्प्रदाय, और यह सामाजिक समस्या है। यह केवल आज की समस्या नहीं है बल्कि पहले से चली आ रही पूरे विश्व की समस्या है। मुसलमानों में एक अर्से से शिया-सुन्नी होता आ रहा है। ईसाइयों

में कई सम्प्रदाय हैं। मन्दिरों, चर्चों, मस्जिदों को लेकर झगड़े होते रहे हैं। और चूँकि जहाँ तक इसका सम्बन्ध कानून-व्यवस्था से होता है, राज्य दखल देता है। राज्य की दृष्टि में कानून समान है। राज्य का काम कानून-व्यवस्था को बनाए रखना है।

नामदेव : साम्प्रदायिक सद्भावना और धर्मनिरपेक्षता में परस्पर गहरा सम्बन्ध है। यह किन परिस्थितियों में उत्पन्न होती है और किन परिस्थितियों में समाप्त होती है?

नामवर सिंह : साम्प्रदायिक सद्भावना और धर्मनिरपेक्षता में कोई सम्बन्ध नहीं है। दोनों अलग हैं। विभिन्न धर्मों में जो साम्प्रदायिक संघर्ष होते हैं, उसके कारण हमेशा धार्मिक ही नहीं होते, गैर-धार्मिक भी होते हैं। आर्थिक कारण ज्यादा होते हैं। मुख्यत: कारण आर्थिक या पैसे का होता है। पादरी-मौलवी का झगड़ा आर्थिक है। मन्दिर, मस्जिद, दरगाह, कब्रिस्तान इत्यादि को लेकर जो झगड़े होते हैं, उनमें पैसा मुख्य कारण होता है।

नामदेव : सर, आप आजीवन साम्प्रदायिक फासीवाद के खिलाफ लड़ते रहे हैं। आज जातिवाद, क्षेत्रवाद, धार्मिकता, साम्प्रदायिकता जैसी समस्याएँ घटने की बजाय बढ़ी हैं। कहीं इनका कारण हमारी दोषयुक्त शिक्षा-पद्धति तो नहीं है? आप इन समस्याओं के कारण के रूप में किसे चिह्नित करना चाहेंगे?

नामवर सिंह : फासीवाद एक अलग चीज है, और धर्म से उसका अनिवार्य सम्बन्ध नहीं है। उसकी एक मिसाल मैं आपको देता हूँ—हिटलर, मुसोलिनी अपने-आपको सुपर मानव समझता था। गुजरात के मुख्यमंत्री नरेन्द्र मोदी को आर.एस.एस. और विश्व हिन्दू परिषद् ने समर्थन नहीं किया था। वह अपने-आपको गुजरात-गौरव का प्रतीक समझता था। मोदी फासिस्ट है। असल सवाल जातिवाद शब्द को लेकर है जो बड़ा गोलमोल शब्द है। मुख्य रूप से यह हिन्दू समाज की समस्या है, यद्यपि इसका प्रभाव भारत के अन्तर्गत आनेवाले मुस्लिम और ईसाई समाज पर भी पड़ा है। क्योंकि धर्म-परिवर्तन के बावजूद मुसलमानों में जो दलित हो गए हैं, उनकी हैसियत वही नहीं है जो मुसलमानों की है। यही हाल ईसाइयों में है। लेकिन यह मुख्य समस्या हिन्दू समाज की है। इसलिए जातिवाद नहीं कहना चाहिए। बाबा साहेब डॉ. भीमराव अंबेडकर ने कहा था, समाज में कुछ लोगों को अछूत कहा गया था जिसको हम आज दलित कहते हैं और आरक्षण के द्वारा सरकारी नौकरी में, शिक्षा आदि में आरक्षण के द्वारा जो सामाजिक न्याय का मुद्दा है, आरक्षण इस समस्या का हल नहीं है। आज के दौर में मुख्य समस्या रोजगार की है। राज्य के पास बहुत कम नौकरियाँ हैं। इस बीच कॉर्पोरेट सेक्टर जो इतना बड़ा हो गया, वह मानता नहीं है इसको। इसलिए मुख्य समस्या नौकरी की नहीं है, इम्पावरमेंट की है। इस कायदे से वेलफेयर स्टेट—कल्याणकारी राज्य नहीं है। इसका अर्थ है कि गाँव उजड़ रहे हैं, शहर में लोग आ रहे हैं जो अधिकांश दलित हैं। वहाँ उनको उजाड़ रहे हैं। महाराष्ट्र

में क्षेत्रीयता की भावना उभर रही है जिसकी मार रोजी-रोटी की तलाश में दूसरे राज्यों से आए लोगों पर पड़ रही है। इनमें भी अधिकांश दलित हैं। डॉ. अंबेडकर मानते थे कि आरक्षण इस समस्या का समाधान नहीं है; बल्कि शुरुआत है। आज ओ.बी.सी. औरतों को आरक्षण का मुद्दा उठाकर इसे और उलझा रहे हैं। धार्मिक, साम्प्रदायिक समस्या से नहीं जोड़ना चाहिए इसको, दोनों अलग हैं।

नामदेव : भारतीय साहित्य, खास तौर से हिन्दी साहित्य, में मौजूद धर्मनिरपेक्ष मूल्यों को आज किस तरह से देखते हैं? परिवर्तनों के दौर से गुजर रही आज की पीढ़ी को आप क्या सन्देश देना चाहेंगे?

नामवर सिंह : जहाँ तक साहित्य का सवाल है, साहित्य में मोटे तौर से हिन्दी साहित्य और दूसरे साहित्य में राजनीति की अपेक्षा मुख्यधारा का साहित्य है। साहित्य में सच्चे अर्थों में सेक्यूलर संवेदना और जीवन-दृष्टि दिखाई देती है। इसके साथ की सेक्यूलर और मानवीय भी। इसका प्रमाण यह है कि आपको साम्प्रदायिक साहित्य-कविता, कहानी, उपन्यास नहीं मिलेंगे जिसको मान्यता प्राप्त है। साथ ही इस बीच प्रचुर मात्रा में दलित साहित्य प्रकाशित हो रहा है और इसके साथ ही अहम भूमिका युवा पीढ़ी कर रही है। दर्जनों लेखक सामने आए हैं। स्त्री-लेखन भी प्रचुर मात्रा में हो रहा है। लेकिन इसका अर्थ यह नहीं है कि हम इससे संतुष्ट हैं। इस पौध को और भी व्यापकता और गहराई देने की जरूरत है।

जहाँ तक शिक्षा का सवाल है, इसमें एन.सी.ई.आर.टी. का पाठ्यक्रम और पुस्तकें तो इस दृष्टि से बहुत सावधान हैं। उनमें ये दोष नहीं हैं। लेकिन बहुत बड़ी संख्या में हिन्दुत्ववादी संगठनों, मदरसों में दी जानेवाली शिक्षा, जो राष्ट्रीयता के विरुद्ध हैं। और यह ऐसा मामला है जिस पर गहराई से सोचने की जरूरत है। संविधान में छूट दी गई है मदरसे इत्यादि जैसे धार्मिक-शैक्षणिक संस्था चलाने के लिए। आधार ही गलत है। स्कूल की शिक्षा सबसे महत्त्वपूर्ण है, बुनियाद है। जिन राज्यों में भा.ज.पा. की सरकार है, वहाँ 25-30 वर्षों से बदलाव आया है। वहाँ उनकी किताबें हैं, पाठ्यक्रम हैं। इसलिए स्कूली शिक्षा के बारे में बहुत गहराई से सोचना चाहिए। स्कूली शिक्षा को लेकर पूरे देश में एक आम राय बननी चाहिए। सरकार पूरी जिम्मेदारी ले कि देश के हर बच्चे को फ्री पढ़ाएगी यानी कम्पलसरी फ्री एजूकेशन। समाजवादी देशों में फ्री एजूकेशन है और कम्पलसरी है। हमारे समय में दूसरा कोई स्कूल नहीं होता था सरकारी म्युनिसिपलिटी के अलावा। शिक्षा पर सबसे कम हमारे यहाँ खर्च किया जाता है। हाईस्कूल तक की पढ़ाई फ्री होनी चाहिए। नींव ही आपकी कमजोर है—संविधान ने छूट दे दी है कि कोई भी स्कूल खोल सकता है। इस पर गहराई से सोचने की जरूरत है।

['सेक्यूलर डेमोक्रेसी' के जुलाई, 2008 के अंक में प्रकाशित]

मनुष्य और विज्ञान : कुछ पुनर्विचार

आज ही के एक अखबार में मैंने पढ़ा, जो दिल दहला देनेवाली घटना जैसा था, आपने भी देखा होगा 'नवभारत' में, यह धरती सम्भव है कि न रहे छब्बीस साल के बाद। क्योंकि एक ऐसा उल्का तंत्र पृथ्वी की ओर बढ़ रहा है जो छब्बीस वर्षों में उस तक पहुँच जाएगा और उसके विस्फोट के बाद हमारी पृथ्वी का वजूद नहीं रहेगा। इस घटना की बात रूस के वैज्ञानिक स्रोतों से मालूम हुई कि रूस ने एक प्रतिकारी यान अन्तरिक्ष की ओर रवाना किया है जो उस उल्का को धरती तक पहुँचने से पहले ही नष्ट कर दे। तो विज्ञान पूरा-का-पूरा जो काम करता रहा है, प्रकृति के अध्ययन के माध्यम से, आरम्भ में समझा जाता था कि जो अविजेय शक्तियाँ हैं प्रकृति की, उनको काबू में करके मनुष्य के लिए अधिक-से-अधिक उनका उपयोग किया जा सके। लेकिन सारे वैज्ञानिक अनुसन्धान, उसे प्रकृति पर विजय नहीं कहेंगे, बल्कि प्रकृति को मानव के अधिक-से-अधिक अनुकूल, अधिक सर्जनात्मक बनाना ही उसका उद्देश्य कहेंगे। हालाँकि कुछ संहारक शक्तियाँ भी रची गई हैं। वह उल्का वाली घटना नहीं भी हो, तो भी हम लोग प्रकृति को नष्ट कर रहे हैं, उसकी शक्ति को, सर्जनात्मकता को—मनुष्य की ही बनाई हुई चीजों के द्वारा। और वे लोग प्रकृति को कामधेनु समझकर इतना दुह लेना चाहते हैं, और दुह करके सब कुछ किसलिए कर रहे हैं? कि पैसा पैदा हो, माल पैदा हो, धन पैदा हो। ये धनपति वैज्ञानिकों का भी उपयोग ही करते रहे हैं अपने लाभ के लिए। विज्ञान की जो शक्ति है, यह शक्ति ईश्वर-प्रदत्त नहीं है, बल्कि मनुष्य-निर्मित है।

इसके तो उदाहरण हैं कि विज्ञान का अधिक-से-अधिक उपयोग धन पैदा करने के लिए ये लोग करना चाहते हैं, जिसे कहते हैं : धरती सोना उगले। आम तौर पर 'धरती सोना उगले' का आशय फसल से होता था। ईंट-लोहे से मतलब नहीं होता है, कोयले से भी मतलब नहीं होता है, तो आज हम ऐसे दौर से गुजर रहे हैं जो संक्रमण का दौर है। इसकी गम्भीरता को समझनेवाले लोग अगर हैं तो सबसे अगली कतार में खड़े विज्ञान पर अनुसन्धान करनेवाले लोग ही हैं। दारोमदार उन पर है। चिन्ता उनमें है। ये बराबर मनुष्यता के पक्ष में खड़ी होनेवाली ताकत हैं। साहित्यकार, बुद्धिजीवी, लेखक, कलाकार, दार्शनिक अपने ढंग से काम करते हैं।

इन सबमें एक आपसी विनियम भी होता है। विज्ञान में शोध करनेवाले, बल्कि ऐसे बड़े वैज्ञानिक हुए हैं जो इतनी ही गहरी रुचि कला में, संगीत में रखते थे। आइंस्टाइन के बारे में प्रसिद्ध है कि वह इतना बड़ा थ्योरियन रिलेटिविटी का सिद्धान्तकार है जो वायलिन के तारों से अपनी जिन्दगी बसर करनेवाला रहा है। वही आइंस्टाइन जब दूसरा महायुद्ध हो रहा था तब लोगों ने उससे पूछा कि अगर परमाणु बम का उपयोग हुआ तो क्या होगा? तो वह बोला कि यदि ऐसा हुआ तो बाद के लोग लड़ने के लिए, आदमी, अपने दाँतों और नाखूनों का इस्तेमाल करेंगे क्योंकि सब कुछ नष्ट हो चुका होगा।

ये लोग विश्व के भविष्य के बारे में भी सोचते रहे हैं! केवल एक विशेष सिद्धान्त का ही अध्ययन-मनन करना ही उनके लिए पर्याप्त नहीं था, बल्कि मनुष्य के भविष्य की चिन्ता भी वे करते थे।

आज साहित्यकारों और कलाकारों के समान ही विज्ञान पर अनुसन्धान करनेवालों पर, शोधकर्ताओं पर बहुत गहरी जिम्मेदारी आ रही है। चाहे वह समस्या देखने से आर्थिक लगती हो, चाहे धार्मिक लगती हो, है तो मानवीय समस्या ही। मैं कहना चाहता हूँ, कभी-कभी देखकर आश्चर्य होता है कि ऐसे भी वैज्ञानिक हैं जो कट्टर रहे हैं, मजहब की कट्टरता के हिमायती रहे हैं। इटली में, जहाँ से आइंस्टाइन भाग गए थे, एक ऐसी फासिस्ट पार्टी बनी थी, जो एंटी-ज्यू थी, यहूदी-विरोधी थी और उस नात्सी पार्टी में अनेक वैज्ञानिक शामिल थे। आजकल हमारी अनेक पार्टियों में—उनका नाम लेने की जरूरत नहीं है। नाम ले करके अपनी जीभ को गन्दा करना नहीं चाहता, यह नहीं कि मुझे कोई डर है—विज्ञान के प्रोफेसर भी पाए जाते हैं जो कट्टर हैं। राजनीतिक दल, जिसका सारा अभियान हिन्दुत्व के प्रचार को लेकर है हिन्दू धर्म के नहीं। 'त्व' लगा हुआ है उसमें। दो अलग-अलग चीजें मैं इनको मानता हूँ। हिन्दू होना कोई बुरा नहीं है। हम तो पैदा हुए हैं हिन्दू। हिन्दू कोई होता नहीं है। हिन्दू पैदा ही होता है, बनता नहीं है। तो उसमें ऐसे अनेक लोग हैं जो पेशे से अध्यापक हैं। जीवन में उन्होंने विज्ञान का अध्ययन किया है। विज्ञान के प्रोफेसर रहे हैं। वहाँ ऐसे लोग भी दिखाई पड़ते हैं। और यह यूरोप में भी हुआ। कुछ वैज्ञानिक, सभी नहीं, जिसे कहते हैं बुरे कि 'ब्लैक शीप' हर जगह होते हैं। उन लोगों ने भी इस दुनिया के निर्माण में योगदान दिया और विनाश में भी। दूसरे महायुद्ध में जो फासिज्म का कहर बरपा हुआ था, खास तौर से जर्मनी-इटली में जो शुरू हुआ और इसके कारण दूसरी लड़ाई हुई। तो दोनों प्रवृत्तियाँ मिलती हैं, और ऐसे ध्वंसक लोगों से केवल विज्ञान से, वैज्ञानिक सिद्धान्तों से नहीं लड़ा जा सकता। बल्कि उनको तो उसी मोर्चे पर यह दिखाना है कि नहीं, मनुष्यता के विनाश का रास्ता विज्ञान का नहीं। वह तो मनुष्यता के विकास का रास्ता है—विज्ञान। आज जो विकास की चुनौती हमारे सामने है, उस विकास में वैज्ञानिकों का क्या योगदान

होगा, क्या नियामक भूमिका होगी? क्योंकि अनेक संस्थाएँ केन्द्रीय सरकार की हैं, राज्य सरकारों ने भी बना रखी हैं और जो काम उनमें हो रहा है, देखना चाहिए कि लोकहित का कितना काम हो रहा है। कुल मिलाकर विज्ञान का इस्तेमाल लोकहित में कितना हो रहा है, इससे बड़े उद्योगपतियों को ही फायदा होनेवाला है, या इसके कारण जो भूख से मर रहे हैं, उनका भी हित होगा, देखना चाहिए।

अभी कोपनहेगन में जो कॉन्फ्रेंस हुई, उसका कोई नतीजा नहीं निकला। होना तो यह चाहिए था कि नई दुनिया जो बन रही है, इसी दुनिया में सारी दुनिया हल्ला मचा रही है। 'ग्लोबल वार्मिंग', 'ग्लोबल वार्मिंग'—उसे ठीक से सुना जा सकता है। यह चुनौती है और इसका कवि-कथाकार-उपन्यासकार तो मुकाबला नहीं करेंगे। भूमंडलीय वार्मिंग के बारे में तो वैज्ञानिकों को सोचना होगा कि जो परिणाम होंगे, कुल मिला करके वे कितने विनाशकारी होंगे कि हिमालय बिलकुल बर्फ से शून्य हो जाएगा। गंगा सूख जाएगी, जमुना सूख जाएगी। सारी नदियों में पानी नहीं रहेगा तो कुल मिलाकर धरती क्या होगी फिर? यहाँ से वहाँ तक धरती सहारा के रेगिस्तान जैसा रेगिस्तान हो जाएगी। इसलिए जो चुनौतियाँ हैं, यानी प्रकृति के विनाश की, और जो हम लोग मनुष्य के विनाश की भूमिका तैयार कर रहे हैं, इस पर भी कुछ विचार और शोध-कार्य होना चाहिए कि नहीं? ऐसा शोध-कार्य जिसमें बड़ी पूँजीवाले लोगों से हटकर सबका हित हो, ऐसे अनुसन्धान करें। और बाकी चीजों के लिए भी, टेक्निकल जिसको कहें। साइंस और टेक्नोलॉजी दोनों अलग-अलग हैं, एक ही चीज नहीं। अलग है टेक्नोलॉजी, और आप देखेंगे कि आज के जमाने में प्योर साइंसेज में तो बहुत कम काम हो रहा है। ज्यादातर काम तो टेक्नोलॉजी के सिलसिले में ही हो रहा है। विज्ञान और तकनीकी के सारे संस्थान तो खुले हुए हैं, आईआईएससी, आईआईटी खुले हुए हैं। साइंस की सारी चीजें हैं विश्वविद्यालयों में। लेबोरेटरियाँ, प्रयोगशालाएँ तमाम हैं। पता लगाया जाए कि आप न्यूक्लियर फिजिक्स में क्या काम कर रहे हैं? इसके अलावा भी बहुत-से डिसिप्लिन्स हैं। बॉटनी में क्या काम हो रहा है? बॉयलोजी, केमिस्ट्री में क्या काम हो रहा है? केवल नये रसायन तैयार करना, जिसका फायदा उद्योगपति ही लें, केवल यही तो उनका काम नहीं है। इसलिए एक सोच है, विज्ञान के क्षेत्र में काम करनेवाले सामान्य शोधकर्ताओं के लिए चुनौती है कि हम विज्ञान की पढ़ाई अपने ही देश में कर सकें। जब नये आईआईटी खुले थे और बाकी संस्थान खुलने के समय प्रयोगशालाओं में क्या स्थिति थी, और आज क्या स्थिति है, एक अध्ययन यह भी किया जाना चाहिए हमारे देश में। और करते भी हों शायद, मैं नहीं जानता ज्यादा। मैं नहीं कहता कि नहीं करते। मेरे परिचितों में भी हैं जिनके पेपर्स प्रकाशित हुए हैं जर्नल्स में, लेकिन एक गहरी चिन्ता कुछ लोग करें, जिसको कहें कि जो पब्लिक कन्सर्न है उसकी। यह किसी का निजी, प्राइवेट रिसर्च का मसला नहीं है, बल्कि पब्लिक कन्सर्न है, सामूहिक चिन्ता है।

कुछ ऐसे वैज्ञानिक हैं क्या, जिन्हें अमरीका में कहते हैं पब्लिक इंटेलेक्चुअल। पब्लिक इंटेलेक्चुअल? नेता लोग पब्लिक इंटेलेक्चुअल नहीं हैं। पब्लिक वर्क करनेवाले दूसरे लोग हैं। तो पब्लिक इंटेलेक्चुअल की जरूरत होती है। एमआईटी का जो सबसे बड़ा इंटेलेक्चुअल मैथेमेटिशियन रहा है, क्या नाम है उसका—टी.टी! पब्लिक इंटेलेक्चुअल्स में अमरीका में लोग उसी को जानते हैं...नाम भूल रहा हूँ। बुढ़ापे में यही होता है...तो इस दिशा में सोचने के लिए कभी-कभी पुरानी चीज और ह्यूमेनिटीज की बहुत-सी बातें, उसके दायरे में रहनेवालों की कुछ पुरानी बातें याद दिलाना चाहता हूँ। जो जितना लागू होता है, उनका उतना ही फायदा होता है साहित्य-कला-दर्शन के क्षेत्र में काम करनेवाले लोगों के लिए। हमारे गुरु आचार्य हजारी प्रसाद द्विवेदी जी का एक बड़ा प्रिय श्लोक था 'महाभारत' का : 'सत्यस्य वचन श्रेयो, सत्यादपि हितं वदेत्। यद्भूत हितमत्यन्तं सतद् सत्यं मतं ममः॥' यह व्यास ने अन्तिम सत्य के रूप में कहा कि सत्य का वचन, सच बोलना, 'श्रेयो' श्रेष्ठ है। लेकिन उससे भी श्रेष्ठ है, जो किसी चीज को कहा जाए—'हितं वदेत्'—जो हितकारी हो। (आगे जोड़ा उन्होंने) इसलिए जो अनुसन्धान करो, उसका नतीजा जो निकलनेवाला है या निकला है, उससे प्राणियों का अत्यन्त हित हो : 'यद्भूत हितमत्यन्त'—उसी का नाम सत्य है। सत्य की परिभाषा उन्होंने कही—आप बड़े सत्यवादी हैं, सत्यनिष्ठ हैं, सब कुछ हैं। लेकिन, गाय के पीछे, एक उदाहरण ले रहा हूँ कि गाय भागी जा रही है, उसके पीछे एक आदमी छुरा लेकर दौड़ रहा है काफी तेजी से, कि एक गली में वह अचानक मुड़ जाती है। वह आदमी किसी से पूछेगा कि गाय किधर गई। तब सत्य बोलनेवाले का क्या कर्तव्य हो? सच बोलने से पहले वह देख ले कि किसे सच बताना है—उसको जिसके हाथ में छुरा है? यह बता दे कि गाय इसी गली से गई है? सच बोलने से क्या हित होगा? यहाँ निर्णय करना पड़ेगा। वह दूसरी गली बता देगा गाय के हित में कि इस नहीं, उस गली से जाओ, उधर गई है। कहने के लिए झूठ कहा है उसने, लेकिन अत्यन्त हित इसी में है। वह झूठ नहीं है, सत्य है। यह एक पुरानी कही हुई बात है, और इसे मैं इस तरह पढ़ता हूँ कि कुछ भी लिखते-बोलते-करते समय हम सोचें कि जो सचमुच का तथ्य है, जिसे हम सत्य कह रहे हैं, 'फैक्ट' है वह। और फैक्ट तो निरंकुश किस्म का होता है, किसी भी दिशा में जा सकता है। उधर भी जा सकता है जो सत्य नहीं है। सत्य माने मानव-सत्य होता है। मनुष्य के हित में जो बात है, वही सत्य है। अगर वह अत्यन्त हित में नहीं है तो उससे बड़ा कोई झूठ नहीं है। आप लोगों से तो मैं निवेदन कर ही सकता हूँ।

आप बहुत-सी चीजें पढ़ते होंगे—कहानी, उपन्यास, नाटक वगैरह। एक नाटक बहुत पहले पढ़ा था मैंने अंग्रेजी में, अब तो उसका हिन्दी अनुवाद भी हो गया है : 'लाइफ ऑफ गैलीलियो'। गैलीलियो के जीवन पर बर्टोल्ट ब्रेख्त ने एक छोटा-सा

नाटक लिखा है। अगर आपने न पढ़ा हो तो कहीं से भी ढूँढ़कर उसे पढ़ डालें। गैलीलियो ने जो सत्य खोजा था, वह धर्म के विरुद्ध जाता था। उस गैलीलियो को कैद में डाल दिया गया। वह कैद में था, तब भी वह सत्य खोज रहा था, और कॉपी बुक छिपाए रखे था वह अपनी जेब में। साथ में उसका एक शिष्य था। आखिर में गैलीलियो ने माफी माँग ली। वह मुकर गया सिद्धान्त से कि पृथ्वी घूमती है, मुकर गया उससे। तब जो शिष्य था उसका, धिक्कारने लगा उसे : 'आपने माफी माँगी अपनी जान बचाने के लिए, शराब पीने के लिए।' तो जेल से निकलकर उसने उत्तर दिया शिष्य को। उसने कहा : 'नहीं-नहीं, इसलिए नहीं माँगी है माफी। मैं जेल में रहते हुए भी कुछ और काम करता रहा अपनी थ्योरी पर।' और जेब से निकालकर एक बंडल कागजों का शिष्य को दिया और चुपके से कहा कि 'सत्य को जानना ही काफी नहीं है, कभी-कभी सत्य को बचाना भी जरूरी होता है। तो इसे ले करके तुम इटली से बाहर चले जाओ। वहाँ एक और शिष्य है हमारा जो इस सिद्धान्त पर काम कर रहा है, उसे दे देना। मैं अपमानित हूँ, लांछित हूँ, लज्जित हूँ कि मैंने क्षमा माँगी है, लेकिन सत्य को सुरक्षित रखने के लिए। अब तुम चुपके से चले जाओ।' तब शिष्य ने कहा कि 'आपने दूसरी बार सत्य को खोजा है और सत्य की रक्षा करते हुए भी आप सत्य को जान रहे हो।' उसी में, 'लाइफ ऑफ गैलीलियो' नाटक में ही एक दूसरी लाइन है जहाँ ब्रेख्त कहते हैं कि आम तौर पर हम पढ़ते हैं कि दो बिन्दुओं के बीच की न्यूनतम दूरी को सीधी रेखा कहते हैं। सच है, लेकिन मेरे मित्रो, न भूलो कि दो बिन्दुओं के बीच की रेखा कभी-कभी टेढ़ी भी हो जाती है। इसका क्या अर्थ है? अगर नाक की सीध में, हर चीज सीधी लकीर में देखने की कोशिश करेंगे जो दुनिया में हम-आप सहित सीधी रेखा नहीं हैं। अगर टेढ़ी रेखा सच न होती तो शरीर की जो भंगिमाएँ बनती हैं, वे सारी कलाकारिता बाधित होतीं। पेंटिंग, चित्रकृति केवल सीधी रेखा से नहीं बनती। वह तो टेढ़ी रेखाओं से बनती है। जब तक रेखा टेढ़ी नहीं होगी, चित्र कैसे बनेगा? सुर जब तक आ-आ-आ ही गाते रहे, तो गाना नहीं, चिल्लाना ही होगा। गला जब तक लोच नहीं खाएगा, तो कौन-सा राग निकलेगा भाई? इसलिए इस एक सीधे वाक्य में कि दो बिन्दुओं के बीच की सबसे छोटी रेखा कभी-कभी टेढ़ी भी होती है, और यही कमाल करती है—चाहे नृत्य हो, चाहे संगीत हो, कोई कला हो। वक्रोक्ति, साहित्य में, हमारे एक अलंकार होता है। कभी भी मात्र सीधी रेखा को न देखिए। अन्यथा तोप का गोला छूटा, निशाने पर गिरा, सबसे बड़ा सत्य तो वही होगा फिर। ऐसा नहीं है। कभी-कभी गोला नहीं भी दगता, उसे रोक देना पड़ता है। हम लोग बहुत सारी जो बनी-बनाई भाषाएँ हैं, परिभाषाएँ हैं, सूक्तियाँ हैं, उपदेश हैं, उनको वेद मंत्र की तरह से जपते रहते हैं। पवित्र किताबों में लिखा हुआ है, वेदों में है, कुरान में है, बाइबिल में है, क्या-क्या है, दोहराते रहते हैं और उसी लीक को पीटते रहते हैं। लेकिन वैज्ञानिक लीक-पीटू

नहीं होता। कभी-कभी उसी लीक से एक नई लीक भी बनाता है वह। एक रास्ते से ही दूसरा रास्ता निकालता है, तीसरा रास्ता निकालता है। शाखाएँ निकलती हैं। यदि सीधी रेखा ही सबसे ज्यादा कलाकार होती तो सब तरफ ताड़ ही पाए जाने चाहिए थे, पीपल और बरगद के वृक्षों के लिए कोई गुंजाइश नहीं होती, गुलाब की झाड़ियों के लिए भी। इन चीजों से ही दुनिया की कला भी है। टेढ़ा होना, वक्रता होना, उनमें कला भी है। टेढ़ी चीज को कभी सीधी करने की भी जरूरत पड़ती है, और कभी सीधी को टेढ़ा करना होता है। साहित्य एवं कला की कृतियों से मैंने यह अनुभव किया है। विज्ञान के विद्यार्थी, किसी वक्त में, किसी समय तक सभी रहा करते हैं। जनरल साइंस हमारे यहाँ भी हाईस्कूल में अनिवार्य था। उसका मतलब सामान्य विज्ञान ही था। लेकिन कुछ ऐसी किताबें, बंगला में 'जानवार बातें' छपी एक बड़े वैज्ञानिक की, जो जे.सी. बोस की परम्परा के थे, विज्ञान पर दस किताबें उन्होंने लिखी थीं। वयस्क हो रहे बच्चों के लिए, जिसका हिन्दी में भी 'जाननेवाली बातें' नाम से राजकमल प्रकाशन ने अनुवाद किया है। विज्ञान में बच्चों की रुचि पैदा करना, उसकी विभूति के बारे में बताना, इस हेतु उन्होंने लिखा था, जरूरी समझा था। रवीन्द्रनाथ ठाकुर ने तारामंडल के बारे में बच्चों के लिए बंगला में पुस्तकें लिखी थीं, उनका हिन्दी में अनुवाद हुआ। तो विज्ञान को लेकर उनकी चिन्ता थी। जब उन्होंने शान्तिनिकेतन बनाया, उसमें बड़े-बड़े वैज्ञानिकों को बुलाकर अपने यहाँ रखा। बच्चों के वैज्ञानिक संस्कार हेतु और बड़े लोगों के लिए भी 'एवरीमेन्स सीरीज' में साइंस की किताबें निकालीं। उन्हें जनरल साइंस की समझ लीजिए। एक अवेयरनेस हो, विश्वदृष्टि हो, जीवन-दृष्टि हो, उसमें अगर विज्ञान नहीं है, तो वह दृष्टि पोथी-पुराणों, धर्मग्रंथों में लिखे उपदेश मात्र की होगी। तो एक खुली हुई दृष्टि हो, बुद्धिसम्मत, दिमाग की खिड़कियाँ खोलती हो, जहाँ से रोशनी आए। आप लोग जो बड़े अनुसन्धान करेंगे, अवश्य करें, लेकिन ऐसे अनुसन्धानों के साथ वह भी करें जो लोकहित में हो। ऐसी चीजों पर भी काम करना चाहिए जो व्यक्तिहित में, विश्वहित में, मनुष्यहित में हों। और यही सत्य है। 'यद्भूत हितमत्यन्तं, सतद् सत्यं मतं ममः।' बात पुरानी है लेकिन मैंने आपके सामने अपने ढंग से रखने का प्रयास किया। मैं कृतज्ञ हूँ कि आपका प्यार, स्नेह, आत्मीयता, अपनाव मुझसे कुछ शब्द कहला ले गया। धन्यवाद।

[राष्ट्रीय तकनीकी शिक्षक प्रशिक्षण एवं अनुसन्धान संस्थान, भोपाल, में दो जनवरी, 2010 को दिया गया व्याख्यान। भोपाल से प्रकाशित पत्रिका 'रचना-क्रम' के जनवरी-जून, 2010 अंक में 'विज्ञान का रास्ता मनुष्य के विकास का नहीं' शीर्षक से प्रकाशित]

सामाजिक न्याय का सवाल

सामाजिक न्याय का सवाल भारतीय राजनीति में विश्वनाथ प्रताप सिंह की सरकार के समय बहुत जोर-शोर से उठा और उसकी परिणति मंडल आयोग की रिपोर्ट की स्वीकृति में हुई। पहली बार दलितों के आरक्षण के बाद अन्य पिछड़ी जातियों के आरक्षण को स्वीकार किया गया और लागू करने का प्रयास किया गया। उसके बाद स्त्रियों के आरक्षण का सवाल उठा और उसे भी स्वीकार किया गया, यानी बड़े पैमाने पर सामाजिक न्याय की समस्या का हल आरक्षणों के रूप में हुआ और यह समझा गया कि सामाजिक दृष्टि से समाज के जिन तबकों को न्याय नहीं मिला है, उन सबको किसी-न-किसी रूप में आरक्षण मिलना चाहिए। यहाँ तक कि अल्पसंख्यकों के आरक्षण का भी सवाल उठा। यह और बात है कि उनकी माँग स्वीकार नहीं की गई। इस प्रकार सामाजिक न्याय के प्रश्न की परिणति हुई आरक्षण के रूप में।

लेकिन देखा जाना चाहिए कि आरक्षण के द्वारा जो सामाजिक न्याय दिया गया, उसका हश्र क्या हुआ है—इसी से यह पता चलेगा कि सामाजिक न्याय की चर्चा करते समय हम कहाँ चूक सकते हैं। सामाजिक न्याय के नाम पर जो सरकारें बनीं और आरक्षण के जो परिणाम निकले, उन्हें देखें तो कह सकते हैं कि मर्ज बढ़ता ही गया ज्यों-ज्यों दवा की। उसके परिणामों का सबसे उग्र रूप बिहार में दिखलाई पड़ता है। उत्तर प्रदेश भी उससे बचा हुआ नहीं है। सामाजिक न्याय के टिकट पर जो सरकारें बनी हैं, मेरा खयाल है कि उनके द्वारा शासित राज्यों में सबसे ज्यादा अपराध हैं, भ्रष्टाचार है और लोकतंत्र की समाप्ति है। जिन वर्गों के नाम पर—खास तौर से जिन पिछड़े हुए वर्गों के नाम पर—ये सामाजिक न्याय के झंडाबरदार राज्यसत्ता प्राप्त करने के लिए खड़े हुए, उन्हीं वर्गों को इन्होंने भयंकर अपराधियों और हत्यारों का शिकार बनाया।

उस दिन (31 जुलाई, 1999 को हुई 'हंस' की गोष्ठी में) प्रोफेसर रणधीर सिंह कार्ल मार्क्स का एक उद्धरण दे रहे थे कि मूल बीमारी से कहीं ज्यादा कठिनाई में डालनेवाली गौण बीमारियाँ होती हैं। मैं समझता हूँ कि देश की मूल बीमारी है पूँजीवादी विकास, जो अन्तरराष्ट्रीय पूँजीवाद की सहायता से हो रहा है और आज

उसको हम निजीकरण, उदारीकरण और भूमंडलीकरण के नामों से जानते हैं। इस पर ध्यान न देने के कारण देश में बहुत-सी गौण बीमारियाँ पैदा हो गई हैं जिन्हें हम जात-पाँत के भेद और सम्प्रदायवाद आदि के नाम से पुकारते हैं। इसलिए मुझे लगता है कि सामाजिक न्याय तो आवश्यक है लेकिन इसका हल जिस रूप में ढूँढ़ा जा रहा है, उससे यह नतीजा निकलता है कि जब तक सामाजिक न्याय के प्रश्न को आर्थिक और राजनीतिक न्याय के साथ जोड़कर नहीं देखा जाएगा, तब तक उसकी दिशा में उठाया गया हर कदम हमें ऐसी जगह ले जाएगा जहाँ से और भी भयंकर बीमारियाँ पैदा हो सकती हैं।

हमारे लिए इस समस्या पर विचार करना इसलिए भी जरूरी है कि इसका एक इतिहास है। गौतम बुद्ध पहले आदमी थे जिन्होंने जात-पाँत के विरुद्ध आन्दोलन शुरू किया। बौद्ध धर्म का आधार ही था सामाजिक न्याय, जिसे बाद में अंबेडकर ने इस्तेमाल किया और दलितों के उद्धार का सपना देखते हुए नव-बौद्ध धर्म का रूप दिया। उसके बाद से देखें तो सामाजिक न्याय की माँग का एक लम्बा इतिहास है। भक्ति-आन्दोलन के दौरान विभिन्न धाराओं वाले, छोटी और पिछड़ी जातियों के संतों ने सामाजिक न्याय की बात की। इसी सामाजिक न्याय की बात उन्नीसवीं शताब्दी के समाज-सुधार आन्दोलनों में की गई। महाराष्ट्र में महात्मा फुले और बंगाल में नवजागरण के नेताओं ने सामाजिक न्याय का प्रश्न उठाया। सती-प्रथा के विरुद्ध और विधवाओं के पुनर्विवाह के पक्ष में जो आन्दोलन चला, वह स्त्री जाति को न्याय दिलाने के लिए चलाया गया आन्दोलन था। उस दौरान हिन्दी क्षेत्र में स्वामी दयानन्द ने ही नहीं, हिन्दी में लिखनेवाले साहित्यकारों ने—भारतेन्दु हरिश्चन्द्र, प्रताप नारायण मिश्र आदि सबने—सामाजिक न्याय पर जोर दिया। इस प्रकार छुआछूत और जात-पाँत के विरुद्ध और स्त्रियों पर होनेवाले अत्याचारों के विरुद्ध सामाजिक न्याय की इस माँग की बड़ी लम्बी परम्परा है। लेकिन यह माँग टुकड़ों-टुकड़ों में और छोटे-छोटे रूपों में रखी गई, इसलिए पूरा सामाजिक न्याय नहीं मिल सका।

गांधी जी के कार्यक्रमों में सामाजिक न्याय वाली ये सारी माँगें थीं जिनके लिए उन्होंने संघर्ष किया। लेकिन उस दौर में यह समझा गया कि मुख्य चीज आजादी है। राष्ट्र उपनिवेशवाद से मुक्त हो जाएगा तो सब समस्याएँ हल हो जाएँगी। लेकिन आजादी के बाद ये समस्याएँ हल नहीं की गईं। सोचा गया कि आरक्षण से दलितों, स्त्रियों और पिछड़े हुए लोगों को सत्ता में हिस्सेदार बनाया जाएगा तो उनको ताकत मिलेगी और उससे उन्हें न्याय मिलेगा। इसी आधार पर विश्वनाथ प्रताप सिंह की सरकार ने आरक्षण दिया। लेकिन हुआ क्या? सत्ता तो उन लोगों को मिल गई। अब यह नहीं कह सकते कि पिछड़े हुए वर्ग के लोग सत्ता में नहीं हैं। उत्तर प्रदेश और बिहार के मुख्यमंत्री अरसे से दलित और पिछड़े वर्ग के हैं। लेकिन क्या उनके

सत्ता में आने से लोगों को सामाजिक न्याय मिल गया? अब वे कह रहे हैं कि राज्य में ही सत्ता मिलने से कुछ नहीं हो सकता, केन्द्र में भी हमको सत्ता मिले। लेकिन राज्यों में सत्ता पाने के बाद राज्यों की जो हालत उन्होंने की है, वही केन्द्र में आकर पूरे देश की करेंगे।

इससे मालूम होता है कि मूल बीमारी कोई और है। सामाजिक न्याय जरूरी है लेकिन उसे देने का तरीका आरक्षण नहीं है। आरक्षण एक तरह का शॉर्टकट है जो न्याय का भ्रम तो पैदा कर सकता है, न्याय दे नहीं सकता। पूरी व्यवस्था के ढाँचे पर और उस ढाँचे की पेचीदगियों पर अगर आप ध्यान नहीं देंगे तो सामाजिक न्याय के नाम पर कुछ नई दुकानें आप जरूर खड़ी कर लेंगे लेकिन वास्तव में लोगों को न्याय नहीं दे पाएँगे। आरक्षण से पिछड़े सामाजिक समुदाय का वही तबका लाभान्वित हुआ है जिसे मलाईदार तबका या 'क्रीमी लेयर' कहते हैं।

इसी तरह कुछ स्त्रियों को आरक्षण मिल जाने से सारी स्त्री जाति का उद्धार हो जाएगा, ऐसा दिखलाई नहीं पड़ता। उससे आम तौर पर सम्पन्न घरानों और ऊँची जातियों की स्त्रियों को ही अधिकार मिलेगा। जैसाकि हम देख रहे हैं, आदिवासियों और अनुसूचित जातियों में आरक्षण का फायदा आरम्भ में कुछ सम्पन्न परिवारों ने उठाया और वे ही निरन्तर उठाते जा रहे हैं। यह फायदा उन लोगों तक तो पहुँचा ही नहीं जिनके लिए आरक्षण का उपाय मूलत: किया गया था। इसलिए सामाजिक न्याय तो जरूरी है लेकिन उसके लिए जो मार्ग अपनाया गया है, वह पूरी व्यवस्था के ढाँचे को ध्यान में रखकर नहीं अपनाया गया है। इसीलिए वह बीमारी को घटाने के बजाय और बढ़ा रहा है। मसलन, विश्वनाथ प्रताप सिंह ने सामाजिक न्याय की माँग सम्प्रदायवादी राजनीतिक शक्तियों को, खास तौर से भारतीय जनता पार्टी को, जवाब देने के लिए उठाई थी। लेकिन आज वे ही सामाजिक न्याय की माँग करनेवाली पार्टियाँ भाजपा के राष्ट्रीय लोकतांत्रिक गठबन्धन में शामिल हो रही हैं और सम्प्रदायवाद को मजबूत कर रही हैं। इस प्रकार जो कदम सम्प्रदायवाद को रोकने के लिए उठाया गया था, वही सम्प्रदायवाद को बढ़ानेवाला साबित हो रहा है।

एक और पहलू की ओर देखें। समाज में जात-पाँत का भेद 1947 से पहले भी था। लेकिन उसके बाद जब से आरक्षण चला है, तब से जातिवाद बढ़ा है। अमीर-गरीब का फर्क पहले भी किया जाता था पर एक ही जाति के अन्तर्गत गरीब और सम्पन्न लोग हुआ करते थे—थोड़े-से सम्पन्न और ज्यादातर गरीब। इस बीच ऐसा हुआ कि पिछड़ी हुई जातियों के सम्पन्न लोग और भी सम्पन्न हो गए। अपनी इसी सम्पन्नता के आधार पर वे चुनाव लड़ने लगे और सत्ता में आने लगे। पहले जात-पाँत के भेदभाव के बावजूद बिहार में ऐसे जातिवादी युद्ध नहीं होते थे, ऐसा खून-खराबा नहीं होता था। ऐसा नहीं है कि ब्राह्मणों या राजपूतों में

गरीबी नहीं है, या सारे के सारे बनिये पूँजीपति हैं। इसलिए समस्या जाति की उतनी नहीं, जितनी आर्थिक है और इसे जातिवादी आधार पर नहीं, आर्थिक आधार पर ही हल होना चाहिए।

यह भी देखें कि जातिवादी आधार पर समस्याओं को हल करने से क्या होता है। आज सामाजिक न्याय का सहारा लेकर राजस्थान में जाट आरक्षण की माँग कर रहे हैं। कल को महाराष्ट्र में मराठे माँग करेंगे, जबकि महाराष्ट्र में स्वतंत्रता के बाद मराठे ही वहाँ के मुख्यमंत्री हो रहे हैं। एकाध ब्राह्मण कभी हो गए तो हो गए। दक्षिण भारत में एक जस्टिस पार्टी थी जो न्याय के नाम पर ही खड़ी हुई थी। द्रविड़ मुन्नेत्र कषगम का ब्राह्मण-विरोधी आन्दोलन चला। ऐसे आन्दोलनों के तमिलनाडु, कर्नाटक और एक हद तक आन्ध्र प्रदेश में जो परिणाम हुए, उन्हें देखें। वहाँ आरक्षण हुआ, सत्ता में पिछड़ी हुई जातियों के लोग आए लेकिन इससे सामाजिक न्याय किसको मिला? इस जाति-द्वेष ने सबसे अधिक अहित सांस्कृतिक क्षेत्र में किया, साहित्य के क्षेत्र में किया। इसने उन प्रदेशों की भाषाओं को नष्ट किया। तमिल को सबसे अधिक क्षति पहुँची है। स्वयं तमिल के लेखक ऐसा कहते हैं। तमिल क्योंकि अनार्य भाषा है इसलिए उसमें से आर्य शब्दों को, यानी संस्कृत के शब्दों को चुन-चुनकर बाहर निकाला गया। यही चलता रहा तो पूरे आलवार और नयनमार भक्तों के साहित्य का फिर क्या करेंगे?

दूसरी तरफ पश्चिम बंगाल का उदाहरण है जहाँ के लोग कहते हैं कि हमारे यहाँ तो आरक्षण का सवाल ही नहीं है। जिन जातियों की सूची मंडल आयोग ने बनाई थी, उनमें से बहुत-सी जातियाँ वहाँ नहीं हैं। दलित और अन्य पिछड़े वर्ग भी वहाँ इस रूप में नहीं पाए जाते। जातिवाद बंगाल में इस रूप में नहीं है और यह इतिहास की देन है। वहाँ जमीन की समस्या थी और उसे भूमि-सुधारों के द्वारा हल किया गया। इससे मुझे लगता है कि सामाजिक न्याय के लिए बुनियादी समस्याओं को हल करना जरूरी है। बुनियादी समस्याओं से काटकर सामाजिक न्याय की माँग उठाई जाएगी तो उसके परिणाम बहुत भयावह होंगे और हम सामाजिक न्याय के नाम पर बहुत बड़े अन्याय को बढ़ावा देंगे।

सवाल यह है कि सामाजिक न्याय के सवाल को कैसे हल किया जाए? और इस मामले में हम सबक ले सकते हैं—बुद्ध के जीवन की एक घटना से। मशहूर है कि जब बुद्ध ने छोटी जातियों के लोगों को प्रव्रज्या देने का विधान किया और उन्हें संघ में शामिल करने लगे तो भूस्वामियों ने आपत्ति की कि हमारे खेतों में काम करनेवाले दासों को आप अपने संघों में शामिल कर लेंगे तो हमारी खेती-बाड़ी कौन करेगा? तो बुद्ध ने यह विधान किया कि किसी के खेत पर काम करनेवाला दास जब तक अपना ऋण न चुका दे, उससे उऋण न हो ले, तब तक वह संघ में शामिल नहीं हो सकता। इस घटना से मालूम होता है कि सामाजिक पिछड़ापन

आर्थिक मुक्ति से जुड़ा हुआ है। पिछड़े हुए लोगों को यदि आप आर्थिक दृष्टि से मुक्त नहीं करते हैं तो उनकी सामाजिक मुक्ति कोई मुक्ति नहीं होगी।

भारतीय राजनीति में राममनोहर लोहिया ने वर्ग-संघर्ष के स्थान पर वर्ण-संघर्ष का नारा दिया था और दूसरे छोर पर मार्क्सवादी थे जो वर्ग-संघर्ष को यूरोप के सन्दर्भ से ग्रहण करके भारत में लागू करना चाहते थे, जबकि भारत में वर्ग और वर्ण, दोनों ही एक हद तक कहीं-न-कहीं मिलते थे। इसलिए वर्ग के साथ वर्ण को और वर्ण के साथ-साथ जाति को ध्यान में रखकर विश्लेषण करना चाहिए और उस वर्ग-संघर्ष को जानना चाहिए। यह सही तरीका है। इतिहासकारों की भी यही धारणा है और मुझे यह ज्यादा वैज्ञानिक और संगत लगती है। लेकिन इस बीच हम वर्ण और जाति में इस तरह उलझ गए कि वर्ग-संघर्ष को बिलकुल भूल ही गए। उसे भूलने का नतीजा यह हुआ कि समाजवाद को आदर्श माननेवाले लोगों ने, वामपंथी पार्टियों ने और खास तौर से कम्यूनिस्ट पार्टी ने संसदीय राजनीति के चलते कुछ वोट बटोरने के लिए बड़ी आसानी से मंडल और आरक्षण को स्वीकार कर लिया। जहाँ तक यह बात है कि दलितों, आदिवासियों, अनुसूचित जातियों और पिछड़े हुए लोगों को सामाजिक न्याय मिलना चाहिए, इससे मेरा कोई मतभेद नहीं है। लेकिन जात-पाँत पर आधारित आरक्षण को कुछ वोट पाने का तरीका समझकर समर्थन देना मेरे विचार से गलत है।

इसका असर सबसे ज्यादा वामपंथी पार्टियों पर पड़ा और नतीजा हुआ कि बिहार में कम्यूनिस्ट पार्टी खत्म हो गई। जब आपने मंडल को मान लिया और उसके आधार पर लालू यादव के साथ सहयोग कर आप चुनाव लड़ रहे हैं तो वहाँ लालू ही रहेंगे, कम्यूनिस्ट पार्टी थोड़े ही रहेगी। सामाजिक न्याय के आसरे आपने अपनी वैज्ञानिक दृष्टि ही छोड़ दी, वर्ग की दृष्टि ही छोड़ दी। यह मार्क्सवाद नहीं, अवसरवाद है। लेकिन कहीं पर मार्क्सवादी राजनीति का एक दूसरा छोर नक्सलवादियों के रूप में दिखाई देता है। वे रणवीर सेना का सामना करने के लिए दलित जातियों के लोगों को लेकर गाँवों में जो सशस्त्र आन्दोलन चला रहे हैं, उसका कोई अन्त नहीं दिखलाई पड़ रहा है। वह भी कोई वर्ग-संघर्ष नहीं है। वह उग्र जातिवादी संघर्ष में फँसकर रह गया है।

आज हमारे देश में विश्व-बाजार तेजी से प्रवेश कर रहा है। हम विश्व पूँजीवाद के अंग बन गए हैं। इस प्रक्रिया में अनुसूचित जातियों, जनजातियों और पिछड़ी जातियों के आरक्षण का कोई अर्थ नहीं रह गया है। जो आरक्षण आप सरकारी और अर्द्ध-सरकारी उपक्रमों में दे सकते हैं, उसका भी तेजी से निजीकरण होता जा रहा है। यह पूँजीवादी बाजार-व्यवस्था किसी को सामाजिक न्याय नहीं दे सकती। यह एक तरह का उपनिवेशवाद है जिसके विरुद्ध देश के सभी लोगों को एकजुट होकर लड़ना है। आजादी के बाद से अब तक जिनके हाथ में सत्ता थी और इस

बीच जिन लोगों ने सत्ता हासिल कर ली थी, अब वह उनके हाथ में नहीं है। सत्ता एक प्रकार से विश्व पूँजीवाद के हाथ में चली गई है। ऐसी स्थिति में भी यदि आप आरक्षण की माँग करते हैं, या जात-पाँत के आधार पर समाज को बाँटते हैं, या जाति के आधार पर आपस में लड़कर खून-खराबा करते हैं तो यह विश्व पूँजीवाद या विश्व पूँजी बाजार के बहुत अनुकूल पड़ता है। आज हिन्दुस्तान में जो बहुत-सी एन.जी.ओ. नाम की संस्थाएँ चल रही हैं, वे यों तो समाज-सुधार, दलितों, पिछड़ों और आदिवासियों के उद्धार, पर्यावरण की रक्षा आदि के नाम पर चलती हैं, वे जातिवाद को खत्म करने के बजाय और बढ़ाती हैं। इन्हें विश्वबैंक और अमरीकी तथा यूरोपीय पूँजीवादी राष्ट्रों से पैसा मिलता है और यहाँ के पूँजीपति भी इन्हें अपने बहुत अनुकूल पाते हैं। समाज-सुधार, साक्षरता, स्वास्थ्य, पर्यावरण आदि के नाम पर इनके द्वारा जो काम किए जाते हैं, वे ऊपर से देखने पर सामाजिक न्याय के बहुत अनुकूल लगते हैं लेकिन वास्तव में कुल मिलाकर लोगों के असन्तोष पर ठंडा पानी डालकर उन्हें बाजार तंत्र के अनुकूल बनाते हैं। ये लोगों को किसी प्रकार का आन्दोलन या व्यवस्था के परिवर्तन का प्रयास करने से रोकती हैं। इसीलिए इनको बाहर से इतना पैसा मिलता है। इसलिए मैं फिर कहूँगा कि आज सामाजिक न्याय का नारा एक तरह से बाजार का हथियार बन रहा है।

शिक्षा और साक्षरता से सामाजिक न्याय की उम्मीद की जाती है लेकिन आज शिक्षा के क्षेत्र में सम्प्रदायवादी संगठन सबसे अधिक सक्रिय हैं। वे शहरों में ही नहीं, गाँवों में भी और आदिवासी क्षेत्रों में भी अपनी शिक्षा-संस्थाएँ बहुत बड़े पैमाने पर चला रहे हैं। इसमें हिन्दुत्ववादी लोग सबसे आगे हैं। लेकिन उसकी परिणति यह हो रही है कि उन्हीं इलाकों में ईसाई मिशनरियों की हत्याएँ हो रही हैं। शिक्षा के क्षेत्र में जो काम हिन्दू सम्प्रदायवादी कर रहे हैं, लगभग उसी तरह का काम मुस्लिम सम्प्रदायवादी भी कर रहे हैं। उनके द्वारा चलाए जा रहे मदरसों में कुरान शरीफ पढ़ाया जाता है, अरबी पढ़ाई जाती है, उर्दू नहीं। जिस तरह उन्नीसवीं शताब्दी में शिक्षा, संस्कृति, समाज-सुधार आदि के काम करके ईसाई मिशनरियों ने अंग्रेजी साम्राज्यवाद को मजबूत किया था, उसी तरह के काम करके ये लोग देश के स्तर पर सम्प्रदायवाद को और विश्व के स्तर पर साम्राज्यवाद को मजबूत कर रहे हैं।

मैं समझता हूँ कि बुनियादी लड़ाई जाति और धर्म की नहीं, बल्कि आर्थिक और राजनीतिक है। देखना यह चाहिए कि दलितों, स्त्रियों और पिछड़े हुए लोगों में सबसे गरीब, सबसे शोषित और सबसे उत्पीड़ित कौन है। हमारा मानदंड वही है जो गांधी जी ने बताया था। उन्होंने कहा था कि जो सबसे गरीब और कमजोर आदमी तुमने देखा हो, उसकी शक्ल याद करो और अपने दिल से पूछो कि जो कदम उठाने का विचार तुम कर रहे हो, वह उस आदमी के लिए कितना उपयोगी होगा। उससे उस आदमी को अपने दुखों से, अपने बन्धनों से कितनी मुक्ति मिल

सकेगी। जब सामाजिक न्याय की लड़ाई को हम इस रूप में देखेंगे तो जाति और धर्म के आधार पर नहीं, या स्त्री और पुरुष के आधार पर नहीं, बल्कि वर्ग के आधार पर लड़ेंगे। जब तक उस लड़ाई का वर्गीय आधार नहीं होगा, वह संगठित रूप से नहीं लड़ी जा सकेगी और असरदार नहीं होगी। उस लड़ाई के बिना राज्य का तंत्र या पूँजीपतियों का वर्ग, सम्पन्न लोगों और सत्ताधारियों का वर्ग उन्हें सामाजिक न्याय दे देगा, यह असम्भव है। इसलिए सामाजिक भेदभाव और अन्याय के शिकार तमाम लोगों को एकजुट होकर राज्यसत्ता पर दबाव डालना होगा कि वह उनकी बुनियादी जरूरतें पूरी करे, शिक्षा और रोजगार के अवसर दे, बजट का ज्यादा से ज्यादा हिस्सा उनके उत्थान के लिए दे और संविधान में बराबरी के आधार पर किए जानेवाले न्याय के जितने भी प्रावधान हैं, उन सबका उपयोग इन लोगों के हित में करे। लेकिन इसके लिए संघर्ष करना होगा। संघर्ष के बिना यह सब मिलेगा नहीं और संघर्ष जाति वगैरह के नाम पर आपस में बँटकर नहीं, वर्गीय आधार पर एकजुट होकर ही करना होगा।

मुझे अफसोस यह है कि राजनीतिक पार्टियों की—वामपंथी पार्टियों की भी—दिलचस्पी इसमें नहीं है। आज किसी भी पार्टी के पास, जैसाकि मुक्तिबोध ने कहा था, समाज-सुधार का कोई कार्यक्रम नहीं है। समाज-सुधार के मूल में परिवार है और परिवार के अन्दर आज भी जनवाद नहीं, तानाशाही है। हम लोग बाहरी तानाशाही की चर्चा करते हैं, परिवार के भीतर की तानाशाही की बात नहीं करते; या करते हैं—तो उसे स्त्री-पुरुष के बीच की लड़ाई बना देते हैं। यह सही है कि परिवार में स्त्री का शोषण और दमन होता है, और पुरुष के द्वारा होता है लेकिन समूची समाज-व्यवस्था में गरीब आदमी और गरीब औरत, दोनों शोषित और उत्पीड़ित हैं। उनकी मुक्ति आपस में लड़कर नहीं, एक-दूसरे के सहयोग से इस व्यवस्था को बदलने से ही हो सकती है।

परिवार में जब स्त्री और पुरुष, दोनों इस बड़ी लड़ाई से जुड़ेंगे, इसके लिए साथ-साथ बाहर निकलेंगे तो स्त्री पर पुरुष की तानाशाही अपने-आप खत्म होगी। इसका असर बच्चों पर भी पड़ेगा, आस-पड़ोस पर भी पड़ेगा, समाज पर भी पड़ेगा। इससे जो समाज-सुधार होगा, वह एक सांस्कृतिक क्रान्ति जैसा होगा। लेकिन अभी क्या है कि बाहर क्रान्ति की बातें करनेवाले लोग घर में यथास्थितिवादी होते हैं, शादी-ब्याह में जात-पाँत का पूरा ढाँचा बनाए रखते हैं। फिर वे अपनी पार्टी के राजनीतिक लाभ के लिए सामाजिक न्याय की बात करते हैं और आरक्षण का समर्थन करते हैं जिससे जात-पाँत कम नहीं होती बल्कि बढ़ती है। इस तरह कोई समाज-सुधार नहीं हो सकता।

आखिरी बात मैं एक शिक्षक और साहित्यकार के रूप में कहना चाहता हूँ। सामाजिक न्याय के नाम पर यह जो अंबेडकरवादी और मंडलवादी आरक्षण की

नीति चली है, उसका शिक्षा संस्थाओं पर बहुत बुरा प्रभाव पड़ा है। जैसे समाज में होता है, वैसे शिक्षा संस्थाओं में भी जाति के आधार पर थोड़ा भेदभाव होता है। लेकिन अब ऐसी शिकायतें आती हैं कि क्योंकि मैं दलित हूँ, मैं पिछड़ा हूँ, इसलिए मेरे ये मनुवादी शिक्षक—यानी ब्राह्मण, क्षत्रिय, कायस्थ या ऊँची जातियों के लोग—मेरे प्रति अन्याय करते हैं, मुझे अच्छे अंक नहीं देते हैं, डिग्री नहीं देते हैं, नौकरी नहीं देते हैं। कुछ हद तक ये शिकायतें सही हो सकती हैं लेकिन कई लोग योग्य न होने पर अपनी जाति को एक हथियार के रूप में इस्तेमाल करते हैं।

शिक्षा संस्थाओं में नियुक्तियों को लेकर यदि ऊँची जातियों वाले लोग भेदभाव करते हैं तो वहाँ इसका ठीक उल्टा भी होता है। इससे सबसे बड़ी हानि शिक्षा संस्थाओं में यह हुई है कि अध्यापक और छात्र के बीच पारस्परिक विश्वास के जो सम्बन्ध बनते थे, उनमें फर्क आ गया है। इससे पूरी शिक्षा-व्यवस्था बहुत बुरे रूप में प्रभावित होती है।

साहित्य में हमारे मित्र राजेन्द्र यादव ने दलितों और स्त्रियों को आरक्षण देने की मुहिम चला रखी है। लेकिन मैं घोषित रूप से गोष्ठियों में कह चुका हूँ कि साहित्य में आरक्षण नहीं हो सकता है और न हो सकेगा। साहित्य का एक सिद्धान्त रहा है कि रचना को देखो, रचनाकार को मत देखो। कबीर ने कहा था कि 'जाति न पूछो साधु की पूछ लीजिए ज्ञान, मोल करो तलवार का पड़ा रहन दो म्यान'। यानी यह मत देखो कि रचनाकार किस जाति का है, उसके पास कितना पैसा है, वह कितना पढ़ा-लिखा है, किस खानदान का है, किस पद पर है, वह चरित्रहीन है या चरित्रवान है। देखो यह कि रचना क्या कहती है। साहित्य का यह सिद्धान्त रहा है और मैं इसे मानता हूँ। लेकिन अब यह होने लगा है कि दलितों और स्त्रियों के लेखन को इस आधार पर देखो कि वे दलित और स्त्री हैं। इसके आधार पर कहा जा रहा है कि दलित की वेदना को दलित ही कह सकता है, गैर-दलित नहीं कह सकता। इसका मतलब है कि प्रेमचन्द ने 'सद्गति' और 'कफन' जैसी जो कहानियाँ लिखी हैं, झूठी हैं और इनसे अच्छी कहानियाँ वे हैं जो दलितों ने लिखी हैं, इसी आधार पर स्त्रियाँ भी माँग करने लगी हैं कि स्त्री लेखन अलग होता है और स्त्री की वेदना स्त्री ही अभिव्यक्त कर सकती है। इसका मतलब है कि अब तक साहित्य में पुरुषों ने स्त्रियों के बारे में जो लिखा है, सब झूठ है। सीता की अग्निपरीक्षा पर प्राकृत और अपभ्रंश के ग्रंथों में जो लिखा गया है, वाल्मीकि से लेकर भवभूति और तुलसीदास तक ने जो लिखा है और बाद के लेखकों ने स्त्रियों पर जो लिखा है—शरत् चन्द्र ने, रवीन्द्रनाथ ने, प्रेमचन्द ने, रेणु ने—वह सब जैसे झूठ है। यह एक नया यथार्थवाद चला है सामाजिक न्याय के नाम पर!

इसलिए मैं कह रहा हूँ कि इस सामाजिक न्याय के अन्दर एक जबरदस्त पाखंड है। इसमें हमारे साहित्य के लिए एक बहुत विनाशकारी बीज छिपा हुआ

है। यह हमारे सांस्कृतिक और साहित्यिक मूल्यों के सामने एक बहुत ही अस्वस्थ प्रश्नचिह्न लगा रहा है। यद्यपि मैं यहाँ जोड़ दूँ कि एक स्त्री की वेदना एक स्त्री निश्चित तौर से पुरुष की अपेक्षा अधिक समझ सकती है। लेकिन समझ सकती है और लिख भी सकती है, ये दोनों चीजें एक ही नहीं हैं। समझ सकना एक बात है और उसे लिख सकना बिलकुल दूसरी बात है। अपने समझे हुए को या अनुभूत किए हुए को आप लिख सकते हैं लेकिन रचना की शर्त एकमात्र यही नहीं है। मुख्य बात यह है कि आप उसे रचना का रूप दे सकें। जैसाकि मार्क्स ने कहा है, रचना में सौन्दर्यशास्त्र के नियम काम करते हैं। एक मजदूर ही मजदूरों के बारे में बेहतर लिख सकता है और दूसरा नहीं लिख सकता, ऐसा कोई नियम या सिद्धान्त नहीं है। इसको नियम या सिद्धान्त बनाकर आप दलित या स्त्री लेखन को उसके लेखक के दलित या स्त्री होने के आधार पर परखेंगे, या दूसरों के द्वारा दलितों और स्त्रियों पर लिखे गए के ऊपर तरजीह देंगे तो गलती करेंगे। तब आप साहित्य में भी सामाजिक न्याय के नाम पर आरक्षण की माँग करेंगे जबकि यह माँग एकदम गलत होगी।

['कथन' : अक्टूबर-दिसम्बर, 1999 में प्रकाशित; परिसंवाद में निर्धारित प्रश्नों के जवाबों का निबन्ध-रूप]

प्रभाष जोशी : व्यक्ति और सर्जक

कवि आलम की दो पंक्तियाँ याद आती हैं—'जो रसना सो करि बहु बातन/ता रसना सो करिय गुन्यो करौं/आँखिन में जो सदा रहते/तिनकी अब कान कहानी सुन्यो करौं।' अर्थात जिनसे कभी बातें करते थे, आज उनके बारे में बातें कर रहे हैं। जो आँखों में हमेशा रहते थे, कानों से अब उनकी कहानी सुन रहे हैं। यही बदलाव है और यही शायद जीवन की विडम्बना भी। आज यह पहला आयोजन प्रभाष जोशी की अनुपस्थिति में हो रहा है। वे नहीं हैं पर कहीं-न-कहीं उनकी छाया मँडराती दिखाई पड़ रही है। उनके जीवन के दो मुख्य उद्‌देश्य थे। उन दोनों उद्‌देश्यों का आज शुभारम्भ हुआ है। राय साहब (रामबहादुर राय) ने जो प्रेस कौंसिल की रिपोर्ट को अंग्रेजी और हिन्दी दोनों भाशाओं में प्रकाशित करने की बात कही है, इसके लिए जोशी जी संघर्ष करते रहे। यह उन्हीं के मिशन का कड़ा कदम है। दूसरा उद्‌देश्य सम्पन्न हुआ है, 'गांधी के प्रति उनकी निष्ठा का'। तरह-तरह की बातें उनके बारे में कही जाती हैं। लेकिन वे किस हद तक गांधी से जुड़े हुए थे, वह इससे पता चलता है कि जानबूझकर उनकी आस्था के अवलम्ब गांधी जी पर सुधीर चन्द्र का यह सुचिन्तित-सुविचारित व्याख्यान हुआ है। यह उन्हीं को ध्यान में रखते हुए हमने तय किया था और यह गांधी दर्शन से आरम्भ हो रहा है। बार-बार उनके इन्हीं दोनों लक्ष्यों को हम दोहराते रहेंगे।

मित्रो! प्रभाष नाम का दूसरा कोई व्यक्ति तो मुझे नहीं मिला। मैं सोचने लगा कि इसका अर्थ क्या होता है? आप्टे का संस्कृत शब्दकोश मैंने देखा, और यह देखकर आश्चर्य हुआ कि प्रभाष के दो अर्थ होते हैं। टूट रिवील, और टू डिस्क्लोज। अब सोचता हूँ कि वे जीवन भर यही तो करते रहे, एक पत्रकार के नाते। जिस पर पर्दा पड़ा हुआ था, उससे पर्दा हटाकर असली चेहरा दिखाते। और डिस्क्लोज करते रहे। उदघाटन करते रहे। लेकिन, इसमें भंडाफोड़ वाली बात नहीं है। यह दूसरी चीज है। प्रभाष का दूसरा अर्थ मिला—'टू पब्लिश'। वे बोलते भी रहे, लेकिन मैं समझता हूँ कि किसी आदमी ने या किसी पत्रकार ने शायद ही कलम का इस हद तक और इतना इस्तेमाल किया हो। अगर किया

है तो यह मेरी जानकारी में नहीं आया। अब आगे कोई निकल आए तो निकल आए। वे प्रकाशित करते रहे। मेरे लिए यह अधिक आश्चर्यजनक है क्योंकि मैं तो बकबक करता हूँ। उनकी तुलना में मैं क्या प्रकाशित हुआ! जबकि नाम लेखक है। धर्म लेखन है। इसलिए मुझे पहली बार लगा कि प्रभाष जी सचमुच अद्वितीय थे। उनके बीच-बीच में छपते कॉलम मैं नहीं पढ़ सका था। वे अधूरे रह गए थे। उसे पढ़ा। 'धन्य नरबदा मइया हो' पढ़ रहा था। उस नर्मदा को पहचानने के लिए मैं समझता हूँ कि और सब न भी पढ़ें केवल नर्मदा मैया को पढ़कर जान सकते हैं कि वे क्या थे? एक व्यक्ति के रूप में, परिवार के रूप में उनका...तत्व और कृतित्व, उनकी अभिरुचियाँ क्या थीं, इन्हें स्पष्ट करने के लिए मैं दो पाठ करूँगा।

अपने निबन्धों के बारे में प्रभाष जी ने एक भूमिका लिखी है, जिसका सम्पादन सुरेश जी ने किया है। प्रभाष जी शब्दों को कितना तौलकर लिखते थे, उनसे लेखकों-साहित्यकारों को सीखना चाहिए। लेखक-साहित्यकार समझते हैं कि पत्रकार कलमघसीटू होता है। वे एक-एक शब्दों और वाक्यों को तौलकर लिखते थे। सुरेश जी ने उनकी किताब का महत्त्व समझाया था, 'बार-बार लौटकर जाता हूँ नर्मदा'। प्रभाष जी ने कहा कि नहीं यह नहीं पता। इसका नाम तो रहेगा 'धन्य नरबदा मइया हो'। वह इसलिए कि मछुआरों का एक गीत उनको याद था। उस गीत में मछुआरे कहते हैं—'हैया हो, हो हैया हो/धन्य नरबदा मैया हो।' उन्होंने शीर्षक मछुआरों के गीत का लिया था। बोलियों के लोकाचार से लिया था। मछुआरों को प्रभाष जी की यह बहुत बड़ी देन है। मैं मानता हूँ कि हिन्दी गद्य के निर्माताओं का नाम लिया जाएगा और साहित्यकारों के नाम आएँगे तो उनमें निश्चित रूप से...नहीं तो महत्त्वपूर्ण नाम प्रभाष जोशी का होगा। हिन्दी गद्यकार के रूप में वे...जाएँगे। उन्होंने जो लिखा है, उसका छोटा-सा कोटेशन सुनाना चाहता हूँ—"ये खड़ी बोली के औपचारिक गद्य में नहीं लिखे गए हैं। इनमें बोली की अनगढ़ता है, अनुभूति की सघनता है। आत्मीयता है। यह मेरी कोठरी के भीतर की कोठरी की खिड़की है, जो घर के आँगन और उस पर छाए आकाश में खुलती है। ये निहायत कहे जाने वाले निबन्ध हैं लेकिन ऐसी निजता जो बाहर-बाहर के ब्रह्मांड से तदाकार है। सच, इनमें निजी कुछ भी नहीं है। मैंने तो अपना मालव मानव का संसार बनाया है निबन्ध तो इनमें आपको बुलाने के बुलौवे हैं।" 'बुलौवा' शब्द का प्रयोग निमंत्रित के अर्थ में करते हैं। यह शब्द बोल रहा है कि यह आदमी किसी तरह लोगों की...भाषा कागज पर उतारने का काम करता है। यह हिन्दी तो बिगड़ती है। मीडिया तो हिन्दी की जगह हिंगलिश बोलने लगा है। खासकर इलेक्ट्रॉनिक मीडिया। और प्रिंट मीडिया में भी देख रहा हूँ कि खिचड़ी हिन्दी चल रही है। प्रभाष जी नहीं तो कम-से-कम

एक लेखक और हिन्दी प्रेमी के नाते इस गए-गुजरे दौर में, हिन्दी की दुर्गगति हो रही है, उस हिन्दी का मान रखने और मानदंड रखने का काम किया, इसलिए भी वे याद आते हैं।

दूसरा उदाहरण मैं चाहूँगा कि एक निबन्ध जो 'धन्न नरबदा मइया हो' पुस्तक में है, 'सार्थक कहने वाला-कहने वाला वह सपना कहाँ है?' आप पढ़िएगा। यदि आप प्रभाष जी के पारिवारिक जीवन को जानना चाहते हैं, तो यहाँ पत्नी के बारे में टिप्पणी है, बेटों के बारे में टिप्पणी है। दरअसल, पूरे प्रभाष जी को केवल एक निबन्ध से जानना है—उनके आरम्भिक जीवन को और उनके सपने को—तो इसे जरूर पढना चाहिए। किसी ने प्रभाष से सन 1994 में कह दिया था कि आजकल आप बहुत निराश दिखाई देते हैं। उन्होंने कहा निराश! कैसे लगा आपको? उस आदमी ने कहा कि लगता है व्यक्तिगत जीवन में आपको ज्यादा निराशा हाथ लगी है। इस वजह से आपके सारे लेखों में निराशा दिखाई पड़ती है। इस पर व्यक्तिगत जीवन की पूरी कहानी ही लिख दी। उन्होंने लिखा कि किस तरह शादी हुई, पत्नी से कैसे सम्बन्ध हैं, बच्चों के बारे में, बेटों के बारे में, कितने बच्चे वे चाहते थे आदि निजी जीवन का पूरा दस्तावेज ही रख दिया। प्रभाष जी को जानने के लिए यह अकेला निबन्ध ही काफी है। शीर्षक है : 'सार्थक कहने वाला-करने वाला वो सपना कहाँ है?' लोगों ने कहा कि अब भी आप सपना देखते हैं। उस सपने की आज जरूरत है। उसमें गांधी कहाँ बैठते हैं! गांधी का उन्होंने उदाहरण दिया है। अपनी शंकाओं को परे सरकाकर गांधी के लिखे को अपने हाथ से उतारे गए कागज को पढ़ता हूँ—'मैं ऐसे संविधान के लिए जोर लगाऊँगा जो भारत को सभी तरह के दासत्व और संरक्षण से मुक्त कर दे और जरूरी हो तो उसे पाप करने की भी स्वाधीनता हो। मैं ऐसे भारत के लिए काम करूँगा जहाँ गरीब आदमी को भी लगे कि देश को बनाने में मेरी बात भी मानी जाती है। ऐसा भारत जो ऊँचे-निचले वर्गों में नहीं बँटा हो, जिसमें सभी समुदाय पूर्ण समरसता के साथ रहते हों। ऐसे भारत में अस्पृश्यता के अभिशाप और मादक द्रव्यों और व्यसनों के लिए कोई जगह नहीं हो। औरतों और आदमियों के अधिकार समान हों। हम न दूसरों का शोषण करेंगे, न अपना शोषण होने देंगे। और इसलिए बाकी संसार के साथ शान्ति से रहेंगे। इसलिए हमारी छोटी-सी सेना होगी। करोड़ों बेजुबान लोगों के अधिकारों और हितों का सम्मान किया जाएगा और जो देशी या विदेशी हित इनसे संघर्ष में नहीं होंगे, उनका भी सम्पान होगा। यह अपने सपनों का भारत है और इसके लिए मैं कोई कसर नहीं छोड़ूँगा।'

प्रभाष जी की अन्तिम टिप्पणी है, "गांधी जी की सेवा सौवीं जयन्ती साल भर मनाने वालों को न अहसास है और न शर्म का भाव कि वे जो कर रहे हैं वह गांधी के भारत से बिलकुल उलटा है। मैं निराश हूँ कि देश में अब न

कोई विचार है और न भारत को बनाने का कोई सपना। सिर्फ अन्धी दौड़ और बेअक्ल नकल है विकास की। मैं सन्तुष्ट और सफल होकर क्या कर लूँगा, जब वह सपना ही नहीं बचा, जिसमें मुझे सार्थक होना है।" इस टिप्पणी में जो छिपा हुआ दर्द है, उसको मैं सलाम करता हूँ। मुझे उम्मीद है कि एक दर्द लेकर हम यहाँ से जाएँ तो शायद प्रभाष जी के सपने के लिए संघर्ष करने में मदद मिलेगी।

[15 जुलाई, 2010 को प्रभाष परम्परा न्यास के पहले कार्यक्रम में दिए गए व्याख्यान का सम्पादित अंश]